国家社会科学基金一般项目（21BJY196）

国际贸易网络中的价格传导、大国效应与市场势力
——基于中国木质林产品贸易的研究

田明华　王芳 ◎ 著

中国财经出版传媒集团

经济科学出版社

Economic Science Press

图书在版编目（CIP）数据

国际贸易网络中的价格传导、大国效应与市场势力：
基于中国木质林产品贸易的研究/田明华，王芳著 . ——
北京：经济科学出版社，2022.10
ISBN 978 - 7 - 5218 - 3606 - 6

Ⅰ.①国…　Ⅱ.①田…②王…　Ⅲ.①林产品 – 国际
贸易 – 研究 – 中国　Ⅳ.①F752.652.4

中国版本图书馆 CIP 数据核字（2022）第 064639 号

责任编辑：程辛宁
责任校对：王肖楠
责任印制：张佳裕

国际贸易网络中的价格传导、大国效应与市场势力
——基于中国木质林产品贸易的研究
田明华　王　芳　著

经济科学出版社出版、发行　新华书店经销
社址：北京市海淀区阜成路甲 28 号　邮编：100142
总编部电话：010 - 88191217　发行部电话：010 - 88191522
网址：www. esp. com. cn
电子邮箱：esp@ esp. com. cn
天猫网店：经济科学出版社旗舰店
网址：http：//jjkxcbs. tmall. com
固安华明印业有限公司印装
710×1000　16 开　21 印张　350000 字
2022 年 10 月第 1 版　2022 年 10 月第 1 次印刷
ISBN 978 - 7 - 5218 - 3606 - 6　定价：110.00 元
（图书出现印装问题，本社负责调换。电话：010 - 88191510）
（版权所有　侵权必究　打击盗版　举报热线：010 - 88191661
QQ：2242791300　营销中心电话：010 - 88191537
电子邮箱：dbts@ esp. com. cn）

　　本书在出版过程中，得到中央高校基本科研业务费专项资金资助（2021SCZ03），特别感谢北京林业大学哲学社会科学全面提升计划高水平成果培育项目给予的支持。

　　在撰写过程中，程宝栋、侯方淼、吴红梅、缪东玲、印中华、马爽、杜磊、李雨欣、余梦妍等给予了各方面的帮助，在此一并表示感谢。

前　言

改革开放以来，中国逐步发展为木质林产品贸易第一大国，形成了"大进大出、两头在外"的基本贸易格局，高度依赖国际木材资源与产品市场。近年来，国际木质林产品价格波动风险日益加剧，给中国木质林产品贸易造成巨大损失；中国部分木质林产品陷入"买涨卖跌"价格困境，进一步加剧了国际木质林产品价格波动带来的贸易损失。面对这一现实问题，亟须展开对国际木质林产品市场与贸易的深入研究，掌握国际木质林产品贸易网络时空演变规律，了解中国木质林产品贸易地位与主体角色的转变轨迹；揭示国际木质林产品价格波动特征并动态预测未来价格走势，规避国际木质林产品价格波动风险；分析国际木质林产品价格对中国主要木质林产品贸易量的影响，维护木材安全和木质林产品贸易安全；探讨中国主要木质林产品贸易量对国际木质林产品价格的影响，弱化可能存在的大国效应的负面影响；开展中国木质林产品贸易市场势力研究，寻求改善中国木质林产品不利贸易条件的途径，优化中国木质林产品进出口贸易市场格局。主要内容与关键结论如下：

（1）国际木质林产品贸易网络时空演变。构建复杂网络模型研究全球木质林产品贸易网络演化与中国贸易地位变化，结果发现：①贸易网络的连通性整体上增强，具有小世界特性，价格波动影响的范围广泛；网络中，北美洲贸易地位下降，亚洲、大洋洲、南美洲贸易地位上升，欧洲仍然是贸易重心；尤其是，中国贸易地位不断增强，由"贸易小国"演变为"贸易大国"，与荷兰、法国、美国共同掌握着贸易网络的信息与资源，已经成为贸易网络的关键枢纽。②贸易网络中现存四大贸易集团，各集团之间表现出相互融合的迹象，区域经济合作组织是贸易集团演化的重要原因。③贸易大国彼此之间存在竞争与合作关系，防范目标性中断对于保障供需安全、稳定贸易价格至关重要。因此，应多领域开展区域合作机制，积极推进与核心国之间的自由贸易谈判，以稳定双边贸易价格，减少国际市场价格波动与"买涨卖跌"的冲击。

（2）国际木质林产品价格波动研究。构建 ARCH 族模型与 H-P 滤波模型研究国际木质林产品价格的波动特征，结果发现：①4 种木质林产品（原木、锯材、化学木浆、胶合板）的国际价格波动均具有集聚性与持续性，并且原木、胶合板价格波动存在风险报酬性。因此，应健全价格监测体系，强化信息预警机制。②4 种木质林产品国际价格波动均具有非对称性，利空消息对原木、锯材、胶合板价格波动的冲击更大，利好消息对化学木浆价格波动的冲击更大。因此，原木、锯材应在预测利空消息发生前延时进口，化学木浆应在每次价格上涨的初期适当增加进口，胶合板应降低产品的可替代性以防范价格下跌风险。③4 种木质林产品的国际价格在整个样本区间内波动上升，原木与锯材、原木与胶合板、锯材与胶合板、锯材与化学木浆的价格波动呈现动态变化的正相关，原木价格波动的风险最高。因此，应与澳大利亚等木材供给大国建立长期协议价格谈判机制，统筹考虑国内外木材来源问题。④通过构建按月滚动的动态价格预测模型，实现对价格的短期有效预测，主动管控价格波动带来的潜在风险。

（3）国际木质林产品价格传导机制研究。构建 NARDL 模型与引入 SVAR 冲击的贸易引力模型研究国际木质林产品价格对中国木质林产品贸易量的影响，结果发现：①国际木质林产品价格与中国木质林产品进、出口量之间存在显著协整关系，中国原木、锯材、化学木浆进口量对国际价格下跌的反应更大，中国胶合板出口量对国际价格上涨的反应更大。②国际金融资产、能源价格对国际木质林产品价格有显著正向影响，且二者对原木、锯材、胶合板价格的影响程度相同，但金融资产价格对化学木浆价格的影响程度大于能源价格。③正向金融冲击会使中国原木、锯材、化学木浆进口量增加、胶合板出口量减少；正向能源冲击会使中国原木、锯材进口量减少、化学木浆进口量增加、胶合板出口量减少，但均不显著，且影响程度均小于金融冲击。因此，更应关注金融冲击的影响，尤其是胶合板出口更应关注国际金融资产价格上涨的影响。④正向复合冲击会使中国原木、锯材、化学木浆进口量增加、胶合板出口量减少。因此，应加强预警采取先停后进、先增后缓等应对措施弱化不同木质林产品国际价格波动的传导效应，降低冲击风险。

（4）中国木质林产品贸易的大国效应研究。构建 VAR 系列模型、借助 Spearman 等级相关系数测算、多项式函数拟合与边际价格估计研究中国木质林产品贸易量对国际木质林产品价格的影响，结果发现：①中国原木、锯材、化学木浆进口与胶合板出口均存在隐性大国效应，但大国效应的显现具有条件性、阶段性与偶发性。②样本区间内，随着中国原木、锯材、化学木浆进口量的增加，相应产品国际价格的上涨速度会有所减缓，以原木为例，当中国原木进口量处于 150 万～250 万立方米/月、250 万～300 万立方米/月、300 万～350 万立方米/月、350 万～750 万立方米/月时，弹性系数分别为 0.81、0.52、0.24、0.07。③受大国效应影响，4 种木质林产品贸易的损失严重，以原木为例，当中国原木进口量由 179.15 万立方米/月增长至 704.91 万立方米/月，会造成约 8.21 亿美元的损失，需多支付 63.16%。因此，应合理制定木质林产品进、出口规模，采用脉动式进、出口模式。此外，还需通过与贸易国签订长期合同、积极培育大型跨国企业、提升国际市场势力等措施来弱化大国效应的负面影响。

（5）中国木质林产品贸易市场势力研究。构建 PTM 面板模型与 AIDS 模型研究 4 种木质林产品贸易的国际市场势力，结果表明：①根据中国在原木、锯材、化学木浆进口来源国与胶合板出口目的国的市场势力大小，可将其划分为具有超强、较强、较弱、毫无市场势力的 4 种类型。②贸易国的经济水平、木材产品价格与质量、森林经营管理、市场交易秩序、森工产业发展水平、基础设施建设、外商投资政策、贸易政策、产权划分、森林火灾、病虫害、自然灾害、消费者偏好、林浆纸一体化基地建设、价格操控合力，中国占其贸易的比重，中国与贸易国的地缘政治、贸易方式，本国出口商竞争等，都是影响市场势力的重要因素。③当中国原木进口支出增加时，会倾向于购买质量高的珍贵木材，也更关心市场交易的合法性，增加从毫无市场势力或市场势力较弱来源国的进口。④各原木进口来源国的自价格弹性均为负值，市场势力较强的来源国会通过适当提高价格来获取更高的总收益，而市场势力较弱的来源国更倾向于通过降低价格来获取更高的总收益。⑤各来源国原木产品在中国市场上具有互补性，说明中国巨大的原木需求依靠多个国家、多种类型木材同时供应。就此，结合中国木质林产品市场势力存在与缺失的原因，提出提升国际市场势力、减少贸易损失的针对性建议。

本书研究的重要贡献：首先，首次揭示了不同国际木质林产品价格的波动规律，并对国际木质林产品价格与中国木质林产品贸易量互动影响展开系统研究，填补了现有文献缺乏国际木质林产品价格传导研究、缺乏木质林产品大国效应研究的空白，弥补了木质林产品市场势力的研究仅限于美国一个市场及家具一类产品的不足；其次，首次提出将大国效应划分为显性大国效应与隐性大国效应展开研究，使国际木质林产品贸易的大国效应得以充分挖掘，更好地揭示了"买涨卖跌"现象背后的经济学原理；再其次，首次构建了按月滚动的动态价格预测模型，突破了现有文献中静态预测的限制，提高了预测的精准度；最后，首次将大国效应的影响剥离出来，以非线性拟合图形式直观展现了大国效应的影响及作用区间，打破了现有文献中"全样本区间内的大国效应均显性，且大国效应的影响是线性的"假设，既符合贸易现实，也量化了贸易损失。

目　　录

| 第1章 |

绪　　论

1.1　研究背景与问题提出

1.1.1　研究背景

（1）中国在世界木质林产品生产、消费及贸易中占据举足轻重的地位。

中国已经成为木质林产品生产、消费及贸易第一大国（吴天博和田刚，2019）。在生产方面，根据《联合国粮食及农业组织林产品年鉴（2019）》，2019 年中国锯材、人造板、回收纸、纸和纸板产量分别占全球锯材、人造板、回收纸、纸和纸板产量的 18.46%、39.88%、22.94% 和 26.63%，均位居世界第一位，并且，中国木质燃料、工业用原木产量分别占全球木质燃料、工业用原木产量的 8.22% 和 8.90%，分别位居世界第二位和第三位。在消费方面，中国锯材、人造板、回收纸、纸和纸板消费分别占全球锯材、人造板、回收纸、纸和纸板消费的 26.61%、37.14%、

27.47%和26.84%，均位居世界第一位，并且，中国木质燃料、工业用原木、木浆消费分别占全球木质燃料、工业用原木、木浆消费的8.23%、12.01%、21.50%，分别位居世界第二位、第二位和第三位。在贸易方面，按贸易量计算，中国工业用原木、锯材、木浆与回收纸进口量分别占全球工业用原木、锯材、木浆与回收纸进口量的44.18%、25.55%、38.95%和21.18%，均位居世界第一位，同时中国也是纸和纸板第三大进口国；中国人造板出口量占全球人造板出口量的12.05%，位居世界第一位，同时中国也是木制品第一大出口国、木制家具第一大出口国、纸和纸板第五大出口国。

（2）木质林产品对外贸易是中国林业经济的重要增长点。

木质林产品既是中国重要的大宗国际贸易产品，也是支持国家经济建设、满足人们生活需求不可缺少的重要资源。20世纪90年代以来，受"天然林保护工程"正式开启的影响，中国积极实施木质林产品进口贸易鼓励政策，逐渐取消对原木、锯材进口的关税限制，不再实施核定公司经营的管理方法，放宽外汇管制，实现贸易开放经营，并配套实行边贸优惠政策，完善各类木质林产品进口检验检疫制度，设立保税区国际木材贸易市场，以填补国内市场上木材供给的缺口（田明华等，2008）。同时，也对以胶合板为代表的加工型产品的出口制定了差异化退税政策，以期利用关税手段引导国内林业产业结构升级，实现出口创汇。在此过程中，中国木质林产品对外贸易快速增长，在短时期内为林业产业的发展壮大提供了关键的物质积累，已经变成林业经济的重要增长点，也使林业产业逐渐成为中国的支柱产业之一（范悦和宋维明，2010；于豪谅等，2018）。根据《中国林业和草原发展报告（2019）》，2019年中国林产品贸易进出口总额达1503.56亿美元，其中，出口额为753.95亿美元，占到全国商品出口总额的3.02%，进口额为749.61亿美元，占到全国商品进口总额的3.61%，并且，在中国林产品进出口贸易中，木质林产品占比高达68.06%。

（3）不利的贸易格局使得中国对国际木材资源与产品市场过度依赖。

中国木质林产品对外贸易形成了"大进大出、两头在外"的基本贸易格局，既大量进口原木、锯材、木浆等资源型木质林产品，又大量出口木制家具、木制品、胶合板、纸制品等深加工型木质林产品，形成了对国际资源与产品市场的过度依赖（田明华，2021）。根据《中国林业和草原发展报告（2019）》，中国原木及其他木质林产品折合木材的进口量达2.90亿立方米，占全国木材产品市场总供给量的 54.37%，原木及其他木质林产品折合木材的出口量达 1.02 亿立方米，占全国木材产品总消耗量的 19.06%。这不仅使中国面临国际市场变化带来的巨大风险，对中国木材产业安全造成威胁，更深深受到国际社会的争议，甚至被指责为是毁坏全球森林资源的"罪魁祸首"，使中国承受巨大的国际政治压力（史莹赫等，2018；王芳等，2021）。

（4）国际木质林产品价格波动风险升高，给中国木质林产品贸易造成巨大损失。

价格是全球木质林产品贸易的一个基本要素，不仅影响了生产者与消费者的决策行为，而且深刻影响了各国参与国际贸易的经济福利，国际市场价格波动更是决定了参与主体在各个市场之间是否能够采取套利行为（Oluwatayo & Awe，2014；Luo et al.，2015）。中国贸易市场的日益开放及中国木质林产品贸易对国际市场的高度依赖，使得其特别容易受到国际市场价格波动的影响（龙婷等，2016），以针叶材为例，根据 International Monetary Fund Primary Commodity Price System 数据库数据，2008 年 1 月美国花旗松原木价格为 157.37 美元/立方米，至 2020 年 12 月，已经上涨为 219.67 美元/立方米，其间价格波动的变异系数为 11.03%，显而易见，中国进口木材不仅成本有所上升，而且面临的国际市场价格波动幅度较大，容易出现"高买低卖"的行为，造成巨大的贸易损失。

（5）中国部分主要木质林产品陷入"买涨卖跌"价格困境，加剧了贸易损失。

中国是林产品贸易大国但不是贸易强国（熊立春等，2019），在全球木质林产品贸易格局中处于价值链附加值较低的生产加工环节，尤其是出口依赖低价竞争（杨娱等，2018；吴天博和田刚，2019），逐渐显现出市场控制能力差等弊端（侯方森和李浩爽，2020），使得部分主要木质林产品陷入"买涨卖跌"的价格困境，即可能存在大国效应，加剧了国际市场价格波动带来的贸易损失。如回收纸等产品进口量增加会引起该产品的国际市场价格明显上涨，木质家具等产品出口量增加又会导致该产品的国际市场价格明显下跌，从而进一步加剧中国参与木质林产品进口、出口贸易的损失。联合国商品贸易统计数据库（UN Comtrade）显示，中国原木进口价格比世界原木平均进口价格高出 20.56%，但中国胶合板出口价格却比世界胶合板平均出口价格低了 8.26%，这些都是表象的价格困境，还有一些隐含的价格困境需要去研究发现。例如，在木质林产品出口市场中，受劳动力成本上涨等因素的影响，国际木质林产品出口价格可能会呈现上涨趋势，随着中国木质林产品出口贸易量的增加，若国际木质林产品价格的上涨幅度大于中国木质林产品出口价格的上涨幅度，则相比之下，中国木质林产品的出口价格仍然偏低，便会存在隐含的价格困境。可见，中国虽然在国际木质林产品贸易中占有很大的市场份额，但并不具有与贸易体量相当的议价能力，且随着中国人口红利的消失，越南、印度尼西亚等森林资源丰富发展中国家竞争力的增强，发达国家市场的萎缩，以及新型冠状病毒肺炎疫情全球暴发可能带来的全球木质林产品供应链分离，都使得原有以"量多价低"取胜的出口导向战略难以为继。

综上所述，亟须展开对国际木质林产品市场和贸易更加深入的研究，以应对国际市场价格波动风险，改善贸易条件，弱化大国效应负面影响，减少贸易损失。

1.1.2 问题提出

由于国际木质林产品价格具有传导效应，会对中国木质林产品进口、出口贸易量产生影响，反过来，当中国木质林产品进口、出口贸易量在世界木质林产品进口、出口贸易总量中所占比重较大时，中国进口、出口木质林产品的行为就可能会抬升或压低国际木质林产品价格，出现所谓的大国效应。可见，国际木质林产品价格对中国木质林产品贸易量的影响，及中国木质林产品贸易对国际木质林产品价格的影响是同时发生的，二者本身就处于彼此影响的互动过程中。因此，面对国际木质林产品价格波动风险加剧，造成了巨大的贸易损失，中国部分主要木质林产品陷入"买涨卖跌"价格困境，又进一步加剧了国际木质林产品价格波动带来的贸易损失这一现实问题，需要解决国际木质林产品价格与中国木质林产品贸易量是如何互动影响的这一科学问题，即需要在研究国际木质林产品价格如何影响中国木质林产品贸易量基础上，进一步研究中国木质林产品贸易量如何影响国际木质林产品价格，从这两个方面研究，才能全面掌握二者的复杂关系。

（1）国际木质林产品价格对中国木质林产品贸易量的影响。

首先，全球木质林产品贸易网络如何演变？中国木质林产品的国际贸易地位如何变化？这是判断国际木质林产品价格波动是否造成中国木质林产品贸易损失，以及中国木质林产品贸易是否会产生大国效应的初步阐释。

其次，各个国际木质林产品的市场价格波动具有哪些规律与特征？彼此之间具有怎样的价格联动效应？以及未来价格是否可以被预测？这是应对国际市场价格波动，主动管控国际市场价格波动风险的关键。

最后，国际木质林产品价格对中国木质林产品贸易量的传导机制如何？具体包括，不同国际木质林产品价格上涨、下跌对中国木质林产品进口、出口贸易量的长期、短期影响如何？不同国际木质林产品价格波动幅度的变化对中国木质林产品进口、出口贸易量的影响如何？基于贸易流量机制，国际金融资产、能源和木质林产品价格之间的当期结构关系式如何？对中国木质林产品进口、出口贸易量的单独影响与复合影响如何？这为常态化做好国际木质林产品价格波动的应对工作，降低其冲击风险提供了方向。

（2）中国木质林产品贸易量对国际木质林产品价格的影响。

首先，中国不同木质林产品的进口、出口贸易是否具有大国效应？如果有，则其对国际木质林产品价格的作用区间及影响程度如何？是否会造成贸易损失？又会造成多大的贸易损失？这有利于厘清"买涨卖跌"价格困境背后的经济学原理，为有效应对大国效应造成的贸易损失奠定基础。

其次，中国不同木质林产品的进口、出口贸易在分国别的市场上是否具有市场势力？以原木为例，各进口来源国在中国原木进口贸易中的市场行为特征如何？这为运用市场势力改善来弱化国际木质林产品价格的传导机制，弱化大国效应的负面影响，减少贸易损失提供了依据。

鉴于此，确定本书研究的主题，即在熟悉国际木质林产品贸易网络演变规律、了解中国木质林产品贸易地位变化轨迹的基础上，尝试揭示国际木质林产品价格波动特征、动态预测未来价格走势，并结合国际市场价格传导理论、大国效应理论与市场势力理论构建本书的理论分析框架，从进口、出口两个视角出发，综合考虑不同种类木质林产品的差异，分具体产品就国际木质林产品价格对中国木质林产品贸易量的影响、中国木质林产品贸易量对国际木质林产品价格的影响展开系统研究，以便为有效利用二者的互动影响，降低国际木质林产品价格波动引致的贸易风险，弱化大国效应的负面影响，改善中国木质林产品不利的贸易条件，减少贸易损失提供科学支持。

1.2 研究目标与研究意义

1.2.1 研究目标

本书研究的总体目标是解决中国木质林产品贸易面临的风险与困境问题，即为应对国际木质林产品价格波动风险，弱化大国效应的负面影响，减少贸易损失提供理论依据与政策建议。具体研究目标为：

（1）了解世界及中国木质林产品的贸易现状。解析国际木质林产品贸易格局的演变特征与演变轨迹；了解贸易集团的结构特征及供需大国间的博弈关系；阐明中国木质林产品国际贸易地位的变化与影响力。

（2）掌握不同国际木质林产品价格的波动特征与规律。探索不同国际木质林产品价格波动的集聚性、持续性、风险报酬性、非对称性与周期性特征；明晰不同木质林产品市场间的价格联动效应；实现对未来价格变动的短期动态有效预测。

（3）明确国际木质林产品价格对中国木质林产品进口、出口贸易量的影响。构建国际木质林产品价格对中国木质林产品进口、出口贸易量影响的理论分析框架；实证分析不同木质林产品贸易流量传导机制的影响程度及差异。

（4）明确中国木质林产品进口、出口贸易量对国际木质林产品价格的影响。验证中国不同木质林产品在进口、出口贸易中的显性"大国效应"与隐性"大国效应"，揭示"买涨卖跌"现象背后的经济学原理；估算中国木质林产品进口、出口"大国效应"的作用区间及影响程度；量化中国木质林产品进口、出口"大国效应"造成的贸易损失。

（5）探索中国木质林产品在进口、出口贸易中的市场势力。验证中国不同木质林产品在进口、出口贸易中的市场势力，判断是否具有议价能力；明晰各原木进口来源国在中国进口贸易中的市场行为特征，基于弹性视角验证国际市场势力存在的机理。

（6）凝练国际木质林产品价格与中国木质林产品贸易量的互动影响，提出解决中国木质林产品贸易面临风险与困境问题的相应对策。

1.2.2 研究意义

木质林产品贸易问题虽然在学术界已有一定的研究，但这些文献主要集中在木质林产品贸易的现状及特点研究、中国木质林产品贸易的影响因素及贸易潜力研究、产业内贸易与产业间贸易研究、森林认证研究、碳排放研究、中国木质林产品贸易高质量发展路径研究等方面，较少涉猎中国木质林产品贸易的大国效应问题、国际市场势力问题及国际市场价格波动向国内传导的机制问题，而这些都直接关系到中国参与国际木质林产品贸易的利得。因此，本书研究的开展尤为必要，具体意义在于：

1.2.2.1 理论意义

（1）拓宽了木质林产品贸易的研究外延。本书基于国际贸易学中的市场价格波动理论、周期理论、大国效应理论，结合产业组织理论中的国际市场势力理论进行研究，探索国际木质林产品价格波动的特征及贸易流量传导机制，判断和测度中国木质林产品贸易的大国效应与市场势力，发现价格困境背后的经济学原理和上述理论在木质林产品贸易领域的特异性，有助于丰富、完善上述理论，拓展、充实木质林产品贸易领域的学术研究成果。

（2）拓展了国际市场价格波动理论在木质林产品贸易领域的使用范畴。本书丰富了复杂网络理论在木质林产品贸易领域的应用，验证了价格波动特征及贸易流量传导机制在木质林产品贸易中的存在性，使得国际市场价格波动理论在木质林产品贸易领域得以完善。

1.2.2.2 实践意义

（1）有利于为政府部门适应新形势变化，调整木质林产品贸易政策提供建议。目前，原来实施的一些鼓励木质林产品进出口贸易的政策已难以为继，"大进大出"的贸易模式亟须调整。本书揭示了国际木质林产品价格波动特征，挖掘出国际木质林产品价格与中国木质林产品进口、出口贸易量互动影响的内在规律，有利于根据研究结果对中国木质林产品的贸易模式与贸易政策作出科学调整。

（2）本书研究关系到国家在木质林产品贸易中的利得。从进口、出口视角探索中国在木质林产品贸易中的市场优势，研究利用二者的相互影响关系改善中国木质林产品贸易条件的途径，有助于中国采取措施应对国际木质林产品价格波动风险，并在木质林产品贸易中弱化大国效应的负面影响，减少不必要的贸易损失，同时也便于为中国开展其他大宗商品贸易提供借鉴。

1.3 研究逻辑结构与研究内容

1.3.1 研究逻辑结构

中国在国际木质林产品贸易网络中的地位不断增强，贸易渠道也不断拓宽，使得中国参与国际木质林产品贸易的角色发生转换，由"贸易小国"演变为"贸易大国"，由国际木质林产品贸易的"一般参与者"演变为"重要参与者"。相应的，也由国际木质林产品贸易中的"受价格影响者"演变为"影响价格者"。但是，中国木质林产品贸易并没有获得与国际地位相匹配的议价能力，只是由早期的"被动接受价格制定"演变为"被动参与价格制定"。随着贸易体量的增大，一方面，"高买低卖"造成的贸易损失会增大，另一方面，"买涨卖跌"的大国效应也可能会进一步加剧国际市场价格波动带来的贸易损失。那么，为了"主动参与价格制定"，减少贸易损失，中国需进一步由国际木质林产品贸易的"重要参与者"向"领导者"转变，由国际木质林产品贸易中的"影响价格者"向"价格制定者"转变，而市场势力改善则是实现这种转变的重要途径之一（见图1.1）。

在厘清中国参与国际木质林产品贸易面临的现实问题、掌握中国在全球木质林产品贸易网络角色转变的基础上，结合本书第2.2节"理论基础"中阐述的国际市场价格传导理论、大国效应理论与市场势力理论，构建出本书研究的逻辑结构（见图1.2）。具体来讲，一方面，国际木质林产品价格会通过价格传导机制影响中国木质林产品贸易量，随着中国木质林产品贸易地位的增强，中国木质林产品贸易利益受国际市场价格波动的影响更大，"高买低卖"现象带来的贸易损失会增大，需要通过中国木质林产品市场势力的改善来弱化国际木质林产品价格的传导机制，进而减少贸易损失。另一方面，中国木质林产品贸易地位的增强，可能会产生大国效应，影响国际木质林产品价格，即中国木质林产品进口量的增加，使国际木质林产品价格上涨，中国木质林产品出口量的增加，使国际木质林产品价格下跌，于是会进一步加剧国际市场价格波动带来的贸易损失，这同样也需要中国木质林产品市场势力的改善来弱化大国效应的负面影响，减少贸易损失。

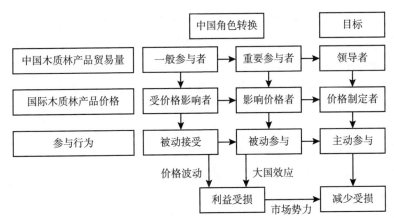

图 1.1　中国木质林产品贸易地位及参与国际贸易的角色转换

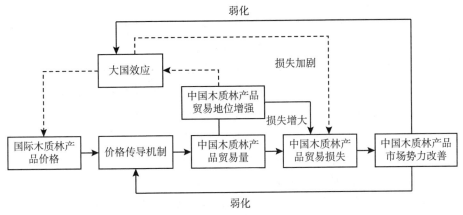

图 1.2　研究逻辑结构

注：实线表示研究的主线，虚线表示研究的次线（可能的情况）。

1.3.2　研究内容

按照"发现—分析—解决"问题的研究范式：第一，基于国际木质林产品价格波动风险加剧，造成了巨大的贸易损失，中国部分主要木质林产品陷入"买涨卖跌"价格困境，又进一步加剧了国际木质林产品价格波动带来的贸易损失这一现实问题，提出研究国际木质林产品价格与中国木质林产品贸易量互动影响的科学问题；第二，基于国际市场价格传导理论、"大国效应"理论与国际市场势力理论，结合已有研究文献，搭建本书的内在逻辑与理论框架，确定每章节需要分析的具体问题；第三，通过前期研究了解世界与中国木质林产品的贸易现状，掌握不同国际木质林产品价格的波动特征与规律；第四，分产品、分进出口就国际木质林产品价格对中国木质林产品贸易量的影响，及中国木质林产品贸易量对国际木质林产品价格的影响展开实证分析；第五，根据研究结果，凝练国际木质林产品价格与中国木质林产品贸易量的互动影响，得出解决"如何减少贸易损失"这一现实问题的有效对策。本书逻辑结构与各章节内容之间的内在联系如图 1.3 所示。

（1）国际木质林产品贸易网络时空演变。

本书第 3 章基于《中国林业统计年鉴》《中国林业和草原统计年鉴》和 UN Comtrade 数据库统计资料，运用社会网络分析方法，构建有向加权复杂网络模型，从整体格局出发探索全球木质林产品贸易网络的内在联系、演化特征与演变轨迹，基于贸易节点了解贸易集团的结构特征及供需大国之间复杂的竞合关系，尤其是掌握中国在全球木质林产品贸易中的市场地位变化与供需安全，了解中国在国际木质林产品网络领域内发挥的实际影响。具体包括：整体网络分析（网络密度、平均度、平均最短路径长度、聚类系数），节点中心性分析（节点度、加权度、接近中心性、中介中心性），贸易集团划分（模块度），供需安全分析等内容。

（2）国际木质林产品价格波动研究。

本书第 4 章首先构建国际木质林产品价格波动特征的要素构成理论分析框架；然后，基于 International Monetary Fund Primary Commodity Price System 数据库与 World Bank Commodity Price Data（The Pink Sheet）数据库统计资料，通过自回归条件异方差（autoregressive conditional heteroskedasticity，ARCH）

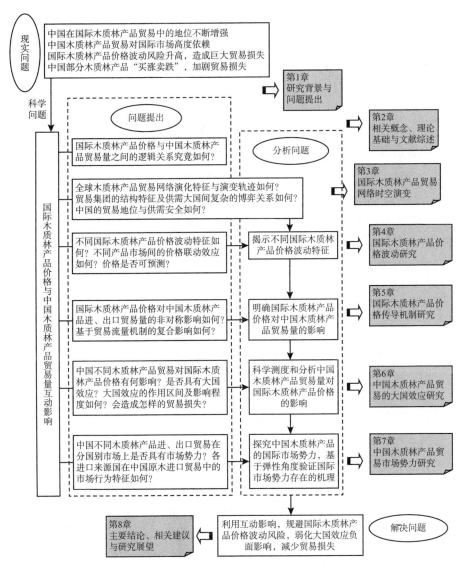

图 1.3 研究逻辑结构与各章节内容之间的内在联系

族模型讨论不同国际木质林产品价格波动的集聚性、持续性、非对称性与风险报酬性等特征，准确模拟国际木质林产品价格波动的轨迹，成功构建按月滚动的动态价格预测模型，实现对未来价格波动走势的精确预测，能够主动掌握价格波动的潜在风险，并且揭示不同国际木质林产品市场之间价格的动态相关性。最后，通过 Hodrick-Prescott filter（H-P 滤波）模型将不同国际木质林产品价格波动的周期成分与趋势成分相剥离，采用"波谷 – 波谷"的方法划分周期，明确不同国际木质林产品价格波动所呈现的周期特征，掌握当前所处的价格周期阶段及未来的价格变动趋势。

（3）国际木质林产品价格传导机制研究。

本书第 5 章首先构建国际木质林产品价格对中国木质林产品贸易量影响的理论分析框架；其次，基于国务院发展研究中心信息网、International Monetary Fund Primary Commodity Price System 数据库、World Bank Commodity Price Data（The Pink Sheet）数据库、International Monetary Fund World Economic Outlook 数据库、Federal Reserve Board 数据库、World Bank World Development Indicators 数据库、CEPII 数据库统计资料，构建非线性自回归分布滞后（nonlinear autoregressive distributed lag，NARDL）模型研究不同国际木质林产品价格上涨与价格下跌对中国木质林产品进口、出口贸易量的长期、短期影响；再其次，构建结构向量自回归（structural vector autoregressive，SVAR）模型明确不同国际木质林产品价格、国际金融资产价格及国际能源价格波动之间的当期结构关系；最后，将得到的冲击数据引入贸易引力模型分析不同国际木质林产品价格、国际金融资产价格、国际能源价格波动对中国木质林产品进口、出口贸易量的单独影响及复合影响，验证贸易流量机制在木质林产品贸易领域是否成立。

（4）中国木质林产品贸易的大国效应研究。

本书第 6 章首先构建了展开大国效应研究的理论分析框架；其次，从不同木质林产品中国贸易量占比分析，及不同木质林产品中国贸易量与国际价格的变化特征分析两个方面展开中国木质林产品进口、出口贸易的特征事实分析；再次，同样基于第 4 章与第 5 章的研究数据，构建向量自回归（vector autoregression model，VAR）模型验证显性大国效应是否存在，并进一步利用 Spearman 等级相关系数与加入中国因素前后的国际木质林产品价格对比等方法深入挖掘隐性大国效应的存在性；然后，如果验证大国效应真的存在，则将国际木质林产品价格对中国木质林产品贸易量的影响剥离出来，仅选取大国效应发挥作用的区间作为研究样本，通过 MATLAB 软件对中国木质林产品进口、出口量与国际木质林产品价格的真实关系进行函数拟合分析，分段估计弹性，以明确在不同区间内，中国木质林产品进口、出口量的变化对国际木质林产品价格的影响程度；最后，利用边际价格估算大国效应造成的贸易损失。

（5）中国木质林产品贸易市场势力研究。

本书第 7 章首先构建了展开市场势力研究的理论分析框架；其次，对中国不同木质林产品贸易的市场结构进行特征事实分析；然后，同样基于第 4章与第 5 章的研究数据，根据依市定价理论，构建固定效应变系数的 Pricing to Market（PTM）面板模型对中国木质林产品进口、出口市场势力进行测算；最后，以原木进口为例，基于弹性视角构建近乎理想的需求系统（almost ideal demand system，AIDS）模型分析各进口来源国在中国原木进口贸易中的市场行为特征，验证市场势力存在的机理。

（6）主要结论、政策建议与研究展望。

本书第 8 章基于以上各章节的研究结果，凝练国际木质林产品价格与中国木质林产品进口、出口贸易量的互动影响，以常态化地做好国际市场价格波动与大国效应的应对工作，并提出减少贸易损失的科学建议。

1.4　研究对象、研究方法与技术路线

1.4.1　研究对象

本书在对比了《联合国粮食及农业组织林产品年鉴》《中国海关统计年鉴》《中国林业发展报告》中对于木质林产品统计口径的规定之后，结合田明华等（2018）、许薇（2019）对于木质林产品的划分标准，借鉴 HS 分类方法，综合考虑不同种类国际木质林产品的价格差异，对本书中木质林产品的具体范畴首先界定如下：原木（针叶材、阔叶材）、锯材、单板、人造板（刨花板、纤维板和胶合板）、木浆、木质家具（办公用木质家具、厨房用木质家具、卧室用木质家具、其他用途的木质家具）、回收纸、纸浆、纸和纸板（印刷书写纸、新闻纸、家用纸及卫生纸、包装纸）。基于此，展开数据的收集整理工作，目前，关于国际木质林产品贸易的统计数据库主要有 UN Comtrade 数据库、The Food and Agriculture Organization（FAO）数据库、

Economy Prediction System（EPS）数据库等，但均存在大量国家月度贸易量数据缺失的问题，无法按照贸易额/贸易量的方式计算月度贸易价格，而国际上对于木质林产品价格数据的统计也十分有限（仅找到包括原木、锯材、化学木浆、胶合板在内的4种产品）。根据《FAO林产品年鉴（2019）》，中国木质林产品贸易额占世界林产品贸易总额的11.06%，其中，原木、锯材、木浆进口额与胶合板出口额分别占世界原木、锯材、木浆进口与胶合板出口总额的44.18%、25.55%、38.95%和32.11%，均位于世界第一位。因此，综合中国木质林产品在国际木质林产品贸易中的市场地位及研究数据的可获得性，最终将本书研究的木质林产品对象缩减为原木（HS：4403）、锯材（HS：4406、4407）、化学木浆（HS：4703）、胶合板（HS：4412）。需要解释的是，本书第3章中的分析对象为木质林产品整体，一方面，与中国木质林产品的贸易格局有关，既进口原木、锯材、木浆等资源型木质林产品，又出口木制家具、木制品、胶合板、纸制品等加工型木质林产品。这既受到各国森林资源禀赋水平与林产工业发展水平的影响，也受到直接贸易伙伴与间接贸易伙伴的影响，总体而言，是受全球木质林产品贸易网络的影响。另一方面，不同木质林产品之间具有生产链上的关联性，为促进胶合板、木制家具等加工产品的稳定出口，需保障原木、锯材等原材料的稳定进口，因此，在分析贸易格局时，进出口之间、产品之间做不到完全地分离。随后，在第4章至第7章的研究中，再考虑不同种类木质林产品的差异，将原木、锯材、化学木浆、胶合板作为研究对象进行细致分析。

1.4.2 研究方法

1.4.2.1 文献分析法

本书通过对国内外有关于国际市场价格波动、大国效应与市场势力、木质林产品贸易等领域文献的收集、梳理与归纳，了解现有研究的进展状况，结合贸易现实提炼有待解决的前沿问题，从而确定本书研究的切入点以及有可能的创新点。同时，基于已有文献，构建各章节研究的理论框架，并制定科学合理的实证模型与数据指标。

1.4.2.2　理论分析法

本书借鉴国际市场价格理论、周期理论、大国效应理论、国际市场势力理论等，构建了分析国际木质林产品价格与中国木质林产品进口、出口贸易量互动影响的理论研究分析框架。

1.4.2.3　描述性统计分析

本书在各章节数据说明、木质林产品贸易总量分析、中国木质林产品贸易市场结构分析等部分均运用到描述性统计分析方法，以便对样本数、样本特征、贸易现状进行综合归纳与直观展示，力求系统阐述木质林产品贸易的实际状况。

1.4.2.4　实证分析法

本书运用到复杂网络模型、ARCH 族模型、H-P 滤波模型、NARDL 模型、SVAR 模型、引入 SVAR 冲击的贸易引力模型、VAR 模型、Spearman 等级相关系数、固定效应变系数的 PTM 面板模型、AIDS 模型等计量工具，借助 Pajek、EViews、Stata、MATLAB 等计量软件，对国际木质林产品价格与中国木质林产品进口、出口贸易量的互动影响展开实证分析。

1.4.2.5　对比分析法

本书基于每一章节的研究需要，对比分析了中国不同木质林产品的贸易现状，不同国际木质林产品价格的波动特征，及其与中国木质林产品进口、出口贸易量互动影响等的差异，是贯穿全文始终的一个研究方法。

1.4.3　技术路线

根据研究逻辑结构及各章节的研究内容，构建本书的技术路线图（见图 1.4）。

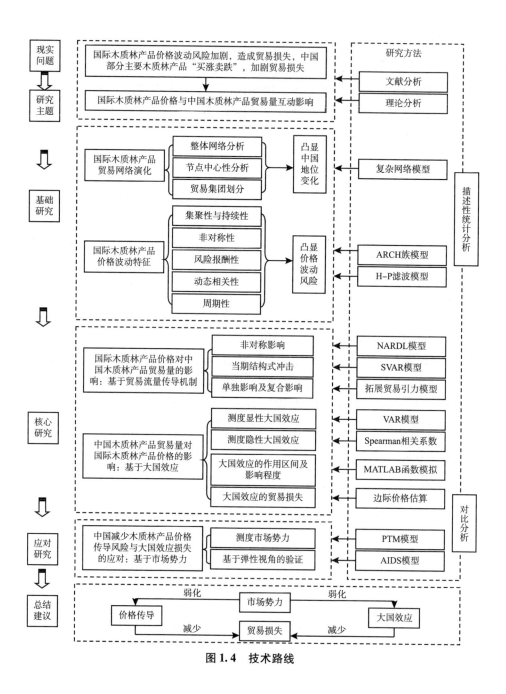

图 1.4 技术路线

1.5 可能的创新点

结合已有的研究成果及本书各章节的基本内容，针对本书第 2.3.5 小节"文献评述"中提出的几点不足之处，本书拟提出如下可能的几点创新：

1.5.1 在研究应用上

（1）本书首次将复杂网络理论与国际木质林产品贸易格局演变、贸易集团演化、中国贸易地位转变及贸易安全性联系起来，凸显出中国参与国际木质林产品贸易的地位增强，加剧了贸易损失，弥补了现有文献关于"木质林产品贸易格局动态分析比较欠缺"的不足。

（2）本书首次揭示了不同国际木质林产品价格波动的特征及规律，凸显出国际木质林产品价格波动风险加剧，进一步分具体产品从价格波动方向与价格波动幅度两个方面研究国际木质林产品价格对中国木质林产品进口、出口量的影响，明确了价格上涨、下跌带来的非对称影响，探索了国际金融资产价格、国际能源价格与国际木质林产品价格之间的当期结构式冲击，并估计了这些因素变动对中国木质林产品进口、出口量的单独影响与复合影响，弥补了现有文献关于"国际木质林产品价格向国内市场传导研究空白"的不足。

（3）本书首次基于大国效应理论，分具体产品验证中国木质林产品进口、出口贸易大国效应的存在性，研究大国效应的作用区间与影响程度，并利用拟合函数的边际价格估算了大国效应造成的贸易损失，弥补了现有文献关于"木质林产品大国效应研究稀少，大国效应造成的贸易损失量化研究空白"的不足。

（4）本书首次将市场势力与弹性分析结合起来，基于弹性视角对市场势力的作用机理进行验证，按照市场势力的强弱对主要贸易国进行分类，并通过对比发现中国获取木质林产品进口、出口市场势力的优势条件与劣势条件，弥补了现有文献关于"木质林产品市场势力的研究仅限于美国一个市场、家具一类产品"的不足。

1.5.2　在研究理论上

本书首次提出将大国效应划分为显性大国效应与隐性大国效应展开研究，使得国际木质林产品贸易的大国效应得以充分挖掘，弥补了现有文献关于"忽略了隐性大国效应"的不足，这既可以解释为什么已有研究关于是否存在大国效应的结论存在分歧，又能够很好地揭示"买涨卖跌"现象背后的经济学原理。

1.5.3　在研究方法上

（1）本书基于国际木质林产品的价格波动规律及特征，首次构建了按月滚动的动态价格预测模型，实现了对价格短期有效的动态预测，打破了现有文献关于"静态预测的限制"，提高了预测的精准度；并且，研究的时间跨度有所拉长，研究的地域范围也由某一国或某一市场扩展到国际大市场，使得研究结果更加完整。

（2）本书首次将大国效应的影响剥离出来，通过 MATLAB 软件实现了中国木质林产品进口、出口量与国际木质林产品价格真实关系的函数拟合，可分段估计出弹性，打破了现有文献关于"全样本区间内的大国效应均显性，且大国效应的影响是线性的"假设，以非线性拟合图形式直观展现了大国效应的影响及作用区间，更加符合贸易现实，也更具政策指导意义。

第2章

相关概念、理论基础与文献综述

2.1 相关概念

2.1.1 木质林产品

在界定木质林产品这一概念之前首先需要明确什么是木材。通俗来讲，木材是植物生长所形成的木质化组织；1982 年，联合国粮食及农业组织（FAO）曾指出木材即倒木，既包括自然倒木，也包括砍伐倒木，既可以是从森林砍伐的，也可以是从森林以外砍伐的，有带皮的、去皮的、圆形的、方形的、其他不规则形状等多种呈现形式（季春艺，2013；崔敏，2014）。从广义上讲，木质林产品是"木质"和"林产品"两个概念的集合，指一切由木质材料为原料组成或制成的产品，既包括木质纤维类产品，又包括竹藤类等其他产品；从狭义上讲，木质林产品仅指木质纤维类产品，更加强调"木质"的特点（张旭芳和杨红强，2013）。通过查阅文献发现，学者们在研究过程中，大多采用狭义的定义，只有涉及碳储量、碳排放等研究主题时才会采用广义的定义（杨红强等，2014；杨红强和王珊珊，2017）。

在不同的经验性研究文献当中，狭义木质林产品具体类型的划分也不相同。2003年联合国气候变化框架公约基于木材的定义，认为木质林产品是以木材为原料生产而来的，主要包括家具、胶合板、木制品、纸类等在内的各种类型产品；2018年FAO指出木质林产品主要包括原木、锯材、人造板、木浆、回收纸、纸和纸板等多种产品类型，其中，原木是最主要、最基本的产品，根据用途的不同又可以进一步将原木划分为木质燃料（薪材）和工业用原木。结合中国实际的贸易发展情况，参照《商品名称及编码协调制度》（Harmonized System，HS）分类标准，《中国林业发展报告》将木质林产品划分为原木类、锯材类、人造板类、木制品类、纸类、家具类、木片和其他类等八大类，更加符合现实研究的需求（宿海颖等，2018）。近年来，关于木质林产品贸易的研究越来越多，学者们虽然根据自身研究内容及研究目的的不同，对木质林产品范围进行了特殊限定（顾晓燕和聂影，2011；耿利敏和沈文星，2018），但基本上差异较小，均符合《中国林业发展报告》的划分标准，并且按照其统计口径收集整理的数据也适用于实证研究，这有利于将不同时期、不同学者的研究结果进行归纳与对比，从而得出研究结论。

因此，本书的木质林产品也仅指狭义的木质林产品，不包括竹藤等产品，受数据质量限制，进一步将本书中的木质林产品限定在原木、锯材、化学木浆、胶合板4类，详见本书第1.4.1小节"研究对象"部分的内容。

2.1.2 国际市场价格波动

西方经济学理论认为商品价格的形成是一个非常复杂的过程，是其内在价值在市场供求关系、商品生产成本、消费者偏好、国际经济政策、市场结构等多种因素综合作用下的货币表现形式。如果这些因素发生改变，市场中商品的供求均衡状态就会被打破，出现供给大于需求（供过于求）或者供给小于需求（供不应求）的状态，则该商品的市场价格就会偏离其均衡价格，而当这些因素相互制约使得市场中的供给与需求重新达到均衡状态时，商品的价格也会趋于平稳。可见，价格波动是一个动态的概念，也是一个时期的概念，是价格由一个均衡点向另一个均衡点不断过渡的过程，包含价格变化与价格传导两方面内容（郭晓慧，2010；朱海燕，2015）。其中，价格变化 = 当期价格/基期价格，是某一时点的价格相比另一时点价格的变动，如果将这种变化视为一个截面，那么，该截面沿着时间区间不断扩散的过程就是价格波动的传导过程（俞洁，2013）。在市场经济条件下，价格波动是正常的，也是必然会发生的现象，国际市场上的价格波动相比国内市场的价格波动，影响范围更广、作用周期更长，因此，更值得被关注。

目前，学术界关于国际市场价格波动传导这一名词尚未给出统一的、专业的定义，不过还是有一些非常具有代表性的表述是可以帮助理解并学习借鉴的。其中，FAO 认为国际市场价格波动传导是不同市场上价格序列之间的一种相互联动响应；中国价格协会课题组（2005）认为国际市场价格波动传导是某商品价格发生波动时，该波动沿着国际市场交易渠道对相关产品或者相关联市场产生的一系列价格溢出效应；许世卫等（2011）认为国际市场价格波动传导是在国际贸易市场中，当某商品价格发生波动时，该波动与其他产品价格波动之间相互联系的全部内容，包括传导的关系、传导的路径、传导的效率与强度等多个方面。综上可知，关于国际市场价格波动传导的界定范围越来越大，包含的研究内容也越来越多。

在方晨靓（2012）一文中，曾将国际市场价格波动传导根据传导路径的不同，划分为垂直价格传导与空间价格传导两种类型。前者是指某商品价格波动沿着国内产业链的传导，即从"原料采购商—生产商—加工商—零售商—消费者"之间的价格传导；后者指某商品价格波动在国际上不同地区市场之间，或者不同产品市场之间的传导。通常来讲，垂直传导与空间传导是同时发生的，并且某商品价格传导的最终结果也是垂直传导与空间传导的叠加结果。如果在自由贸易条件下，两个市场（既可以是垂直传导的市场，也可以是空间传导的市场）一体化程度很高，则两个市场的价格变动是同步的，意味着价格的传导是完全充分的，符合"一价定律"（the law of one price，LOP）理论；相反，如果两个市场一体化程度很低，则两个市场的价格变动是完全独立的，彼此之间的相互影响很小，意味着价格的传导受阻。因此，在实证经济学中，价格波动传导也经常被用来衡量两个市场的一体化程度，也可以叫整合程度，一般通过测度两个市场上价格的长期均衡关系做出判断。

在国际市场价格波动传导的过程中，有一个非常重要的概念就是价格传导的非对称性（asymmetric price transmission，APT），被认为是以不均质的方式来应付商品价格波动的定价行为。显而易见，其与价格传导的对称性意思相反，包含以下两层含义：第一，某商品价格上涨的传导效应与价格下跌的传导效应不同；第二，某商品价格的上涨或者下跌在不同市场间的影响程度及影响速度不同。许多学者也研究发现受交易成本、信息不对称、产品差异化、贸易政策、定价方式、市场结构等多种因素的影响，以上两种形式价格波动传导的非对称性是普遍存在的（Meyer & Stephan，2004；Oluwatayo & Awe，2014；Silva et al.，2020）。这些因素都可以涵盖在贸易影响力的框架里展开研究，根据影响力的大小，又可以分为大国效应与小国效应，这将在下文里详细阐述。当然，正是因为价格波动传导非对称性的存在，才让市场上的贸易商有机会采取套利行为。

综上所述，由于本书缺乏国内木质林产品生产成本、市场交易价格、木材供应链纵向价格的完整数据，无法对国际木质林产品价格波动的垂直传导与空间传导进行系统研究。因此，根据所获得的数据资料，将重点探究不同木质林产品国际价格波动的特征及规律，分析不同木质林产品之间价格波动的相关关系，并预测未来的价格变化趋势。进一步，基于价格传导的非对称理论，验证不同木质林产品价格的上涨与下跌对中国木质林产品进口、出口贸易量的非对称影响，并基于贸易流量机制分析国际金融资产价格、国际能源价格和国际木质林产品价格对中国木质林产品贸易量的单独影响及复合影响。

2.1.3 大国效应

什么算是大国？什么算是小国？在国际贸易理论中，大国效应经常与大国概念相联系，这里的大国并不是人口大国或面积大国，而是根据一国贸易量对国际市场价格的影响程度来进行判断（付信明，2008）。顾名思义，大国是指该国某商品的贸易量占国际某商品贸易量的比重较大，大国的进口、出口贸易行为会引起国际市场上该商品供求关系的变化，进而改变该商品的交易价格，可谓是价格形成过程的参与者，简而言之，就是该国在国际市场上的影响力较大，能够改变自身的国际贸易条件。相反，小国是指该国某商品的贸易量在国际某商品贸易量中所占比重较小，小国的进口、出口贸易行为对国际市场上该商品的供求关系没有影响，只是价格的接受者，简而言之，就是该国在国际市场上的影响力较小，不能改变自身的国际贸易条件（李晓钟和张小蒂，2004；赵长和和钟钰，2017）。

古典国际贸易理论假设国际市场是完全竞争的，每个贸易主体的贸易量相对全球贸易量是较小的，只能被动地接受国际价格，即市场上每个参与主体都是价格的接受者。然而，当一个国家在全球贸易中所占的份额达到一定比例之后，就可能会影响国际市场，从价格的接受者变为价格形成的参与者，即产生所谓的"大国效应"。通俗而言，就是一国大量进口（出口）某种商品会增加整个市场的需求量（供给量），引起该商品国际价格的上涨（下跌）（王春华，2016；赵峰等，2018）。按照贸易方向的不同，可以将大国效应分为进口大国效应和出口大国效应，其中，进口大国效应是指一国的进口规模在国际市场上占比很高时，进口规模的变动会影响该商品的国际市场价格；出口大国效应亦是如此。按照影响效果的不同，可以将大国效应分为正向大国效应和负向大国效应，其中，正向大国效应是指贸易大国的贸易规模变动影响了该商品的国际市场价格之后，可以通过经济政策（如提高进口商品的关税）应对价格变动，调节国内供需，从而改善本国的贸易条件。同时，也可以通过自身的议价能力，提高出口价格或降低进口价格。负向大国效应是指产生不利于自身的国际价格，使贸易条件恶化，陷入"买涨卖跌"的困境，使自身福利受损，还有可能引致贸易保护主义的贸易攻击。当然，学者们研究表明中国大宗商品国际贸易的大国效应主要以负向大国效应为主（尤喆，2019），这也许是中国木质林产品贸易陷入"买贵卖贱"价格困境的主要原因，也会使中国的进口、出口贸易行为受到约束，造成贸易损失（钟钰等，2015）。当然，在国际经济学的分析视角下，大国效应的出现是有条件的，需要满足但不限于：该商品在国际市场上流通的便利性很高、国际市场上该商品的总供需保持稳定或变动很小、汇率相对固定、该商品被替代的可能性较小等，另外，研究的贸易国该种商品进口或者出口的规模也需要很大（范建刚，2007；赵长和，2017）。

综上所述，现有研究关于大国效应的概念均限定为显性大国效应，即一国某商品的进口、出口行为直观地引起了该商品国际价格的上涨或者下跌。但是，在现实贸易中，有些大国效应是存在的，只是没有显现出来而已，简单来讲，就是一国某商品的进口、出口行为没有直观地引起该商品国际价格的上涨或者下跌。结合本书研究，例如，在整个样本区间内，若国际木质林产品价格对中国木质林产品贸易量的影响比中国木质林产品贸易量对国际木质林产品价格的影响更加显著，则会使中国木质林产品贸易的大国效应难以显现；又例如，在胶合板出口贸易中，受生产成本、运输成本、贸易政策等多种因素影响，国际胶合板价格在长期可能会呈现上涨趋势，从而将中国胶合板出口量增加引起国际胶合板价格下跌的现象隐藏起来，导致大国效应不能被完全发现，本书将这种大国效应定义为隐性大国效应。

因此，在实证分析中，需通过描述性统计分析及向量自回归模型对中国不同种类木质林产品贸易是否具有显性大国效应进行动态检验，并利用格兰杰因果、脉冲响应函数、方差分解等分析工具具体探讨中国不同木质林产品贸易量对国际木质林产品价格的显性影响。然后，进一步借助 Spearman 等级相关系数分析与加入中国因素前后的国际木质林产品价格对比分析等方法对隐性大国效应进行全方位分析，以充分挖掘中国木质林产品贸易的大国效应。

2.1.4　市场势力

关于市场势力（market power）的研究起源于 19 世纪 30 年代，当时美国出现了大量的垄断型产业，引起了经济学家的广泛关注与担忧，市场势力便作为反垄断法中的重要概念被提出。

对于市场势力的界定，学者们做出了以下不同的解释。一方面，从定价行为上来讲，市场势力是企业将交易价格制定到高出边际成本之上的能力（Lerner，1934；Bresnahan，1989），或者是企业对某种商品市场价格的直接影响，也可以是对其他企业进行商品定价行为的影响（Brandow，1969），简而言之，就是企业对交易价格的操控程度（Liebeler，1978；Bannock，2005）。另一方面，从市场行为上来讲，市场势力是企业能够防止竞争对手模仿其创新，并且保证企业利润不受损失的能力（Schumpeter，1942），或者是在相同的生产条件下，企业可以利用自己的生产行为来影响其他企业生产行为的能力（Kaysen & Turner，1959）。因此，拥有市场势力的企业既可以在增加销售量的同时，保持交易价格不变（Utton & Morgan，1983），也可以在市场环境发生改变时，仍然能够保持自身的竞争优势与获利能力，并且，拥有市场势力的企业对市场具有潜在影响力，能够改变市场环境的未来变化趋势（Ailawadi et al.，1995）。综上所述，尽管学者们的具体表述不同，但本质上皆认为：市场势力会出现在不完全竞争市场中，可归纳为是企业对市场交易价格的控制能力。

早期学者们的研究经常将市场势力与垄断势力混为一谈，虽然两者都与企业定价于边际成本之上的概念有关，但实际上却存在本质差异。不同于垄断势力，具有市场势力的企业利润通常不会超过平均竞争水平，并且市场势力是短期性的，也不能长期维持，因此，拥有市场势力的企业不应该被列为反垄断的重点关注对象。并且，后期学者们研究发现，拥有垄断势力的企业并不一定会拥有市场势力，而拥有市场势力的企业也不必须拥有垄断势力，再次验证了市场势力并不等同于垄断势力。市场势力的作用机制如图 2.1 所示，图中，D、MC、MR、AR 分别为企业面临的市场需求曲线（向右下方倾斜）、边际成本曲线、边际收益曲线、平均收益曲线（与 D 重合）。按照企业利润最大化的原则，企业的产量 Q^m 应该位于 MR 与 MC 交点 E，价格应该为点 E 对应的价格 MC^m，不过，D 曲线位于 MR 曲线的上方，企业根据 D 曲线可以确定其产品的出售价格为 P^m。当 $P^m - MC^m > 0$ 时，就意味着企业对价格具有控制能力，即存在市场势力，且 $P^m - MC^m$ 的值越大，就说明企业的市场势力越强，在图 2.1 中直观地反映为 P^m 和 MC^m 之间的直线距离。经济全球化的推进，使得跨国企业更加关注全球市场，国际市场势力成为新的研究方向。学者们突破传统定义，不再认为国际市场势力是垄断的代名词，而是赋予国际市场势力新的内涵。结合有效竞争理论、动态竞争理论的相关内容，国际市场势力被定义为企业改变、影响价格或其他的市场交易条件而谋取利益、避开竞争的一种能力，它可以为企业创造出竞争对手所不具备的产品的非对称需求（Young，2000）。因此，国际市场势力具有正外部性，能够消除经济福利的损失。

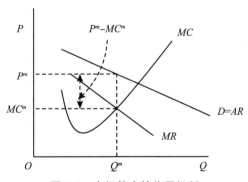

图 2.1　市场势力的作用机制

综上所述，国际市场势力更倾向于国际竞争力的概念，可以理解为一国某产业在国际市场上的综合控制能力，主要表现为强大的出口能力、在国际市场上的占有率、价格控制力、核心技术竞争力、价值增值力等多个方面（占明珍，2011）。实质上，国际市场势力是全球范围内的产业在经济开放条件下，各自的生产效率与技术水平相互竞争的最终结果。在本书第 7 章中，将中国木质林产品的国际市场势力定义为卖方市场势力与买方市场势力两个方面，其中，卖方国际市场势力是指中国在出口木质林产品时将价格制定在边际成本以上的能力，即价格加成的能力；买方国际市场势力是指中国在进口木质林产品时借助自身优势以低于竞争均衡价格进行购买的能力，即价格抗衡能力。均采用固定效应变系数的 PTM 面板模型进行测算，并基于弹性视角对市场势力机理展开验证（黄先海等，2010；石秀华和万璟，2014）。

2.2 理论基础

2.2.1 国际市场价格传导理论

国际市场价格波动传导是垂直传导（产业链传导）和空间传导（市场间传导）的叠加，由于木质林产品缺乏国内生产成本与贸易价格数据，因此，目前学术界缺乏对国际木质林产品价格波动传导机制的完整研究。基于本书获取的数据资料，参照农产品领域国际市场价格波动传导的机理，发现国际木质林产品价格波动传导可实现的研究切入点：基于价格传导的非对称理论，验证不同种类木质林产品价格的上涨与下跌对中国木质林产品进口、出口贸易量的非对称影响；基于价格传导的溢出效应理论，分析不同木质林产品市场之间价格波动的相互联系；基于贸易流量机制分析不同国际木质林产品价格波动对中国木质林产品进口、出口贸易量的单独影响及复合影响。本小节具体的理论基础及其与后文章节之间的联系如图 2.2 所示。

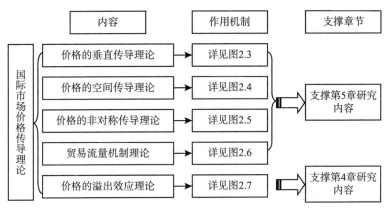

图 2.2 理论基础与各章节之间的联系

2.2.1.1 价格的垂直传导理论

价格的垂直传导主要是沿着一国国内的产业链市场展开的，是某一商品的价格由生产领域向消费领域传导的全过程（Weinhagen，2005），也是上游产品（如生产资料、劳动力、土地等）价格经过不同的传导路径，向下游产品（消费品）价格传导的全过程。按照 3 次产业分类，价格的垂直传导同样可以分为农业产业链传导、工业产业链传导、服务业产业链传导 3 个类型，具体如图 2.3 所示，而 3 条产业链价格的传导，最终都会影响居民消费价格的总水平。

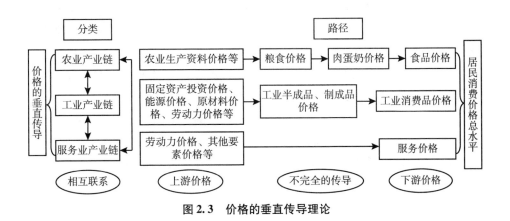

图 2.3 价格的垂直传导理论

　　其中，农业产业链的价格传导是以农业生产资料价格等为上游价格，通过影响粮食生产成本进而影响到粮食价格，又通过影响日常食用的肉蛋奶价格，进而影响到食品价格的全过程；工业产业链的价格传导是以固定资产投资价格等为上游价格，通过影响工业半成品及制成品的价格，进而影响到工业消费品价格的全过程；服务业产业链的价格传导是以劳动力价格等为上游价格，进而影响到服务价格的全过程。有研究表明，生产资料的价格波动会影响到农业产出的成本，也会影响到服务业的物流、交通、水电等运营成本，反过来，工业与服务业的发展又会影响农业生产水平的提升，从而通过初级农产品深加工的路径最终影响到食品价格，但是，这些价格又不会同时、同种程度地发生变化，并不具有必然的因果关系（周望军等，2008）。可见，以上3条产业链的价格传导彼此之间是相互联系的，价格波动具有很强的相关性，并且每条产业链价格的内部传导及每条产业链彼此之间的价格传导也不是完全的，存在传导幅度与传导速度的差异。就传导幅度来讲，部分学者认为农业产业链的价格波动及传导的幅度较大，工业与服务业产业链的价格波动及传导的幅度较小（李兴平和严先溥，2004；肖六亿和常云昆，2005；刘玲，2015）；就传导速度来讲，部分学者认为在产业链中，上游价格向下游价格的传导大约需要半年左右的时间，即各环节的价格传导具有时滞性，并且越到下游环节，价格传导的时滞越长（刘浩澜，2007；田甜，2017）。

2.2.1.2　价格的空间传导理论

　　随着中国对外贸易依存度的逐渐提高，中国国内市场与国际市场的价格联动性越来越强。关于价格的空间传导，学者们普遍认为存在以下三种传导路径：第一，贸易传导路径（单路径）；第二，贸易传导路径与货币传导路径共存（双路径）；第三，贸易传导路径、货币传导路径、贸易比价路径、产品替代路径共存（四路径）。具体如图2.4所示。

　　以国际市场价格向国内市场价格的传导为例，单路径下，国际市场的价格波动会直接影响到中国商品的进口价格，而进口商品用于生产或者消费，又会影响到国内产品的出厂价格，从而影响到国内商品的物价水平（赵革和黄国华，2005）。双路径传导认为在贸易路径传导的基础上，应当同时考虑货币传导路径的作用，即国际商品价格的变动，会通过影响中国的国际收支平衡，进而影响外汇储备与货币的供应量，并最终影响国内商品的物价水平（周

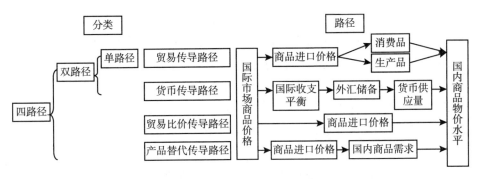

图 2.4　价格的空间传导理论

望军等，2008）。四路径传导则是指在双路径传导基础上，还应考虑贸易比价路径与产品替代路径发挥的作用，很显然，同类产品之间的价格对比，或者替代产品的价格冲击，会影响到中国商品的进口选择与最终的进口价格，从而影响到国内商品的物价水平（谭莹和张俊艳，2021）。可见，价格空间传导的内容是不断丰富的，所包含的范畴也是不断拓展的，当然，最基本的、也是最主要的价格传导路径还是贸易路径，并且在国际市场上，石油作为能源产品，是最具有价格联动效应的产品，其次是有色金属、化纤产品、纺织品等，这些产品也被称为经济敏感性商品。与价格的垂直传导类似，价格的空间传导也具有时滞性，从国际市场传导至国内市场，大约需要 3 个月的时间，并且在整个传导过程中，这种影响力是逐渐减弱的（彭佳颖等，2016；于爱芝和杨敏，2018）。这为本书第 5 章研究内容的展开奠定了理论基础，国际木质林产品价格的波动会通过影响中国木质林产品的进口、出口价格，进而影响到中国木质林产品的进口量、出口量。

2.2.1.3　价格的非对称传导理论

价格传导的非对称是对"一价定律"理论的否定，主要是指一种商品的价格对另一种商品价格上涨与下跌的反应速度及反应幅度不同，包含传递的程度、传递的速度、传递的方向及价格的涨跌属性 4 个维度，具体如图 2.5 所示（于爱芝和杨敏，2018）。其中，传递程度的非对称即某商品价格的变化幅度与另一种商品价格的变化幅度不一致；传递速度的非对称即某商品价格的变化对另一种商品价格变化的响应是具有时滞的；传递方向的非对称主要是针对垂直传导来讲，即上游往下游传递与下游往上游传递的效果是不同的；价格涨跌属性的非对称即某商品价格的变化对另一种商品价格的上涨与下跌的响应不同，如果价格上涨的传递速度快于价格下跌，则称之为正向的非对称价格传递，反之，则称之为负向的非对称价格传递。学者们研究表明，价格的非对称传导在银行存款等金融类（Neumark & Sharpe，1992）、石油等能源类（李治国和王梦瑜，2018）、肉类（Hosseini et al.，2012；王晶晶等，2014；白华艳和关建波，2021）、乳制品类（Ainollahi & Ghahremanzadeh，2015）、蔬菜类（沈辰等，2020）等产品市场上是普遍存在的。

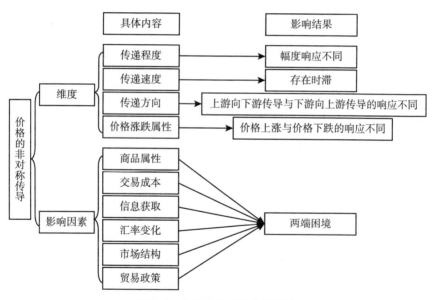

图 2.5 价格的非对称传导理论

价格传导的非对称会直接影响社会福利分配的不公平，当生产价格下降时，消费者不能从中获利，当零售价格上涨时，生产者也不能从中获利，即无论价格如何变化，只有处于中间环节的流通机构（如收购商、零售商等）才可以获得最大利润，这便是常说的"两端困境"（Meyer & Stephan，2004；高扬，2011）。当然，引起价格非对称传导的因素有很多，如商品自身属性（Awokuse & Wang，2010）、交易成本（Goodwin et al.，2011；Hood & Dorfman，2015）、政府干预（郑少华和赵少钦，2012）、信息获取能力（Parajuli &

Zhang，2016）、汇率变化（Goodwin et al.，2019）、市场结构（Zhang & Chang，2019）、贸易政策（Zhang et al.，2020；Kameyama & Sugiura，2021）等。诱因不同，政府相关部门采取的应对措施也应不同，例如，产业链条上的价格非对称传导，主要是受交易主体双方市场势力的影响，因此，应采取相应措施缩小各交易环节的竞争力差异。具体而言，生产者应通过提高产品质量、展开差异化竞争、形成价格联盟、签订合同等方式提高竞争力，而政府部门则需提高物流水平，降低中间环节的交易成本，给予弱势群体财政补贴，并减弱中间机构对市场的垄断性。

2.2.1.4 贸易流量机制理论

国际某种商品价格的波动对中国该商品进口量、出口量的影响是一个复杂的过程，是国际某种商品自身价格波动与国际金融资产价格波动、国际能源价格波动综合作用的结果（尹靖华，2015），具体如图 2.6 所示。

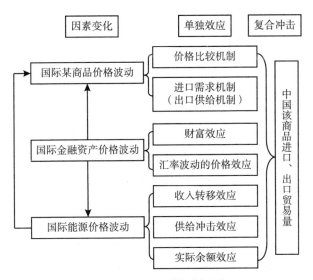

图 2.6 贸易流量机制理论

首先，国际某种商品自身价格波动会通过商品价格的比较机制直接影响中国该种商品的进口量与出口量，简单来讲，就是直接改变了贸易双方的价格比较优势；同时，也会通过进口需求机制或出口供给机制间接改变中国该种商品的进口量与出口量。在不考虑政府干预的前提下，国际某种商品自身价格上涨，中国该商品的进口量会减少、出口量会增加；相反，国际某种商品自身价格下跌，中国该商品的进口量会增加、出口量会减少。其次，国际金融资产价格波动会通过财富效应与汇率波动的价格效应影响中国该种商品的进口量与出口量，影响结果是二者效应的合成，具有不确定性，就财富效应而言，又包括替代效应与收入效应两方面内容（周旋，2020）。最后，国际能源价格波动会通过收入的转出效应、供给的冲击效应、实际余额效应影响中国该种商品的进口量与出口量（吴姗姗和单葆国，2020），与国际金融资产价格波动的结果类似，同样具有不确定性。此外，有学者研究表明，国际金融资产价格波动会影响国际能源价格波动，而国际金融资产价格、能源价格波动也是国际某种商品价格波动的重要原因，三种影响途径相互交织，共同发挥作用，对中国某种商品进口、出口量有着叠加的复合影响（陈学彬和徐明东，2010；余博等，2020）。这也为第5章研究内容的展开奠定了理论基础，由于该部分内容与本书第5.1.1小节"理论分析框架"部分的内容有较多重复，因此，此处略写，各因素的影响途径及作用机制详见本书第5.1.1小节"理论分析框架"。

2.2.1.5 价格的溢出效应理论

价格的溢出效应是指市场上某一商品的价格不仅受到自身前期价格的影响，而且受到其他商品前期价格的影响，与经济学中的外部性概念属于相同的范畴，又被形象地称为"风险传染"效应（李秋萍等，2014；王浴青和温涛，2021），具体如图2.7所示。在前文相关概念的部分已经提到，按照价格传导方向的不同，可以将价格传导划分为空间价格传导与垂直价格传导两类，相应的，价格溢出效应也可以划分为横向价格溢出效应与纵向价格溢出效应（王振宇，2014；左腾达，2019）。其中，横向价格溢出效应主要出现在同一级别、相互具有一定替代性的产品之间，如同类产品或者相似产品之间，又或是国际市场与国内市场之间；纵向价格溢出效应主要出现在不同级别、同一产业链上的不同环节的产品之间，如上游产品与中游产品之间、中游产品与下游产品之间等。

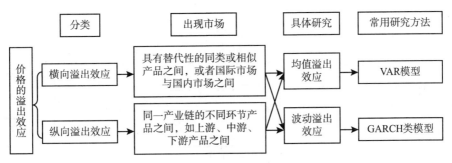

图 2.7　价格的溢出效应理论

当然，无论是横向价格溢出效应还是纵向价格溢出效应，在具体研究过程中，学者们都从均值溢出效应与波动溢出效应两个角度进行分析（肖小勇等，2014；高群和宋长鸣，2016）。前者关注的是两组价格序列之间均值的相关关系，考察一阶矩的关联性，主要通过协整检验、VAR 模型或向量误差修正（vector error correction，VEC）模型等展开实证测度，有研究发现产业链条结构越松散，价格的垂直传导就越慢，程度也越少，反之，产业链条结构越紧密，价格的垂直传导就越快，程度也越高。后者关注的是两组价格序列之间方差的相关关系，考察二阶矩的关联性，主要借助广义自回归条件异方差（generalized autoregressive conditional heteroskedasticity，GARCH）族模型展开实证测度（Miller & Hayenga，2001；闫桂权等，2019），该方面的研究最早集中于金融业，如股市价格波动，随后被学者们引入农产品等贸易领域，重点研究农产品现货市场与期货市场的单向抑或是双向价格波动溢出关系。这为第 4 章国际木质林产品价格波动特征的研究奠定了理论基础。

2.2.2　大国效应理论

在国际市场价格的空间传导中，按照市场影响力的不同，可以将贸易参与国划分为小国与大国两种类型，小国是国际市场价格的被动接受者，大国则是国际市场价格制定的主要参与者（田甜，2017）。本小节具体的理论基础及其与后文章节之间的联系如图 2.8 所示。

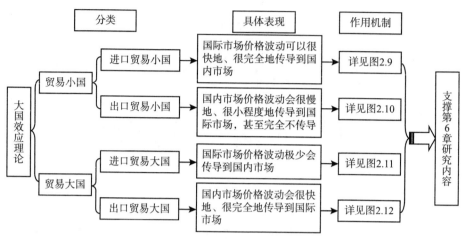

图 2.8　理论基础与各章节之间的联系

2.2.2.1　贸易小国模型

贸易小国又可以进一步划分为进口贸易小国（又被称为价格波动导入小国）与出口贸易小国（又被称为价格波动导出小国）。前者是指一国某商品的国内价格很容易受到国际市场价格的影响，即国际市场的价格波动可以很快地、很完全地传导到国内市场，其作用机制如图 2.9 所示；后者是指某商品的国内市场价格波动很难影响到国际市场价格，即国内市场的价格波动会很慢地、很小程度地传导到国际市场，甚至完全不传导，其作用机制如图 2.10 所示。图 2.9（a）中，在小国国内市场封闭的环境下，供需曲线分别为 S_d 和 D_d，二者的交点（A）决定了市场出清时的价格（P_d），开放环境下，由于 $P_d > P_w$（国际市场价格），因此，该国会从国际市场上进口该商品。图 2.9（b）表示该国面临的国际市场供求状况图，其中，S_w 为该国在国际市场上面临的供给曲线，是一条等于国际市场价格（P_w）的水平线，由于该国为进口贸易小国，其进口贸易行为仅会引起国际市场上的需求曲线（D_w）发生微小的变动，形成新的需求曲线（D_{w1}），并不足以改变交易价格（P_w）。但是，由于国际市场对国内市场的供给增加，使得国内市场上的供给曲线由 S_d 增加到 S_{d1}，与国内需求曲线相交于新的均衡点 B，形成新的与国际市场价格相等的交易价格（P_w）。此时，国内外市场处于稳定状态，进口量 Q_{im}＝国际市场上需求的增加量（$Q_G - Q_F$）＝国内市场上供给的增加量（$Q_B - Q_E$）（龚谨等，2018）。

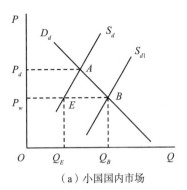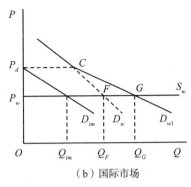

图 2.9　进口贸易小国模型

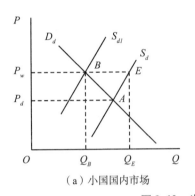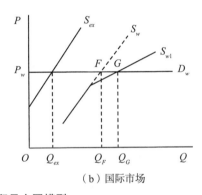

图 2.10　出口贸易小国模型

　　同样，图 2.10（a）中，在小国国内市场封闭的环境下，供需曲线分别为 S_d 和 D_d，二者的交点（A）决定了市场出清时的价格（P_d），开放环境下，由于 $P_d < P_w$（国际市场价格），因此，该国会向国际市场上出口该商品。图 2.10（b）表示该国面临的国际市场供求状况图，其中，D_w 为该国在国际市场上面临的需求曲线，是一条等于国际市场价格（P_w）的水平线，由于该国为出口贸易小国，其出口贸易行为仅会引起国际市场上的供给曲线（S_w）发生微小的变动，形成新的供给曲线（S_{w1}），并不足以改变交易价格（P_w）。但是，参与国际市场贸易的行为，对国内市场的影响较大，具体而言，由于向国际市场的供给增加，国内市场的供给便会减少，从而 S_d 移动到 S_{d1}，与 D_d 相交于点 B，可见，国内市场上的交易价格会升高，形成新的与国际市场价格相等的交易价格（P_w）。此时，国内外市场处于稳定状态，出口量 $Q_{ex} =$

国际市场上供给的增加量（$Q_G - Q_F$）＝国内市场上供给的减少量（$Q_E - Q_B$）。

2.2.2.2 贸易大国模型

贸易大国也可以进一步划分为进口贸易大国（又被称为价格波动导入大国）与出口贸易大国（又被称为价格波动导出大国），前者是指一国某商品的国内价格很难受到国际市场价格的影响，即国际市场的价格波动几乎不会传导到国内市场，其作用机制如图 2.11 所示；后者是指某商品的国内市场价格波动很容易影响到国际市场价格，即国内市场的价格波动会很快速地、很完全地传导到国际市场，其作用机制如图 2.12 所示。

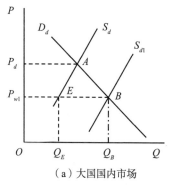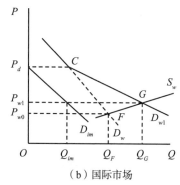

（a）大国国内市场　　　　　　　（b）国际市场

图 2.11　进口贸易大国模型

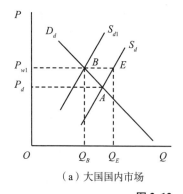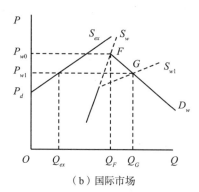

（a）大国国内市场　　　　　　　（b）国际市场

图 2.12　出口贸易大国模型

图 2.11（a）中，在大国国内市场封闭的环境下，供需曲线分别为 S_d 和 D_d，二者的交点（A）决定了市场出清时的价格（P_d），开放环境下，由于 $P_d > P_{w0}$（国际市场价格），因此，该国会从国际市场上进口该商品。图 2.11（b）表示该国面临的国际市场供求状况图，其中，S_w 为该国在国际市场上面临的供给曲线，不再是一条等于国际市场价格（P_{w0}）的水平线，而是一条向右上方倾斜的直线，由于该国为进口贸易大国，其进口贸易行为会在国际市场上产生超额需求，使得需求曲线由 D_w 增加至 D_{w1}，国际市场价格也会由原来的 P_{w0} 上涨至 P_{w1}。并且，从国际市场上进口商品也会使得该国国内市场上的供给曲线由 S_d 增加到 S_{d1}，与国内需求曲线相交于新的均衡点 B，形成新的与国际市场价格相等的交易价格（P_{w1}）。此时，国内外市场处于稳定状态，新的价格（P_w）高于原来的国际价格（P_{w0}）低于原来的国内价格（P_d），并且，进口量 Q_{im} = 国际市场上需求的增加量（$Q_G - Q_F$）= 国内市场上供给的增加量（$Q_B - Q_E$）（王新华等，2017）。

同样，图 2.12（a）中，在大国国内市场封闭的环境下，供需曲线分别为 S_d 和 D_d，二者的交点（A）决定了市场出清时的价格（P_d），开放环境下，由于 $P_d < P_{w0}$（国际市场价格），因此，该国会向国际市场上出口该商品。图 2.12（b）表示该国面临的国际市场供求状况图，其中，D_w 为该国在国际市场上面临的需求曲线，不再是一条等于国际市场价格（P_{w0}）的水平线，而是一条向右下方倾斜的直线，由于该国为出口贸易大国，其出口贸易行为会在国际市场上产生超额供给，使得供给曲线由 S_w 增加至 S_{w1}，国际市场价格也由原来的 P_{w0} 下降至 P_{w1}。并且，向国际市场上出口商品也使得该国国内市场上的供给曲线由 S_d 缩减到 S_{d1}，与国内需求曲线相交于新的均衡点 B，形成新的与国际市场价格相等的交易价格（P_{w1}）。此时，国内外市场处于稳定状态，新的价格（P_{w1}）低于原来的国际价格（P_{w0}）高于原来的国内价格（P_d），并且，出口量 Q_{ex} = 国际市场上供给的增加量（$Q_G - Q_F$）= 国内市场上供给的减少量（$Q_E - Q_B$）（王新华等，2017）。

2.2.3　市场势力理论

由前述相关概念部分的内容可知，市场势力最早是与垄断势力混为一谈的，随着竞争理论的发展，市场势力逐渐成为产业组织理论的重要研究内容。

早在19世纪70年代至20世纪40年代，古典竞争理论推崇市场是完全自由竞争的，而市场势力则被认为是一种偶然偏离自由竞争这一正常状态的现象，但它最终仍会回到自由竞争的轨道上来。随后，新古典竞争理论提出了用于衡量市场垄断程度的重要指标——勒纳指数，在此基础上，学者们展开了关于市场势力的大量研究，按照研究范式的不同，可以将市场势力的相关研究划分为传统结构主义理论研究与新经验产业组织理论研究两种类型（霍晓姝，2014），并且基于这两种理论，学者们构造了多种测度市场势力的实用方法。此外，学者们还将市场势力按照厂商拥有市场势力时间的长短、厂商实施行为的主动性、市场势力的强弱程度、市场势力的出现区域4类标准进行分类。在本书关于市场势力研究的部分主要使用到新经验产业组织理论的模型测度方法与强弱分类标准，本小节具体的理论基础及其与后文章节之间的联系如图2.13所示。

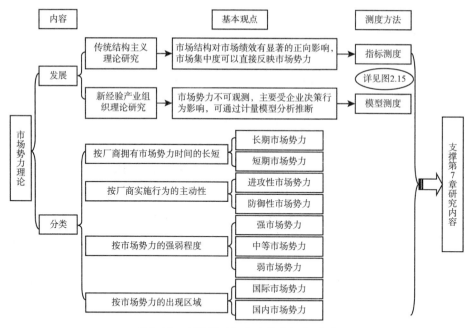

图2.13 理论基础与各章节之间的联系

2.2.3.1 市场势力理论的发展

早期学者就市场势力究竟是来源于市场集中度还是生产效率、市场势力是否有利于提高小厂商的收益等问题争论不断，而产业组织后期关于市场势力的经验研究也一直处于不断向前探索的阶段，其研究内容大致分为以下两个方向。

（1）传统结构主义理论研究（20 世纪 50 年代至 70 年代）。

20 世纪 50 年代，奉行结构主义的哈佛学派代表人贝恩（Bain，1951）构建了传统结构主义关于市场势力研究的基本范式，即常说的结构 – 行为 – 绩效（structure-conduct-performance，SCP）范式，提出市场结构对市场绩效有着显著正向影响的假设，并以石油行业为例，利用市场集中度指标等统计性描述分析方法，对该假设加以验证。通过对比平均利润率指标发现，市场集中度高的行业获利能力普遍高于市场集中度低的行业，即市场集中度与经济绩效之间存在显著正向关系的假设成立（Bain，1956）。自此，市场集中度作为直接反映市场势力的测算指标在 20 世纪 60 年代的研究中得到大量应用，而规模经济也被认为是获取市场集中度最重要的因素。但是，关于该传导机制的验证大多是描述性的，缺乏理论支撑，并且除市场集中度外，行业进入壁垒、贸易摩擦、贸易自由化发展、广告竞争、产品差异、消费者的力量等都是影响市场绩效的重要因素，仅研究市场集中度对市场绩效的影响是片面的。此外，有学者研究发现二者之间呈现正相关关系也不是在每个行业都成立的，贝恩的研究存在样本选择偏差问题（Brozen，1971；Cowling & Waterson，1976；Iwasaki et al.，2008）。

20 世纪 70 年代，奉行效率至上的芝加哥学派尝试解决上述出现的问题，其代表人认为并不是企业的高市场集中度使得该企业获得了更高的利润，而是因为该企业拥有高效率才使得其获得了更高的利润，从而拥有了更高的市场集中度（Demsetz，1973）。于是学者们将研究重点放在如何提高生产效率上，认为先进的技术与设备、科学的经营与管理、更大规模的生产等都可以带来更高的效率。当然，也有部分新奥地利学派的学者对市场是完全自由竞争的观点提出质疑，认为竞争本就是一个动态的博弈过程，是否拥有市场势力也是企业间相互动态博弈产生的最终结果（Mises，1966），这一观点与有效竞争理论不谋而合，并且其显然是符合贸易现实的。有效竞争理论更加突出竞争过程的动态性，而这一过程是在领先企业的突进行动与后进企业的跟踪反映博弈中不断循环推进的，其中，在突进行动阶段，领先企业主要通过创新来获得市场势力，赚取高额利润，在跟踪反映阶段，后进企业则主要通过模仿、企业间合谋等途径来形成市场势力（Clark，1940）。可见，不完全竞争是实现技术进步和创新的必要条件，市场势力又推动了新一轮竞争的开始，高额利润既诱导了领先的创新者，也激励了后进的模仿者。

该理论经历了由关注市场结构向关注市场绩效再向关注市场行为的发展，相应的，也构建了基于市场结构、市场绩效、市场行为的指标对行业或企业的市场势力进行测度，被学者们广泛使用，虽然该理论具有一些缺陷，但这并不意味着基于该理论展开的研究方法是无效的。

（2）新经验产业组织理论研究（20世纪80年代至今）。

与传统结构主义的观念不同，新经验产业组织理论认为是否拥有市场势力，关键在于企业采取的策略行为，因此，即使是规模较小的企业，或者是占市场份额小的企业，也有可能通过品牌战略、创新战略、企业间合谋等途径获得市场势力（Spencer & Brander，1983；Farrell & Saloner，1985）。此外，该理论还认为市场势力是不可以被直接观测的，需要根据详细的市场交易数据、企业行为、产品特征等来分析推断，并且由于行业差异性的存在，针对市场势力的研究应该集中在某一行业或者某一产品，进行跨行业或跨部门的分析也是不准确的（Porter，1983；Bresnahan，1989）。

该理论的研究主要集中在剩余需求弹性模型、依市定价模型等计量经济模型的构建与改进上，这虽然为测度市场势力提供了新的研究方法，但并不能保证模型中对企业行为的设定就一定符合现实，也不能确保模型所需要的数据在实际贸易中都能获取到，因此，制约了该理论模型的应用范围。与国外市场势力理论的研究相比，国内研究相对比较落后，但基本也遵循了传统结构主义研究与新经验产业组织研究这两种模式，详见本书第2.3.4小节"国际市场势力相关研究"部分的内容。

2.2.3.2 市场势力的分类

目前，学者们将市场势力按照厂商拥有市场势力时间的长短、厂商实施行为的主动性、市场势力的强弱程度、市场势力的出现区域四类标准进行分类。

（1）按照厂商拥有市场势力时间的长短可以将市场势力划分为长期市场势力与短期市场势力（Brandow，1969），这取决于潜在竞争对手（包括新厂商和旧厂商）进入该行业或者扩展市场规模，并且能够对拥有市场势力的厂商起到限制作用所需时间的长短。如果厂商能够成功阻止潜在竞争对手的威胁，并且维持 10 年以上的市场势力，则就可以看作其拥有长期市场势力，虽然这会让该厂商获得额外的收益，但并不利于整个行业资源配置效率的提升；相应的，如果厂商的市场势力很快就被潜在竞争对手削弱，仅能维持 1~2 年的市场势力，则就可以看作其拥有短期市场势力，虽然会让厂商保持比较稳定的市场份额，也可以根据市场变化及时做出有利于自身发展的决策，但这并不能使该厂商获得超额的收益。从本质上来讲，这种市场势力的划分仍属于传统结构主义理论的范畴，实际上是对厂商在该行业中拥有的垄断程度的测度，长短期市场势力的准确判定对企业采取怎样的竞争战略、是否要去追求超额收益具有重要的指导意义。

（2）按照厂商实施行为的主动性可以将市场势力划分为进攻性市场势力与防御性市场势力。顾名思义，进攻性市场势力是指厂商有能力主动采取扩大市场份额的措施，以争取获得超额收益，但这并不意味着该市场势力就是长期的，并且市场中的参与厂商通常都很小心，极少会主动发起攻击；防御性市场势力是指厂商有能力采取被动抵御其他厂商主动攻击的措施，以维持现有的市场份额，一般来讲，厂商是具备这种能力的，并且在现实贸易中，大多数厂商都只拥有防御性市场势力，或者拥有的防御性市场势力大于进攻性市场势力。

（3）按照拥有市场势力的强弱程度可以将市场势力划分为强市场势力、中等市场势力与弱市场势力，这也是本书用到的分类标准。在传统结构主义理论中，市场结构与市场势力之间存在相互对应的关系，具体来讲，完全竞争市场不具有市场势力，垄断竞争市场具有弱小市场势力，寡头市场具有中等市场势力或者很高市场势力，而垄断市场则具有垄断势力。

（4）按照市场势力的出现区域可以将市场势力划分为国际市场势力与国内市场势力，其中，国际市场势力主要表现为国际竞争力，例如，强大的出口能力、在国际市场上的占有率、价格控制力、核心技术竞争力、价值增值力等多个方面，实质上，国际市场势力是全球范围内的产业在经济开放条件下，各自的生产效率与技术水平相互竞争的最终结果。通常，拥有国际市场势力的国家会努力为该企业或者该行业的发展提供良好的经营环境与制度保障，鼓励并支持其自主创新能力的提升。国内市场势力是指某企业或者某行业在一国市场上拥有的实际控制力，简单地讲，就是其他竞争者很难进入该地区来分割市场，同样的，也会受到地方政府的政策保护。

2.3 国内外研究综述

2.3.1 木质林产品贸易相关研究

国内外学者已就木质林产品贸易问题进行了大量研究，主要集中在木质林产品贸易的现状及特点研究、影响因素及贸易潜力研究、产业内贸易与产业间贸易研究、森林认证研究、碳排放研究、木质林产品贸易高质量发展路径研究及木质林产品贸易价格研究等7个方面。在这些文献中，有部分学者是基于木质林产品总体视角展开研究，有部分学者是基于木质林产品的分产品视角展开研究，有部分学者将全体木质林产品贸易伙伴国纳入研究范围，也有部分学者将研究重点放在某一特定国家或某一重要经济带上，致力于得出最客观、最科学的结论。通过对文献的梳理与归纳可以发现，目前仅有极少量的文献涉及中国某类木质林产品贸易的大国效应与国际市场势力等内容，缺乏对国际木质林产品价格与中国木质林产品贸易量的互动影响研究，而这将直接关系到中国参与国际木质林产品贸易过程的经济利益得失，为本书提供了研究的切入点。

2.3.1.1 木质林产品贸易的现状及特点研究

（1）世界木质林产品贸易主要呈现出四个特点。第一，从贸易额来看，其在波动中不断上升，且波动的幅度与世界经济的发展密切相关，呈现出高度同步的态势，但其在世界整体商品贸易中所占的比重有所下降。第二，从市场格局来看，欧美等发达国家仍处于贸易核心地位，亚洲等发展中国家的贸易地位不断提升，正在逐渐成为世界木质林产品贸易的需求中心。第三，从产品结构来看，原木、锯材等资源禀赋型初级产品所占的比重不断下降，人造板、纸等劳动力密集型或资本密集型深加工产品所占的比重不断增加。另外，天然林产品所占的比重不断下降，人工林产品替代天然林产品成为贸易的主体（田明华等，2017；王登举，2019）。第四，从实施的贸易政策来看，受环境保护及发展木材出口国本地经济的需要，一方面，许多国家积极防范并严厉打击非法采伐与非法贸易，对木质林产品贸易的合法性提出了更高的要求，另一方面，不少国家已将木材产业发展作为当地政府重点推动的政策目标，将限制原木等初级产品出口作为保护本国木材安全和促进深加工产品出口的重要手段，以充分发挥木材产业解决就业的经济效益、保护环境的生态效益与供人们旅游娱乐的社会效益，使得世界木材资源供给日渐紧张。简单讲，就是世界木质林产品贸易的合法性与保护性增强（石小亮和张颖，2015）。

（2）中国木质林产品贸易主要呈现出四个特点。第一，从贸易额来看，中国大量进口原木、锯材等初级产品，也大量出口人造板、家具等加工产品，规模巨大，已经成为世界木质林产品贸易第一大国，且其进出口贸易的增长速度高于世界，贸易顺差也在不断扩大。第二，从市场结构来看，虽然中国木质林产品进口、出口贸易都有意向多元化方向发展，但目前的市场集中度仍然较高（蒋宏飞等，2019），以原木为例，2020 年中国从来源国进口原木的贸易量占中国原木总进口贸易量的比重超过 1% 的国家有 13 个，占到了中国原木总进口贸易量的 89.17%。第三，从贸易条件来看，中国进口木质林产品的价格升高，而出口木质林产品的附加值依然较低，中国在全球价值链的利益分配中处于不利地位（张少博等，2017；侯方淼和李浩爽，2020），且面临的出口贸易壁垒越来越多，出现了传统贸易壁垒（如关税、配额、许可证、反倾销反补贴等）与新兴贸易壁垒（如合法性贸易、森林认证等绿色贸易壁垒）共存的局面（邓叶等，2021），整体上，贸易条件是恶化的。第四，从贸易的竞争性与互补性来看，有部分学者基于某个特定国家或特定区域视角，分别运用市场相似度指数分析（潘欣磊等，2015）、主成分分析与灰色关联度分析（庞新生等，2016）、描述性统计分析（张丽媛和曹旭平，2018）、产业内贸易指数与竞争力指数分析（苏蕾和袁辰，2018；田刚等，2018；孙于岚等，2019）等方法展开实证研究，发现中国与主要木质林产品贸易伙伴国之间既具有竞争性也具有互补性，并且基于比较优势的差异，形成了以产业间贸易为主的互补性贸易结构。以中美木质林产品贸易为例，二者在资源密集型木质林产品上主要体现为竞争关系，而在劳动密集型木质林产品上主要体现为互补关系（姚茂元和侯方淼，2016）。

2.3.1.2 中国木质林产品贸易的影响因素及潜力研究

（1）影响木质林产品贸易的要素日益复杂，学者们普遍采取贸易引力模型展开实证分析，其中，有部分学者将研究重点放在某一类影响因素上，也有部分学者对多种影响因素进行综合研究，具体可分为以下五个方面：

第一，经济总量、人口规模、森林资源禀赋、地理距离、共同边界等共性因素。就经济总量而言，学者们一致认为贸易双方的经济总量越大，意味着贸易参与国的出口供给能力或进口需求能力越强，越能促进双边贸易的发展（沈自峥等，2017；吴红梅等，2019）。就人口规模而言，一方面代表了贸易国的生产能力，另一方面也反映了贸易国的消费能力，二者会产生相互对立的效应，对双边贸易产生的作用是生产能力与消费能力制衡的最终结果（王术华和田治威，2014；王芳等，2019）。就森林资源禀赋而言，贸易双方的差异越大，越有可能会发生贸易，并且这种差异对纸浆、纸、家具等贸易的影响更显著，而对人造板等贸易的影响较小，这主要是因为相比较而言，人造板更容易受生产效率和劳动力成本的影响（Lee，2009；Zhang & Li，2009；Koebel，2016；芦杰等，2019）。就地理距离而言，虽然国际物流的发展较快，但是由于石油价格的上涨及木质林产品本身运输体积较大，地理距离的延长自然会增加运输成本与贸易阻力（程宝栋等，2017；吴天博和田刚，2019）。就共同边界而言，拥有共同边界就意味着贸易双方可以充分享受近距离带来的贸易便利（黄利等，2016），但也有学者对这一结论提出质疑，认为受中国所处地理位置的影响，与中国接壤的国家陆路交通都不便捷，事实上大多数国家不是中国的"自然贸易伙伴"（田刚等，2018；丛海彬等，2021）。

第二，非法采伐等限制性贸易政策、碳关税、反倾销等贸易壁垒因素。就非法采伐等限制性贸易政策而言，例如，实施《雷斯法案》与《欧盟木材法规》，虽然这大幅增加了企业的经营成本与贸易风险（Sun et al.，2010；Bridegam & Eastin，2014；Prestemon，2015；林珍等，2015），但如果生产国与消费国能够展开广泛合作，则实施《雷斯法案》与《欧盟木材法规》会有利于创造协同效应，从而提升整体经济福利（Gan et al.，2013；Xu et al.，2014）。就碳关税和反倾销而言，部分学者认为征收碳关税、实施反倾销增加了木质林产品的出口成本，削减了木质林产品的出口规模（蒋丹等，2020；

彭婷和宁卓，2021），但也有部分学者认为征收碳关税有利于增加木质林产品出口国的贸易竞争力，只不过在制定碳关税时应充分考虑贸易环境的改变及其他国家实施关税报复的影响（林子清和陈幸良，2014）。实施反倾销也会促使出口国减轻对某一国市场的过分依赖，同时对其他国家的出口产生积极的分流效应（Luo et al.，2015），当然，出口国也应积极应诉（韩晓璐等，2016；赵龙珠和耿玉德，2020）。

第三，区域经济一体化、贸易便利化条件等因素。就区域经济一体化而言，部分学者认为亚洲太平洋经济合作组织、世界贸易组织、中国—东盟自由贸易区等组织的成立使得更多的国家参与到贸易自由化中，大幅度提升了贸易便利化程度，使成员国享受到如减免关税、开放市场等诸多贸易优惠政策，从而改善了国际贸易的整体条件，提升了参与国的经济福利（Stenberg & Siriwardana，2015；许亚云等，2021）。也有部分学者研究发现跨大西洋贸易与投资伙伴协议的成立虽然没有额外增加美国、欧盟的经济价值，却使得美国、欧盟的社会福利提高，这主要是由于该组织的成立恶化了中国、印度等亚洲国家的贸易环境，减少了中国、印度等亚洲国家的消费者剩余（Buongiorno et al.，2014；王彦芳等，2019）。就贸易便利化条件而言，有学者设定了海关环境、港口效率、电子商务、规制环境、金融服务水平、贸易自由度等指标对其进行量化分析（Wilson et al.，2005；朱晶和毕颖，2018；吴天博和孙平军，2020），发现贸易便利化水平的提高对木质林产品贸易的发展有显著的推动作用（王芳和印中华，2017；胡艳英和刘思雨，2021）。

第四，人民币汇率波动因素。关于该因素的作用结果，目前学者们的研究尚处于争议阶段，从进口方面来讲，部分学者借助 GARCH 模型研究发现人民币汇率升值会使进口商的利润空间变大，因此有利于进口贸易发展，但随着汇率波动幅度的变大，贸易风险也会增加，此时进口商只能减少进口（杨青等，2020）。从出口方面来讲，部分学者运用随机效应的面板模型研究发现人民币汇率贬值会使中国木质林产品的出口价格相对降低，从而有利于刺激出口增长（耿利敏和沈文星，2018）；但是，也有学者运用随机前沿模型研究发现人民币汇率升值预示着经济走强，企业会扩大生产增加出口（杨浚等，2018）；当然，也有学者研究得出与进口贸易类似的结论，即人民币汇率相对平稳会促进木质林产品的出口贸易，而人民币汇率大幅度波动则会阻碍中国木质林产品的出口贸易。

第五，文化距离、金融危机等其他因素。就文化距离而言，不少学者借鉴霍夫斯塔德（Hofstede）文化维度理论对文化距离进行测算，并使用拓展的贸易引力模型展开实证研究，发现文化距离对木质林产品进出口贸易的影响可以分为负向影响与正向影响两个方面：一方面，文化距离会增加双边贸易的信息成本与交易风险，从而产生负向影响；另一方面，文化距离也会通过差异化的产品需求来促进双边贸易的开展（彭继增等，2020）。也有学者研究发现文化距离对双边贸易的影响具有门槛效应，当文化距离较小时，会促进双边贸易的发展，当文化距离较大时，便会阻碍双边贸易的发展（Larimo，2003；李月娥和张吉国，2019）。就金融危机而言，学者们普遍认为金融危机迫使世界经济整体发展速度放缓，各国为保护本国木材产业的发展，会采取提高关税壁垒与其他绿色壁垒的措施（如美国），从而对中国出口依靠低价竞争的产品产生巨大冲击，改变原有的世界木质林产品贸易格局（龙婷等，2016；高旸等，2021）。

（2）木质林产品贸易潜力研究。学者们通常将贸易潜力与影响因素结合起来研究，在研究对象的选择上具有随机性，其中，部分学者就木质林产品整体进行研究，部分学者就木质林产品某一分产品进行研究，部分学者就可获得数据的全体目标市场进行研究，也部分学者就某一经济走廊进行研究，具体研究成果可按以下两种标准进行划分。第一种是用贸易的实际值（T）比模型的预测值（T'）来表示贸易潜力系数，当 $T/T' \leq 0.8$ 时，意味着双边贸易的潜力巨大，可归为潜力巨大型；当 $0.8 < T/T' < 1.2$ 时，意味着双边贸易具有一定的拓展潜力，可归为潜力开拓型；当 $T/T' \geq 1.2$ 时，意味着双边贸易的潜力开发殆尽，可归为潜力再造型（田明华等，2018；张慧和胡明形，2018；吴天博，2021）。第二种是根据实证分析结果，将目标市场分为高增长空间低贸易效率市场、高增长空间高贸易效率市场、低增长空间低贸易效率市场和低增长空间高贸易效率市场，更加具有指导性（王芳等，2019）。

2.3.1.3 木质林产品的产业内贸易与产业间贸易研究

学者们普遍认为要素禀赋是中国参与国际分工的基础，木质林产品贸易也不例外，基于贸易国双方的比较优势展开木质林产品产业间贸易，促进了国际木质林产品生产的分工合作演化，也减少了森林资源禀赋差异带来的影响，但这也容易因为森林资源的争夺而产生贸易摩擦（韩灵梅，2015）。产业内贸易则是基于贸易国双方的规模经济与产品差异展开的，可以很好地避免上述出现的问题，学者们将产业内贸易划分为水平型产业内贸易与垂直型产业内贸易两种。前者是由消费者对产品不同品种的偏好引起的，有利于鼓励出口国的技术创新，通常出现在发达国家的彼此贸易之中；后者是由消费者对产品不同质量档次的偏好引起的，有利于增加贸易国的技术溢出，通常出现在发达国家与发展中国家的贸易之中（杨伟娟等，2021）。研究发现中国木质林产品的产业内贸易与产业间贸易同时存在，相比较而言，产业间贸易所占的比重远远大于产业内贸易。迄今为止，学者们大多运用 Grubel-Lloyd 指数、Brulhart 指数、Thom & McDowell 指数等方法判定不同贸易伙伴国（地区）或不同木质林产品的贸易方式，以中国重要的贸易伙伴国为例（美国与俄罗斯），以上指数值整体偏低，且在各时期均有一定波动，但波动的幅度不大，贸易双方整体呈现出较强的互补性，因此仍以产业间贸易为主（苏蕾和袁辰，2018；伍海泉等，2020），可见，中国木质林产品的出口贸易应针对目标市场的经济发展水平与市场需求差异，找准市场定位，积极开创知名品牌，并加强投资力度，将支持重点放在提高中国与目标市场的垂直专业化水平上，实现双方贸易的共赢。

2.3.1.4 森林认证研究

（1）森林认证的发展现状。20 世纪 90 年代，森林认证伴随着森林可持续经营理念应运而生，由环境非政府组织最早发起，以应对森林破坏与生物多样性减少，随后，越来越多的国家开始关注并推动森林认证的发展进程，至今为止，森林认证已经成为促进森林可持续经营的、以市场为导向的潜在工具与重要标准，从供给方面影响了森林产品参与市场的程度，从需求方面引导了消费者的购买选择（Bowyer，2008；胡延杰，2019；张朝等，2021）。当然，在制定森林认证标准的过程中，也不能一味地追求保护森林，忽略掉它的经济效益，而是应充分平衡目前森林相关产品、服务的产出与未来生产率之间的关系，既不能过度降低森林的内在价值，也不能对自然环境与社会环境造成不良影响（Kalonga & Kulindwa，2017）。目前，森林认证的积极作用已经被广泛认可，全球范围内大约有包括国际通用的认证体系和各国（地区）自己推行的森林认证体系在内的 50 个以上的森林认证体系，其中，国际通用的认证体系主要包括：森林管理委员会（Forest Stewardship Council，

FSC）认证、森林认证体系认可计划（Programmme for the Endorsement of Forest Certification，PEFC）认证；各国推行的认证体系主要有美国可持续林业倡议（Sustainable Forestry Initiative，SFI）认证、加拿大标准协会（Canadian Standards Association，CSA）认证、马来西亚木材认证委员会（Malaysian Timber Certification Council，MTCC）认证等（马爽等，2020）。虽然目前全球森林认证面积主要集中在北欧区域，但学者们一致认为亚洲才是未来森林认证最有市场的区域，在这一发展浪潮中，中国也成立了专业的森林认证办事处，与国内众多学者一起，就森林认证理论的探讨与应用实践的推广不断进行摸索，并且在与国际市场对接的过程中，提出了自己的一套认证体系，即中国森林认证委员会（China Forest Certification Council，CFCC）认证（钱静等，2018；刘旭和陆文明，2018；许瑶瑶等，2021）。

（2）森林认证的意义。总体来讲，森林认证在企业适应国际市场需要、世界各国促进森林可持续经营与全社会提升责任感中发挥着不可替代的作用。首先，从提高经济效益方面来讲，虽然森林认证增加了企业的生产成本，在短时期内，会使企业的利润有所下滑，但森林认证会使市场交易的规范性与企业经营的诚信度、透明度、知名度提升，从而巩固了上下游企业之间稳定的贸易联系，并且，随着认证标准的严格执行与消费者绿色消费行为的发展，经过认证的企业更能满足市场需求，森林认证的溢价效应也会充分体现，从而使企业获得长期利益（白若舒和李红勋，2019；彭晓英等，2019）。其次，从提高生态效益方面来讲，森林认证作为一项保护森林资源及生物多样性的战略措施已被广泛接受，它不仅可以通过规范森林经营管理行为、改进森林可持续经营技术来达到提高林地生产率、提升森林经营质量、实现森林转型的目的（丛之华和万志芳，2013），而且可以通过法律约束降低森林的采伐强度，促进珍贵树种的生长恢复（Omar et al.，2011；李凌超等，2018）。此外，森林认证还加强了对濒危物种的立法保护与监测管理，鼓励使用的减少对环境影响的采伐技术也降低了对原有生态系统的破坏，从而起到了保护生物多样性的作用（张佩和杨伦增，2014；王文霞等，2017）。最后，从提高社会效益方面来讲，森林认证的社会效益突出表现为充分尊重并保障企业负责人、农民、环保组织人等各方参与主体的权利与利益，并且认证后的企业也更加注重与当地社区的联系与沟通，使社区关系得到改善，人们生活更加和谐（徐斌，2016）。

（3）中国推进森林认证面临的挑战。首先，企业主动认证的动机不高。一方面，林区经营除了木材生产以外，缺乏创新型、高技术型的产品来支撑林业发展，多数情况下中国木质林产品的有害标准无法达到国际标准的要求，使得企业缺乏开展森林认证来与国际市场接轨的动力与能力。另一方面，由于中国缺乏自己的认证机构，申请认证的经营单位需要聘请国外的机构进行认证，认证费用相对国际标准来讲较高，增加了贸易成本，且森林认证的程序烦琐，会使林产品出口周期变长（徐媛霞等，2017；周妍等，2019）。其次，对森林认证的认识不足。虽然国内居民的环保意识有所提高，但国内消费者与生产企业对森林认证的作用与程序认识不全、要求不高，甚至有些政府官员也对推动森林认证的发展持质疑态度，这都限制了森林认证的推广。就国际市场而言，由于国际市场要求开展森林认证的企业大多是木质林产品出口加工型企业，而这些企业的木材原料又大多是从国际市场上进口的认证木材，只需在国内加工完成便能继续出口，无须在国内进行森林认证。就国内市场而言，木材资源稀缺，市场处于供不应求的状态，企业更加不愿意进行认证，以增加认证成本，并且对森林认证是否能长期执行心存顾虑，尤其是全面禁止天然林采伐政策实施以后，林业企业寻求认证的愿望进一步降低（曾伟等，2017）。再其次，森林认证领域相关人才匮乏，审核员的能力有限。认证机构部分审核员的业务能力不精通，难以将认证条例灵活运用到现实情况当中，经常发生审核报告表述不明确等问题；不同审核员对于标准执行的严格尺度不统一；重"过程"、重"记录"、轻"绩效"、轻"结果"等问题（陈娇娇等，2018）。最后，认证体系间的互认度低。虽然不同认证体系间的竞争可以提升考核标准，促进森林经营管理的创新，但是多体系的认证也增加了企业的审核负担，降低了认证的规范性、公正性与认可性，而且不符合中国国情的过高认证标准也限制了中国木质林产品的出口贸易。此外，认证体系市场的混乱与持有证书的频繁变换也打击了企业的认证信心（胡延杰，2019）。

2.3.1.5 碳排放研究

（1）木质林产品在碳减排中的作用。森林生态系统储存了大量的植物碳和土壤碳，森林采伐和木质林产品使用都会对森林碳储量产生重要影响（Prakash et al.，2013）。目前，木质林产品碳储功能在应对气候变化的贡献已在世界范围内达成共识，其碳储核算也已被纳入缔约国温室气体清单报告，且木质林产品作为储存碳的重要载体，在进行国际贸易时的碳储量归属问题与碳排放分配问题也成为各国学者关注的焦点（彭婷和宁卓，2021）。林木中的碳循环主要包括以下4个环节：首先，森林生长过程中的碳吸收；其次，森林采伐过程中的碳排放；再其次，从林木采伐点运出到最终处理时的碳流动；最后，固体垃圾填埋场中的碳流动（韩沐洵，2015；孙铭君等，2018）。因此，木质林产品在低碳经济发展过程中具有自身的特殊性，扮演着巨大碳储存库的角色，可以帮助实现碳平衡。已有学者对木质林产品的碳储量作用进行了分析，发现全球木质林产品的碳储潜能巨大（Jasinevicius et al.，2018），中国木质林产品的整体碳储效能不断增长，碳库结构不断优化，并且不同产品的碳储效能不同，具体而言，锯材类产品的碳储效能最佳，纸类产品的碳储效能最差，中国木质林产品制造业企业需通过技术创新来缓解减排压力，应对严格的碳约束政策与上涨的碳排放权价格（张小标和杨红强，2015；陈家新和杨红强，2018）。

（2）木质林产品碳汇流量核算方法研究。木质林产品的国际贸易行为使得碳在各国之间发生流动，并且存在碳汇存续时间差异问题，因此，如何科学量化动态交易过程中的碳流量，明晰贸易参与国的责任划分，具有非常重要的现实意义（Sato & Nojiri，2019）。目前，学者们主要采用IPCC缺省法、储量变化法、生产法和大气流动法进行碳汇流量核算，这4种方法虽然都对毁林行为有意实施惩罚性措施，并鼓励造林及可持续性森林管理模式的普及，但其核算结果在国家层面上有差异，且木质林产品碳计量中也存在诸如计算结果不可靠、参数选取及木质林产品碳储量重复计算等问题（杨红强和余智涵，2021）。此外，学者们研究发现不同核算方法带来的社会福利不同，用储量变化法、大气流动法核算会使消费国受益，用生产法核算会使生产国受益，各国会倾向于选择让自己受益的核算方法提交清单而使计量结果缺乏可比性（陶韵和杨红强，2020）。中国作为负责任大国，在木质林产品国际交易中，应注意使用准确的统计数据与计量参数，既要采取在全球尺度上比较统一的核算模型，又要解决模型的区域适应性问题，以降低计量结果的不确定性，动态衡量自身利益的得失（谷艾婷等，2014；杨红强和王珊珊，2017）。

（3）木质林产品贸易中隐含碳研究。隐含碳是某种产品在整个产业链中直接和间接排放的二氧化碳，随着碳计量研究的深入拓展，国际木质林产品贸易的隐含碳问题逐渐被学者们关注，这对于各国公平承担碳排放责任意义深刻。目前，学者们大多使用投入产出法对隐含碳排放量进行估算（Peters & Hertwich，2008；程宝栋和李慧娟，2020；解希玮等，2021），发现中国木质林产品贸易中的隐含碳排放量不断增加，且细分木质林产品间的隐含碳排放量有很大的不同，其中，原木及木制品出口的隐含碳最多，纸及纸制品出口的隐含碳次之，中间产品在碳减排方面具有更大空间（王兰会等，2016）。学者们通常借助结构分解法、指数分解法等动态分析木质林产品贸易隐含碳排放的影响因素，发现贸易结构、生产技术、减排力度、国际合作等都会影响隐含碳排放（郭亮等，2015；潘安和吴肖丽，2017）。

2.3.1.6　中国木质林产品贸易高质量发展路径研究

（1）基于贸易模式与利用外资角度的研究。加快贸易强国建设，促进外贸高质量发展，是新时期中国外贸发展的重要议题，当前，学者们对宏观经济高质量发展的研究主要集中在内涵研究（戴翔和宋婕，2018）、判断标准及影响因素研究（任保平和李禹墨，2018）、中国与发达国家高质量发展的差距研究（李钢，2018）、转型途径研究（杨枝煌，2017）等方面，而专门针对木质林产品贸易如何实现高质量发展的研究较少。改革开放以来，外商直接投资涌入，中国木质林产品加工贸易发展迅速，但存在贸易质量不高、贸易话语权薄弱、国际竞争力不强等问题（熊立春等，2019）。通过构建三元向量自回归模型实证研究发现，木质林产品大规模出口贸易是大规模进口贸易的目的，大规模进口贸易是大规模出口贸易的支撑条件，未能实现外资的合理有效利用是中国木质林产品贸易发展质量较低的重要原因，因此，提升外商直接投资利用水平、调整现有的进出口贸易方式、立足国内经济发展现实，实现国际贸易结构的优化布局、培育及引进国际化顶尖人才、注重技术创新等才是实现中国木质林产品贸易高质量发展的重要途径（杨娱等，2018）。

（2）基于价值链角度的研究。中共十九大报告指出："中国将积极参与全球治理体系改革和建设，促进中国产业迈向全球价值链高端"。全球价值链包括了技术研发、产品设计、加工生产、组装配置、营销推广、售后服务等诸多环节，学者们主要运用出口结构相似度方法、出口技术复杂度测算方法、增加值贸易核算法等对中国木质林产品在全球木质林产品价值链中所处的位置进行测算，发现中国处于利润率较低的生产加工环节，被形象地称为全球木质林产品的"生产加工车间"，在国际市场上备受谴责和争议（耿利敏和沈文星，2018；田明华，2021）。并且，从某一国家或某一经济带的贸易研究中看，以与美国等发达国家的贸易为例，学者们发现基于传统贸易统计方法展开的研究夸大了中美木质林产品贸易失衡的程度，表明中国实际的贸易获利增长比表面贸易数量增长要小，利用贸易附加值率指标的测算也可以发现中国对美国出口木质林产品的获利空间正在不断缩小。因此，单纯生产劳动密集型产品、依靠加工中低端产品、走低价竞争战略并不能使中国获得与贸易规模相符的贸易利益（侯方森和李浩爽，2020；熊立春等，2019）。但是，中国在与"一带一路"沿线国家的贸易中处于价值链的中端位置，虽然还没有获取主导该区域国家整体木质林产品价值链的条件，然而在木质家具这一类木质林产品上，中国已经具备了主导该区域价值链的基本条件（刘永泉，2019）。

2.3.1.7 木质林产品贸易价格的相关研究

（1）木质林产品贸易价格研究。国外学者普遍认为价格是全球木质林产品贸易的一个基本要素，不仅影响了生产者与消费者参与国际市场的积极性与最终的决策行为，也深刻影响了各国的经济福利，其中，汇率波动对木质林产品出口价格的影响是学者们关注的热点问题（Sun & Ning，2014；Ohwo et al.，2016）。部分学者基于时间序列模型进行实证分析，发现木质林产品贸易中的汇率传递现象是普遍存在的，并且这种传递是不完全的、不对称的，在不同地区、不同产品与不同时间段上也存在很大差异（Hietala et al.，2013）。此外，研究价格传导可以揭示市场中是否存在套利行为（Cudjoe et al.，2010），学者们围绕木质林产品的价格传导展开了一系列研究，主要集中在以下3个方面：

第一，价格的空间传导。最初，学者们认为一价定律理论在木质林产品市场上是普遍适用的，并且学者们通过检验美国出口至欧洲、日本市场纸和纸浆价格之间的协整关系（Buongiorno & Uusivuori，1992），美国4个软木市场价格之间的协整关系（Jung & Doroodian，1994），均证实了这一观点。但后来，有部分学者对加拿大市场的软木价格（Nanang，2000），挪威市场的锯材价格（Størdal & Nyrud，2003），美国和加拿大市场的新闻纸价格

（Tang & Laaksonen，2007），美国市场的木床价格（Sun，2011），尼日利亚市场的绿柄桑、曼森梧桐价格（Oluwatayo & Awe，2014），巴西市场的松木价格（Silva et al.，2020）进行研究，发现一价定律均被拒绝。因此，学者们改变了一价定律中交易成本为零的假设，将交易成本纳入模型来研究木质林产品价格在不同市场之间的传导关系，发现无论是在北美刨花板市场，还是在美国松树市场，受交易成本的影响，价格的空间传导是非线性的，也是非对称的（Hood & Dorfman，2015）。随后，学者们着重分析影响价格空间传导的因素，发现除了失业率与汇率传递外（Goodwin et al.，2019），金融危机（Rajan & Joseph，2015），贸易协议（Parajuli & Zhang，2016），飓风、虫害等自然灾害（Kinnucan，2016），市场供需情况（Zhang & Chang，2019），种植风险（Chudy et al.，2020），关税（Zhang et al.，2020），森林碳汇（Zhang et al.，2020），森林认证（Kameyama & Sugiura，2021）等都是影响价格传导的重要因素。

第二，价格的垂直传导。这在农业领域的研究较为成熟，但在木质林产品领域的研究较少，主要集中在立木价与木质林产品之间的价格传导，有学者利用门限协整模型与误差修正模型分析美国锯材立木价、交付价与主要木质林产品销售价之间的垂直传导，研究发现木材供应链中存在不对称的价格传导现象，从长远来看，价格上涨带来的冲击更大（Zhou & Buongiorno，2005；Ning & Sun，2014）。

第三，价格波动特征及价格预测。在价格波动特征研究方面，有学者利用向量自回归模型与非参数方差比统计量分析了加拿大胶合板、原木、纸浆等主要木质林产品价格冲击的持续时间（Niquidet & Sun，2011），有学者利用 ARCH 族模型分析了中国胶合板、纤维板与刨花板价格波动的集聚性特征与风险报酬特征（Xu & Yong，2015），有学者利用 Census X11 和 Johansen 协整方法分析了中欧 6 国山毛榉价格波动的周期性与季节性特征（Kouch & Bana，2020）；在价格预测研究方面，有学者利用自回归积分滑动平均模型、向量自回归模型、结构时间序列模型预测了芬兰樟子松价格（Malaty et al.，2007），有学者利用自回归积分滑动平均模型预测美国南部松树立木价格（Mei et al.，2010），有学者利用自回归积分滑动平均模型预测日本柳杉和扁柏价格（Michinaka et al.，2018）。可见，国外学者主要是针对个别地区选择某树种或某种木质林产品价格波动进行特征分析与未来价格预测，但是缺乏国际价格层面的研究。

从国内现有研究来看，随着中国市场经济体制的建立，国内学者开始借鉴国外木材价格的形成机制来研究中国木材价格的管理与改革问题（许伍权和陈达平，1982；孔凡文和何乃蕙，1982），并进一步对比分析了中国多种木材价格表编制方法的优缺点，例如，加权平均法与属性解析法（赖宝全等，2014）、标准差调整法、变动系数调整法与相对等级法（吴恒等，2020）等。随后，学者们又分别运用向量自回归模型、贸易引力模型、自回归分布滞后模型等实证分析工具对中国木材价格的影响因素展开研究，发现最重要的两大因素是木材价值和木材市场的供需关系。除此之外，天然林保护工程政策、林权制度改革政策（王术华和田治威，2014；石榴红等，2014）、贸易量（苏兴国和陈文汇，2014）、宏观经济环境、森林采伐保护措施、木材径级与木材质量（李秋娟等，2018）、汇率制度改革、人口与生产力（石佳敏和胡明形，2021）等也发挥了一定作用。仅有少数学者就中国木质林产品的价格波动特征及价格预测进行研究，例如，陈文汇等（2010）利用蛛网模型研究了中国木材价格的稳定性，姚姝宇和胡明形（2015）运用 Hedonic 方法计算了中国原木价格的 Hedonic 特征价格指数，匡鹏等（2017）使用多变量灰色模型对中国木材进口价格的季度平均值进行预测，马跃祎（2020）运用 Prophet 模型对中国主要木质林产品价格指数进行预测。但关于国际木质林产品价格波动特征及价格预测的研究尚未见到，且现有研究对未来价格的预测并不准确，一方面，季度平均值与月度真实值之间的差异较大，另一方面，由于 Prophet 模型无法进行滚动预测，其长期预测结果的准确度会有所下降。

（2）木质林产品贸易大国效应研究。目前，在大国效应研究领域，涉及木质林产品的文献较为匮乏，学者们主要采用时间序列模型测度中国不同种类木质林产品进口、出口贸易行为对国际市场价格产生的影响，其中，原木进口与胶合板出口的影响更大（王艳路，2015）。中国作为木质家具第一出口大国，其出口量对国际价格具有较强的影响力，说明中国木质家具出口具有大国效应，但该效应的发挥具有一定的滞后性（段欢等，2015）。但是，现有研究无论是从研究年份、研究方法、研究假设，还是研究对象的全面性来看，现有研究存在明显不足。难以回答中国不同木质林产品的进口、出口贸易是否具有大国效应、不同木质林产品大国效应的效果有何差异、大国效应的影响是否是非线性的等问题，因此，中国木质林产品贸易领域亟待进行大国效应的深入研究。

（3）木质林产品贸易国际市场势力研究。目前，关于木质林产品国际市场势力的研究同样较少，其中，宋相洁（2016）曾使用 RDE 模型测度了中国 6 类木质家具（带软垫木质框架坐具、其他木质框架坐具、办公用木质家具、厨房用木质家具、卧室用木质家具、其他木质家具）在美国的出口市场势力，发现中国木质家具虽然在美国市场上占据较大的份额，但受低价竞争、自主品牌缺失、产业规模化程度低、技术水平不高等因素的影响，中国并不具有卖方市场势力。该文章虽然尝试研究了木质林产品贸易的市场势力，但仅局限于木质家具产品这一类产品的出口市场势力，也仅局限于美国这一个市场，是远远不够的。

2.3.2 国际市场价格波动相关研究

国内外学者已就国际市场上某商品的价格波动问题进行了大量研究，主要集中在国际价格波动的特征研究、国际价格波动的成因研究、国际价格波动的传导机制研究、国际价格波动的影响研究 4 个方面，除本书第 2.3.1.7 小节"木质林产品贸易价格的相关研究"内容外，其余文献并没有涉猎林产品，更没有针对某一种木质林产品价格波动特征、未来变化趋势预测、价格传导的完整研究，而且现有研究的预测结果并不准确。因此，本部分梳理了研究体系较为成熟的农产品及铁矿石产品国际市场价格传导的研究成果，以期能结合木质林产品国际贸易的自身特点，为本书研究的开展提供借鉴。

2.3.2.1 国际市场价格波动特征研究

（1）国际市场价格波动的特征。学者们主要就国际市场价格波动的周期及特点进行分析，从整体上讲，国际市场价格波动具有显著的周期性、集簇性、持续性及非对称性，这一方面说明"利空"消息和"利好"消息引起国际市场价格的波动不同，另一方面也说明国际市场价格波动随时代变迁而变化，表现出很强的时代性（Gilbert & Morgan，2010；叶锋等，2017；张瑛和杜文婷，2020）。从分阶段研究各周期峰值及危机潜伏期来讲，国际市场价格波动各周期峰值呈上升趋势，国家相关生产政策及支持政策对防范危机、保护发展中国家贸易安全具有很大作用，且国际大宗商品价格走势与原油价格走势、经济增长周期基本一致（Piesse & Thirtle，2009；Timmer，2010；谢娟和马敬桂，2019；李苏和宝哲，2020）。

（2）国际市场价格波动特征的研究方法。目前，有部分学者使用均值、中位数、众数、极差、标准差、偏度及峰度等传统指标来衡量价格波动的集中程度、离散程度、分布特征（朱海燕，2015）。更多的学者则是通过速度法、趋势分解法、H-P 滤波模型、ARCH 族模型等对国际价格波动特征进行实证测算，这些方法各具优缺点及适用范围。具体而言，速度法以经济变量的环比增长率来衡量波动强度，并通过波峰和波谷来划分周期，虽然计算简便，但是增长率本身就已经包含了长期趋势成分，得出的波动幅度不准确，可见，该方法适用于测算没有明显的长期趋势经济变量的波动；趋势分解法试图克服速度法的缺陷，把经济变量波动中的确定性长期趋势成分与短期波动成分分离出来，但是无法计算出每个时点的波动强度，可见，该方法适用于趋势模型回归残差平稳的情况；H-P 滤波模型属于非线性回归技术范畴，是研究经济周期变化的重要工具，该方法认为经济运行中的数据具有规律性，时间序列数据趋势也是缓慢变化的，可将一个经济时间序列拆为周期部分和增长部分，并直接滤出序列的短期成分（Hodrick & Prescott，1997）；ARCH 族模型最适合刻画具有异方差特征的时间序列波动轨迹与趋势，可以使贸易参与者主动掌握价格波动的潜在风险（金三林和张江雪，2012；吴彩容和罗锋，2016）。基于此，本书拟采用 ARCH 族模型与 H-P 滤波模型实证分析国际木质林产品价格波动的特征。

2.3.2.2 国际市场价格波动成因研究

根据市场均衡理论，均衡价格由供需决定，而影响供需的因素诸多，大体可分为传统因素与新型因素两类，前者主要包括经济、人口等，后者主要包括国际金融资产价格波动、国际能源价格波动、生物质能源发展、林业贸易政策等，此外，还有诸如劳动力总数、资本形成金额、知识产权使用费等与不同木质林产品贸易特性相关的因素，具体如图 2.14 所示。但这并不是本书研究的专题内容，之所以梳理国际木质林产品价格波动的成因，是为了结合下文专题的研究结果，为制定应对国际木质林产品价格波动的政策建议提供切入点，可以说，本部分文献梳理主要是支撑本书第 8 章研究内容。

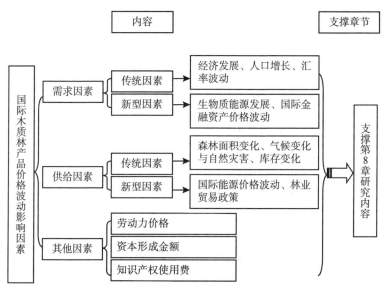

图 2.14　国际木质林产品价格的影响因素

（1）需求方面。

①就传统因素而言。第一，经济发展。全球经济发展状况与国际木质林产品价格波动具有正相关性（傅晓和牛宝俊，2009；Baffes，2011）。第二，人口增长。人口增长对木质林产品贸易的影响较为复杂。一方面，一国人口增长会带来巨大的国内消费，使木质林产品出口国减少出口量，从而使国际市场上木质林产品供给量减少，价格上升；另一方面，一国人口增长会带来丰富的劳动力，提高国内木质林产品的生产能力，推动其对外出口，从而使国际市场上木质林产品供给量增加，价格下降。因此，人口增长既反映了消费能力，又反映了生产能力，会产生相互对立的效应，但受人口老龄化、城镇化及工业化的影响，学者们认为人口的消费能力大于生产能力，即人口增长会使国际木质林产品价格上涨（田明华等，2018；王芳等，2019）。第三，汇率波动。汇率波动通过直接与间接两种方式影响国际木质林产品价格。一方面，汇率波动会直接影响以美元标价的国际木质林产品价格，当美元贬值时，其购买力下降，以美元结算的实际价格会下跌，促使消费需求增加而供给减少，并且木质林产品供给方会抬高价格来弥补美元贬值造成的损失；另一方面，美元汇率下降会使得国际石油的价格上涨，进而间接推高国际木质

林产品价格，且国际石油价格变化也会影响生物质能源价格（顾国达和方晨靓，2012；鄢红兵，2017）。

②就新型因素而言。第一，生物质能源发展。生物质能源具有可再生性，近年来，各国纷纷鼓励并扶持生物质能源的发展，例如，德国等欧洲国家、美国以及中国和巴西为代表的发展中国家，通过财政补贴政策、税收政策、研发投入政策以及政府采购政策等方式促进生物质能源的发展。这给传统的木质林产品赋予了能源属性，使木质林产品价格与能源价格的联系更加紧密，加剧了国际木质林产价格的波动（周曙东等，2009）。目前，林木资源是生物质能源的最大供应来源，且林木生物质能源已经成为仅次于石油、煤炭和天然气的第四大能源（陈发伟等，2019）。第二，国际金融资产价格波动，也是投机因素。投资者通过调控木质林产品的现货市场价格与期货市场价格来创造盈利机会（Sanders & Irwin，2010；高峰，2015），国际金融资产价格使用美联邦基准利率来表示，可以很好地反映美元汇率的波动方向与国际资本的流动方向。

（2）供给方面。

①就传统因素而言。第一，森林面积变化。稳定的森林面积是保障木质林产品供给稳定的前提，世界森林面积增加会使木质林产品供给量增加、价格下跌；而世界森林面积减少会使木质林产品供给量减少、价格上涨，可以说，森林面积的增加是缓解木材原料供需矛盾的重要措施（刁钢，2014），而减少森林砍伐、提升森林可持续经营管理水平、重视已毁坏森林的修复、增加人工林面积等又是扩大森林面积的重要手段（陈超然和王刊，2018）。第二，气候变化与自然灾害。气候因素（如降雨量、年有效积温、光照等）是制约森林资源分布与生长最基础的因素，全球森林灾害严重也是影响木质林产品供给的重要因素，以森林火灾为例，全世界每年有几十万起森林火灾，1997 年，发生在印度尼西亚与巴西的森林大火烧掉了 500 万公顷以上的森林，导致了巨大的木材消耗。并且，气候变化与森林火灾之间是相互联系的，气候变暖影响了林火周期与林火发生频率，未来森林火灾的形势更加不容乐观（何诚等，2021）。第三，库存变化。库存量既可以很好地调节市场余缺起到稳定木质林产品价格的作用，也可以作为反映市场变化的衡量工具影响市场参与者的贸易行为，因此，当库存量增加时，价格会下跌，相反，当库存量减少时，价格会上涨（田甜，2017）。

②就新型影响因素而言。第一，国际能源价格波动。一方面，国际油价上涨使得替代品生物质能源的需求增加、价格上涨，刺激林木生物质能源的生产规模扩大，而木质林产品的供给量减少，因此价格上涨；另一方面，随着采伐、加工、生产和运输环节机械化程度的提高，能源价格上涨必然导致木质林产品生产和运输的成本增加，也会使其价格上涨（王芳等，2021）。第二，林业贸易政策。在国际贸易中，参与国为保障本国的木质林产品安全及提高贸易利益，会制定诸如《雷斯法案》《欧盟木材法规》，以及森林认证、反倾销、反补贴、碳关税等绿色贸易壁垒及原木出口限制等政策，从而加剧国际木质林产品价格波动（张昌文和王立群，2015）。

（3）其他影响因素研究。

这主要是结合木质林产品的产品属性来讲，对于人造板等劳动密集型产品，其市场价格自然很容易受到劳动力价格的影响，而且二者之间呈正相关关系；同样，对于木浆、纸制品等资本或技术密集型产品来讲，资本形成总额、知识产权使用费等也是影响木质林产品价格的重要因素（张洪瑞等，2021）。

2.3.2.3　国际市场价格波动传导机制研究

与国际市场价格波动理论一致，学者们关于该部分内容的研究也可以划分为价格波动的空间传导、垂直传导、溢出效应等 3 个方面，主要是对空间传导路径、垂直传导路径、不同溢出效应理论的验证（白宇航和张立中，2020；刘建和等，2020），由于该部分内容与本书第 2.2.1 小节"国际市场价格传导理论"有大量重复，并且本书第 2.3.1.7 小节"木质林产品贸易价格的相关研究"中已经就木质林产品价格波动的空间传导、垂直传导、价格波动特征及预测进行了梳理，因此不再赘述。

2.3.2.4　国际市场价格波动影响研究

学者们研究发现国际市场价格波动会对国内市场的物价水平、居民福利水平、国内供需平衡等多方面产生影响。首先，大宗商品的国际市场价格波动会通过贸易的长期传导机制、产品的替代传导机制、货币因素的传导机制等多种路径对国内物价水平造成影响，但不同传导路径下的作用强度差异明显，整体来看，国际市场的价格波动与国内市场的物价水平具有很强的趋同性，在一定程度上证明了二者之间存在传导效应，不过国内物价水平波动更加剧烈，说明国际价格波动只是影响国内物价水平的部分原因，并且这种影响具有滞后性（王睿，2019；郑燕和丁存振，2019），这对中国长期实行的需求管理政策提出一定挑战（吴周恒等，2018）。其次，国内外学者还主要关注了国际市场价格波动与居民收入之间的关系，并采用 Minot 模型对居民福利进行研究。以粮食价格波动为例，部分学者认为粮价上升导致的成本推动型通货膨胀可以增加城乡居民收入，在一定程度上改善其生活水平，但对不同收入人群的影响有所差异，低收入群体受价格波动的影响最显著（Wang & Woo，2011）。随后，有学者对这一观点提出质疑，认为国际市场价格波动的福利分配在城乡居民之间是非均衡的，粮价上涨会使城镇居民的福利减少，但会使农村居民的福利增加，但这并不意味着粮价下跌就会使农村居民福利减少，相反会促进农民增加非农收入，从而提升农民的整体收入水平（李义伦，2016）。最后，国际市场价格波动反映了大宗商品价格与各环节生产要素之间相互制约的关系，会通过价格传导机制、市场传导机制与心理传导机制传导至国内市场，从而影响国内的供给与需求（郑辉，2018）。此外，国际市场价格的波动也增加了商品的投机行为，随着期货市场的不断完善，国内外市场联系更加紧密，价格波动通过贸易渠道和信息渠道使商品供给的不确定性增强（吕捷和林宇洁，2013；潘青松和吴朝阳，2015）。

2.3.3 大国效应相关研究

发展经济学中的大国效应（又称大国经济效应）是指在经济增长过程中因人口规模巨大所导致的独特运行规律（Kremer，1993）。关于大国经济优势的来源，经济学给出的解释是：人口规模是基本前提（欧阳峣和罗会华等，2010）、科学技术是根本动力（李学林，2015）、市场范围扩大是核心内容、规模经济是获取途径（Krugman，1991），贸易条件改变形成的国际竞争优势是来源条件（李君华和欧阳峣，2016）。虽然这与本书所指的国际贸易领域中的大国效应侧重点不同，但为理解国际贸易中大国因何会影响国际市场价格的变化提供了思路。需要注意的是，本书中的大国是指贸易大国，而不是人口大国或面积大国，因此，在文献的选取上，选择的是国际贸易领域大国效应的相关研究。

基于对国际贸易领域大国效应相关文献的总结和归纳，可以发现，大国效应是基于整个国际贸易背景展开，旨在解决贸易国大而不强的问题。现有研究多集中于粮食贸易领域、大宗化石原料和能源以及相关工业品贸易领域，以期为"买涨卖跌"等进出口贸易问题提供新的视角，经历了由定性研究向静态定量研究、动态定量研究、综合定量研究的转变，国内外学者们进行了大量证明性研究，并基本上形成了一套较为科学的研究方法。但由于指标数据类型、研究样本期、研究方法等方面的差异，即使是同一类产品，研究结论也不尽相同，抛开方法论的差异，应当认识到，大国效应的产品差异、时段差异、国别差异也是造成结论差异的主要原因。并且现有研究仅关注到显性大国效应，而忽略了隐性大国效应的存在，也没有准确测度大国效应的作用区间及影响程度，此外，即便是存在大国效应也并非必然会成为一种阻碍。因此，本书立足于中国是木质林产品贸易的第一大国，但经常遭受"买涨卖跌"的贸易损失这一现状，试图从大国效应的角度给予解释，综合使用 VAR 模型、Spearman 等级相关系数等研究方法，对木质林产品贸易进行分产品、分阶段的研究，尝试回答中国不同木质林产品在进口与出口贸易中是否存在大国效应、其作用区间及影响程度如何、带来的贸易损失如何等问题，以期对现有研究进行领域拓展和方法优化，为中国从木质林产品贸易大国向贸易强国转变提出更具国际化视野的对策。此处对大国效应相关内容的梳理可以分为大国效应的研究对象、研究方法、对策研究 3 个方面。

2.3.3.1 大国效应研究对象

随着对外开放程度的不断扩大，中国外贸经历了 30 年的高速增长，中国已经演变为世界贸易大国，但距离贸易强国还有很大差距（康银功，2008）。为解决中国在大宗商品国际贸易领域中普遍存在的大而不强困境，国内学者对大国效应展开了大量研究。从进出口贸易总量来看，中国外贸基本满足了大国效应产生的条件（易先忠和欧阳峣，2010），当然，具体到某一类产品时，这一论断又未免过于武断。于是，学者们以具体商品为例，更具针对性地对各产业进口、出口贸易中的大国效应展开研究。

从研究对象来看，大多集中在农产品特别是以大豆、玉米、小麦、稻米为代表的粮食贸易领域，还有部分研究围绕大宗化石原料和能源以及相关工业品贸易展开。粮食贸易中大国效应的研究始于 1994 年，当时美国学者莱斯特·布朗在发表的《谁来养活中国？》中指出未来中国的粮食将出现巨大的供需缺口，随着粮食进口量的大幅增加，国际市场中的粮食价格将会不可预计地上涨，即出现大国效应。此后，出于对粮食安全保障的担忧，国内许多学者开始聚焦这一问题展开深入探讨，其中，姚今观等（2001）、于爱芝和杨敏（2018）、杨燕和刘渝琳（2006）、陈传兴和李静逸（2011）、孙致陆和李先德（2015）、钟钰等（2015）研究发现中国的粮食进口在国际市场上确实存在大国效应，并且是非对称的，中国的进口行为会影响到国际价格，但是反过来，国际价格的上涨却不会使中国粮食进口量的下降。相反，也有部分学者认为中国粮食的国际贸易不存在大国效应（马述忠和王军，2012；王新华等，2017；赵长和和钟钰，2017）。之所以会产生研究结论的矛盾，是因为：一方面，通过对比可知，各文献在不同粮食产品之间、进口与出口市场之间、各贸易时间段之间都存在差异，因此，针对不同研究范畴的研究结论会有所不同；另一方面，大国效应的显现是有条件的、并非持续的，并且大国效应作用的发挥在品种、时段、区域传递等方面都是有限的（武拉平，2001；李晓钟和张小蒂，2004；范建刚，2007；赵峰等，2018；龚谨等，2018）。除农产品外，化石原料和能源也是大国效应研究的重点领域。由于中国部分化石原料和能源产品的贸易量很大，国际价格本可以按照有利于自身的方向调整，但实际上却是处于买贵卖贱的状态，于是，学者们将大国效应延伸至该领域，并对石油（宋胜洲和程丽，2014）、稀土（赵勋，2014）、铁矿石（陈芳，2015）、光伏电池（程丽，2015）、天然气（赵丽云，2020）等产品进行了分析，发现负大国效应是普遍存在的，这与此类产品的进口需求价格弹性小，或者出口产能过剩有关（聂庭松，2017）。

与上述两类产品类似，中国木质林产品对外贸易在世界木质林产品贸易中所占比重逐步提高，为我国林业产业的发展提供了重要的物质积累，虽然中国堪称木质林产品贸易的第一大国，但"买高卖低"现象的出现也使中国蒙受了巨大的贸易损失。关于木质林产品大国效应的研究详见本书第2.3.1.7小节的内容。

2.3.3.2 大国效应研究方法

大国效应的研究方法经历了从定性分析到定量研究的转变。以研究相对成熟的粮食国际贸易为例，学者们先是从理论层面，基于开放的贸易环境，对大国效应出现的机理进行分析（陈锡文，1995；隆国强，1998）。之后，从现状层面对是否存在大国效应进行研判，基本思路是以中国粮食进口量占世界粮食进口总量的比重作为贸易地位变化的判断指标，综合国内外粮食价格的走势，进行经验性判断（李志强等，1998）。此类研究普遍认为中国的粮食贸易具有显著的大国效应（姚今观等，2001），即使增加少量进口也会引起国际市场价格的攀升（王萍萍，2001；李炳坤，2002）。当然，国际粮价的上涨也会刺激国内供给增加，加之技术进步的作用，国内农产品的产量和质量快速提高，反过来可能又会抑制进口（杨银海，2003）。以上定性研究将存在大国效应作为研究前提，但这种研究至少存在两方面的不足：第一，将粮食作为一个整体，忽略了并不是所有粮食作物的进出口量都占有较大比重的事实，抹杀了不同品种在粮食贸易中所处的不同地位；第二，判断指标多建立在中国粮食进口或出口量占国际粮食贸易量的比重这样一个单一的指标之上，缺少科学的测度。特别是在 2001 年中国加入世界贸易组织之后，定性研究的弊端越来越凸显，其预测与中国粮食贸易的实际情况相距甚远。为解决上述问题，学者们开始探索更为科学的方法进行定量研究，以验证大国效应的存在性。

梳理已有文献后发现，被广泛采用的定量研究方法大致可分为两类：第一，以相关系数（斯皮尔曼等级相关系数、肯德尔相关系数、皮尔逊相关系数等）、格兰杰因果检验为主的静态检验方法，主要分析国际市场价格与进口、出口额之间的相关关系（李晓钟和张小蒂，2004；陈传兴和李静逸，2011）。第二，以构建向量自回归模型为主，并据此进行脉冲响应、方差分解的动态检验方法，主要分析国内价格、国际价格、进出口量、进出口额等变量之间的相互作用关系（肖小勇等，2014；赵峰等，2018），较之前的研究更为科学。但是，各文献在该方法的具体应用上也存在差异，如在指标数据类型方面，受制于数据可得性和模型所需的最小样本容量的限制，不同研究存在月度数据、季度数据、年度数据的数据使用差异，是否考虑季节性因素（刘春鹏和肖海峰，2018）的数据处理差异，造成结论不同。在数据时间跨度方面，现有研究大多选择了尽可能长的样本时期，虽然保证了样本量，但贸易量较低的时期会在一定程度上抵消贸易量较高时期对国际市场价格的影响，造成结论偏差。

最重要的是，利用向量自回归模型进行大国效应的检验是不全面的，不显现并不代表没有大国效应。如果受不同时期贸易量增加与减少相互抵消的影响，或者受成本因素、贸易政策因素等的影响，价格上涨或下跌的现象被掩藏起来，则会导致大国效应不能被完全发现。因此，本书在现有的理论基础与研究方法上加以改进，将大国效应分为显性大国效应与隐性大国效应两类，从显性和隐性两个角度对中国木质林产品贸易是否存在大国效应进行验证。并且，对研究中所用的数据进行季节调整，综合使用 VAR 模型、Spearman 等级相关系数、加入中国因素前后的国际价格对比等方法对中国木质林产品进口、出口贸易的大国效应进行测度，以保证结果的科学性。

2.3.3.3　大国效应对策研究

现有文献担心大国效应会给中国的进出口贸易造成损失，甚至危及国内产业和市场稳定，于是，便围绕如何规避大国效应的负面影响展开大量的论述。虽然学者们认为中国大宗商品贸易的大国效应以负面影响为主，但是目前，尝试对大国效应的负面影响进行量化的文献十分稀少，仅有的研究在处理方法上过于简单，其假设中国粮食进口、出口量对国际粮食价格的影响是显性的，并且在全样本区间内的大国效应均是显性的，进而通过协整回归进行估计，以确定大国效应的影响程度。为规避大国效应的负面影响，学者们提出了加强基础设施建设与增强科技支撑以降低生产成本（张勋和王旭，2017）、打造自主品牌以提高产品竞争力（王新华等，2017）、提高产品质量和附加值（邹嘉琦等，2018）、实施多元化进口或出口战略（刘晓雪和黄晴晴，2019）、建立健全价格监控预警机制（何树全和高旻，2014）等措施。此类研究具有重要的现实意义，不过，也不用过分关注大国效应的负面影响，而应当意识到大国效应作为经济活动的一种客观现象，本无利弊之分，并且大国效应也不必然会带来负面影响，如果国际价格变动幅度小于国内价格变动幅度，仍然有利可图（范建刚，2007）。因此，需要重新认识大国效应的两面性，表面上看，大国效应是该国贸易量变动引发的国际价格变动，虽然大国效应可能会造成国际市场紧张，但从另一个角度来看，大国效应也是全面提高国家地位与国家战略竞争力的重要途径。当国际市场价格上涨或下跌传导至国内，引起国内供给的增加或减少，国内价格下降或上升时，会使该国的进出口规模发生变化，最终将该国的贸易行为内向化，完全可能获得净收益。所以，大国效应从某种程度上可以提高买方或卖方的垄断权力，为一国利用国际市场平衡国内供需提供便利，并不必然会成为产业发展障碍。

2.3.4 市场势力相关研究

国内外学者已经就国际市场势力问题进行了丰富研究，也在国际市场势力的成因、测度方法、研究对象等方面进行了大量的有益尝试。首先，在形成原因方面，学者们普遍认为国际市场需求弹性、国际市场集中度与企业之间合谋的可能性是主要的影响因素，不过后两者由于缺乏理论支撑，尚未形成规范化研究，此外，资源禀赋、贸易制度、市场行为、产品自身也可能会影响国际市场势力。其次，在测度方法方面，学者们由早期的指标测度发展到如今更加具有理论支撑、更加符合贸易现实、更加具有可操作性的模型测度，且普遍认为基于汇率传递的 PTM 模型是研究出口、进口市场势力较为科学的方法之一。结合本书研究所需、研究数据所限，最终选取 PTM 模型进行中国木质林产品进口、出口市场势力的分析。最后，在研究对象方面，主要集中在农产品、矿产资源以及一些特定产业上，极少数涉及木质林产品的文献也尚处于摸索阶段，仅局限于木质家具这一类产品，局限于美国这一市场，缺乏对木质林产品多种类、进口与出口、多市场的研究，还需进一步丰富和拓展，以改善中国木质林产品贸易条件，弱化大国效应的负面影响。根据现有文献，本小节将从国际市场势力的成因、国际市场势力的测度方法、国际市场势力的研究对象 3 个方面展开论述。

2.3.4.1 国际市场势力成因研究

关于国际市场势力的成因，主要参考探讨税率、汇率、市场结构、政策、市场容量等因素对市场势力影响的一系列文献。经过梳理后发现，国际市场势力主要受市场需求弹性、市场集中度、企业之间合谋三个方面的影响（叶宏伟，2011），而市场集中度、市场需求弹性和企业间合谋的可能又取决于资源禀赋、地缘政治、市场环境、产品质量等多重因素（王蕾等，2017）。

（1）国际市场需求弹性。国际市场势力的大小与国际市场需求弹性密切相关，如果面临的市场需求是富有弹性的，将会制约市场势力的获取，相反，如果面临的市场需求是缺乏弹性的，将会为获取市场势力提供可能。当然，产品的可替代性是影响市场需求弹性最主要的因素，可替代性越高，市场需求弹性便会越大；反之，可替代性越低，市场需求弹性便会越小。而可替代性又与产品的差异化程度及产品的生产能力有关，产品的差异化程度越高或者生产能力越强，该产品的替代品数量就会越少，从而产品的可替代性就越低；相反，产品的差异化程度越小或者生产能力越差，该产品的替代品数量就会越多，从而产品的可替代性就越高（Demsetz，1973；黄先海等，2010）。在实证分析过程中，通常选取一国的供给需求能力（即进出口数量）、价格、竞争者的生产能力等三个指标进行量化分析。

（2）国际市场集中度。产业组织理论认为国际市场集中度可以很直观地反映出企业所在市场竞争的激烈程度，市场集中度值越高，企业越便于利用市场份额优势提高自身利润，因此，国际市场势力与国际市场集中度二者呈正相关关系（Bain，1951；Brozen，1971）。但是，在现实贸易中，大多数情况下市场集中度的数据是很难获取的，学者们对该问题的研究也只停留在描述性分析层面，无法从实证研究角度进行验证，因此，市场结构与市场绩效之间是否存在科学的传导机制，缺乏理论支撑。

（3）企业之间合谋的可能性。企业之间的合谋是指市场中的参与企业在市场竞争中的相互作用，即进行价格操作的默契程度。一般情况下，如果企业之间难以就合谋达成共识，则会偏向于采取低价竞争的策略来维持市场份额，从而丧失市场势力；相反，如果企业之间容易形成合谋，则会偏向于进行价格联盟，采取同步的价格操作手段，以增强市场势力。因此，企业之间合谋的可能性大小直接关系到市场势力的强弱，二者呈正相关关系。但是，企业间是否已经存在合谋，是否有可能进行合谋，在实际研究中难以界定，虽然已有学者从企业间并购视角、技术合谋视角对这一问题展开研究，但由于样本容量非常有限，尚未形成规范化研究（黄先海等，2010）。

从以上研究中可以看出，基于国际市场需求弹性视角分析市场势力的成因最为科学，更进一步来讲，资源禀赋（土地、资本、劳动、自然资源、信息、技术、人力资本、科技创新等）、贸易制度（地方保护政策、行政垄断政策、产业扶持政策、贸易壁垒等）、市场行为（投资行为、并购行为、创新行为等）、产品自身（产品差异化等）都是影响市场需求弹性、影响国际市场势力的复杂因素，且不同因素的作用程度与影响方向也有所不同。因此，本书也基于市场需求弹性展开市场势力分析，并从这些因素入手，结合研究结果与市场势力强国的发展经验，提出中国木质林产品进口、出口获取市场势力的政策建议。

2.3.4.2　国际市场势力测度方法研究

国际市场势力的测度方法如图 2.15 所示。

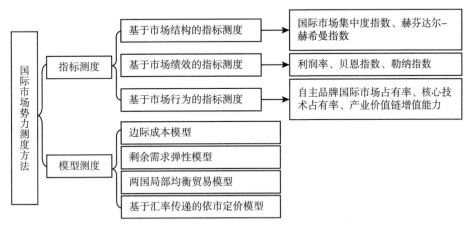

图 2.15　国际市场势力的主要测度方法

（1）指标测度。指标测度主要为结构主义学派所采用，是通过各种计量技术反映市场集中度。根据观测指标的不同，又可以分为基于市场结构的指标测度、基于市场绩效的指标测度、基于市场行为的指标测度三种。

第一，在基于市场结构的测度中，应用比较广泛的是国际市场集中度指数、赫芬达尔 – 赫希曼指数。其中，国际市场集中度指数（CR_n）分子部分中的 Q_n、X_n 分别表示前 n 位企业的销售总额、出口总额，分母部分中的 Q、X、M 分别表示所有企业的销售总额、出口总额、进口总额（Utton & Morgan，1983），二者比值越大，国际市场势力就越强。具体公式为：

$$CR_n = \frac{Q_n - X_n}{Q - X + M} \times 100\% \qquad (2-1)$$

赫芬达尔 – 赫希曼指数（Herfindahl-Hirschman Index，HHI）是指产业中各市场竞争主体所占行业份额百分比的平方和，用于反映产业聚集程度。HHI 指标值越大，市场集中度越高，国际市场势力就越强。具体公式为：

$$HHI = \sum_{i=1}^{n} \left(\frac{x_i}{X} \right)^2 \qquad (2-2)$$

基于市场结构视角的测度方法使原来无法观测的国际市场势力变得可量化，极大推进了国际市场势力的研究进度。但是，由于该方法缺乏微观经济学基础，在应用过程中的缺陷日益明显，因此，使用频率越来越低。

第二，在基于市场绩效的测度中，应用比较广泛是利润率、贝恩指数、勒纳指数。其中，利润率（R）指企业税后利润（$\pi - T$）与资本（E）的比值，能够反映产业的资源配置效率，是产业经济学评价市场绩效的重要工具。通常，企业的市场势力越强，越有机会获得超额利润，但二者并不是对等的，企业超额利润的获取还会受到其他因素的制约，因此，该指标的理论基础同样不足，并且边际成本与机会成本也难以计算。具体公式为：

$$R = \frac{\pi - T}{E} \qquad (2-3)$$

贝恩指数（B）指经济利润（π_0）与投资额（ν）的比值，贝恩指数越大，表明企业的超额利润越高，市场势力越大。但一个具有国际市场势力的企业，哪怕是处于完全垄断的地位，也不一定会拥有经济利润（叶宏伟，2011），可见，该指标的结论也不可靠。具体公式为：

$$B = \frac{\pi_0}{\nu} \qquad (2-4)$$

勒纳指数（L）用价格（P）超过边际成本（MC）的比率来进行衡量，数值越大，说明价格加成能力越大，企业的国际市场势力越大。该指标曾被学者们一致推崇，但只考虑了企业的当前行为，而忽略了潜在行为，并且MC也难以计算。具体公式为：

$$L = \frac{P - MC}{P} \qquad (2-5)$$

基于市场绩效的测度指标虽然弥补了基于市场结构衡量指标的弊端，但受制于数据的可获得性，在实际测度时通常需要进行调整。此外，经过学者们的经验性检验，结果表明基于市场绩效的测度指标并不科学（Demsetz，1997），便逐渐退出国际市场势力的研究领域。

第三，在基于市场行为的测度中，除了图2.13中所列的三个方面外，广告行为、制度创新行为、技术创新行为、并购行为等也是学者们关注的重点。此类测度方法基本上认为：具有市场势力的企业就具有竞争优势，在经营过程中能够支付更少的广告投入、能够组织更先进的生产关系、能够实现企业规模的扩张。但是，无论是哪种测度方式，单独使用时都容易产生错误的判断，因此，基于市场行为的测度指标应该结合其他指标一起使用。部分指标的判断标准如表 2.1 所示（占明珍，2011）。

表 2.1　　　　　　　　　　部分指标的市场势力判定标准

产业集中度指标（CR_n）			HHI	Lerner 指数	广告密度	市场势力
CR_4	CR_8	CR_{10}				
>80%	>87%	>95%	>0.30	0.85~1.00	>3.50	极强
75%~80%	85%~87%	90%~95%	0.18~0.30	0.60~0.85	1.00~3.50	很强
70%~75%	80%~85%	85%~90%	0.14~0.18	0.30~0.60	0.50~1.00	中上
65%~70%	75%~80%	80%~85%	0.10~0.14	0.10~0.30		中下
50%~65%	50%~75%	50%~80%	0.05~0.10	0.05~0.10	<0.50	弱小
0~50%	0~50%	0~50%	<0.05	0~0.05		极弱

资料来源：根据占明珍（2011）的相关研究整理所得。

（2）模型测度。模型测度主要为新经验产业组织理论所采用，是通过推导经济模型来测算市场势力。目前，被广泛使用的测算模型有以下四种。

第一，价格 - 边际成本（price cost margin，PCM）模型。该模型需要满足以下几点假设：市场完全竞争、产业资本存量不变、劳动是唯一投入要素、不存在重大贸易政策变动等（Hall，1988）。具体表达式为：

$$\mu = \frac{P}{MC} \tag{2-6}$$

式（2-6）中，μ 代表国际市场势力；P 代表产品市场价格；MC 表示边际成本。PCM 模型开创了生产法估算价格加成率的先河，一经提出便在纺织品贸易、水产品贸易、机电产品贸易等领域被广泛使用（Harrison，1994；黄先海等，2010；张弛和闫日辉，2010；阚大学，2013）。但是，该模型严格的假设和需要收集边际成本数据的要求，在现实中很难满足，从而限制了 PCM 模型的应用（韩剑等，2018）。

第二，剩余需求弹性（residual damand elasticity，RDE）模型。为了弥补 PCM 模型仅能测度产业层面的市场势力而不能具体反映企业层面的市场势力、边际成本难以量化的不足，学者们不断改进现有的研究方法。由于国际市场势力主要受到大型企业在贸易中所占的比重、竞争对手的供给能力、市场需求的价格弹性等因素影响（Posner，1981），于是学者们便提出用剩余需求曲线来测度单个企业的市场势力（Baker & Bresnahan，1988），随后，又有学者在此基础上进行修正，提出基于剩余需求弹性的简易测度办法（Goldberg & Knetter，1999）。具体表达式为：

$$\ln p_{mt}^{i} = \lambda_m + \eta_m \ln Q_{mt}^{i} + \alpha_m \ln Z_{mt} + \beta_m \ln W_{mt}^{i} + \varepsilon_{mt} \qquad (2-7)$$

由于该模型是利用剩余需求弹性进行转化计算的，得到了经济学界的广泛推崇。例如，有学者利用其测算了意大利与西班牙瓷砖出口的市场势力，详细描述了两国瓷砖制造商在每个出口市场的市场结构和市场行为（Silvente，2005），有学者利用其测算了意大利纺织、服装、木家具等传统行业出口的国际市场势力（Nardis & Pensa，2004），有学者利用其测算了印度速溶咖啡出口的国际市场势力（Deodhar & Pandey，2008）。当然，将 RDE 模型应用于中国大宗国际贸易产品市场势力测算的研究也不在少数，这些产品具有一个共同的特点就是国际定价权弱。例如，大豆进口（司伟和张猛，2013）、大米进口（陈博文等，2015）、小麦进口（张有望和肖小勇，2016）、苹果出口（张复宏等，2012）、服装出口（张小蒂和危华，2008）、铁矿石进口（徐斌，2016）等。但是，也有学者发现该模型并不能完全满足不同行业或国家的研究需求，并试图对该模型做进一步改进，提出把国际企业之间相互博弈产生的影响纳入模型，即在基于剩余需求弹性的勒纳指数中纳入企业之间的相互作用，使模型更符合现实情况（Ordover et al.，2001），但由于博弈效应很难界定与量化，因此，该想法难以实现。

第三，两国局部均衡（song-marchant-reed，SMR）模型。RDE 模型忽略了买方势力（Poosiripinyo & Reed，2005），无法反映交易双方的相对市场势力情况，因此，SMR 模型被提出。SMR 模型是在两国局部均衡贸易模型的基础上，对 RDE 模型的完善，因其能够同时反映买卖双方的市场势力而被广为使用，且有学者以西班牙超市链为研究对象，证明了 SMR 模型得到的国际市场势力更为准确（Ricardo et al.，2015）。但是，该模型聚焦于少数主要贸易国的分析，研究范围较窄，且在应用过程中需对样本期间内是否出现过重大的贸易政策调整以及相应政策的实施给市场势力带来了怎样的影响进行验证，最主要的是木质林产品缺乏生产成本相关数据，不满足模型构建条件，无法在本书研究中应用。

第四，基于汇率传递的依市定价（pricing to market，PTM）模型。依市定价行为是指与汇率升值的幅度相比，进口价格下降的幅度偏小、甚至上升，便可认为是具有市场势力。PTM 模型最早由克鲁格曼（Krugman，1986）提出，主要用于研究出口市场势力，随后被引入进口市场势力的分析范畴（Rakotoarisoa & Shapouri，2001）。在国内研究中，方建春和宋玉华（2011）测算了中国焦炭、稀土与稀有金属的出口依市定价能力，马述忠和王军（2012）测算了中国粮食进口的市场势力，马绍华等（2016）测算了中国大豆进口的市场势力等。该模型综合考虑了市场结构、消费者效用等的影响，可以用于检验进口方或出口方在所有贸易国中的市场势力，更符合本书研究的需求（林大燕和朱晶，2016；田甜，2017；Dizgah et al.，2019）。

综上所述，从已有文献中的模型使用情况来看，PCM 模型因其假设较强且边际成本数据难以获取，使用受限；RDE 模型被广泛应用于出口商品市场势力的测算；SMR 模型和 PTM 模型更加科学，使用相对较多。从测度方法的演进过程上来看，国际市场势力的测度更加注重理论性、完整性、适用性、可操作性，实现了从以往简单的指标性测量向动态的模型测度的转变（田甜，2017）。结合本书研究所需、研究资料所限，最终选取 PTM 模型进行中国木质林产品进口、出口市场势力的分析。

2.3.4.3 国际市场势力研究对象

现有文献关于国际市场势力的研究主要集中在农产品、矿产资源以及一些特定产业领域，对木质林产品很少涉及。

（1）农产品国际市场势力的研究。鉴于农产品在各国经济发展中的重要战略地位，国内外学者对农产品的国际市场势力进行了大量研究。有学者分析了美国小麦出口的市场势力，发现中国、俄罗斯作为进口国具有买方市场势力，能够压低进口价格（Pick & Park，1991）；有学者就国际大豆贸易中的市场势力进行测算，发现中国具有买方市场势力（Song & Swinton，2009）。随后，国内学者也针对不同的农产品，进行了更为精确的国际市场势力研究，以期改善中国农产品的贸易条件。例如，李鹏飞（2012）利用 SMR 模型测度了中国与美国双方棉花贸易的国际市场势力，发现受生产成本高、生产企业集中度低、美国市场份额高等因素的影响，中国棉花进口国际市场势力缺失；陈博文等（2015）利用 SMR 模型实证分析了中国大米进口的国际市场势力，发现在中国市场上，市场势力由强到弱的国家依次是越南、巴基斯坦、泰国；徐国钧等（2019）利用 RDE 模型测算了中国蜂蜜的出口市场势力，发现中国蜂蜜在英国、比利时、日本、澳大利亚、荷兰具有卖方市场势力；朱文博等（2020）利用结构方程模型实证分析了 79 个国家（地区）在中国果汁进口的市场势力，发现中国买方市场势力缺乏；吴学君和张媛（2021）利用 SMR 模型分析了中国橄榄油进口的市场势力，发现受橄榄油进口市场高度集中、国内橄榄油产业集聚效应弱及生产成本高的影响，中国橄榄油进口市场势力缺失。而以上因素，同样也影响着中国木质林产品进口、出口贸易的市场势力，对后文的分析具有重要的借鉴意义。

（2）矿产资源国际市场势力的研究。矿产资源作为技术革命的重要推动器，也是国际市场势力研究的热门领域。有学者从市场集中度的角度分析了美国铝业的国际市场势力，发现其缺乏国际市场势力，当地企业正在努力提高生产效率以保持利润率（Yang，2005）；有学者从买卖双方的角度分析了土耳其天然气的国际市场势力，发现土耳其在与东南欧国家的贸易中具有出口市场势力，可以在贸易过程中适当提高价格以获取更高利润（Simon & Florian，2019）。此外，国内学者也陆续利用 PTM 模型（方建春和宋玉华，2011）及 SMR 模型（朱学红等，2018）对中国钨矿、稀土等稀有金属的出口市场势力展开研究，发现虽然中国在钨矿、稀土等稀有金属市场拥有资源禀赋优势，但在国际贸易中缺乏市场势力，并从提高资源开采税、培育和完善金融衍生市场、组建价格联盟、产业链升级等方面为中国获取国际稀有金属定价权提出了政策建议。于左等（2015）、徐斌（2016）、钟代立和胡振华（2017）均利用剩余需求弹性模型分析了中国铁矿石进口的市场势力，发现在中国在澳大利亚进口的买方市场势力有所提升，形成了买卖双方市场势力对等的新局面，这有利于增强中国铁矿石进口的议价能力，提高整体社会的福利，减少贸易损失。以上措施，也为提升中国木质林产品进口、出口的市场势力提供了可能。

（3）特定产品国际市场势力的研究。除农产品、矿产资源外，还有少数学者对部分特定产品或行业的国际市场势力进行研究，主要包括中药产品（邓丽娜和周丽，2014）、装备制造业（霍晓姝，2014；秦伟广，2017）、电力行业（李昂和高瑞泽，2014）、创意产品（李巧明等，2021）等，拓展了国际市场势力的研究领域，丰富了现有的文献成果。但是目前，学者们关于木质林产品国际市场势力的研究还很少，但仅局限于木质家具产品这一类产品的出口市场势力，也仅局限于美国这一个市场，这是远远不够的，具体内容见本书第 2.3.1.7 小节的内容。

2.3.5 文献述评

综上所述，国内外学者已经分别就木质林产品贸易问题、国际市场价格波动问题、大国效应问题及市场势力问题进行了大量研究。在木质林产品贸易领域，学者们主要基于木质林产品总体视角与分产品视角研究了木质林产品贸易的现状及特点、中国木质林产品贸易的影响因素及贸易潜力、木质林产品的产业内贸易与产业间贸易、森林认证、碳排放、中国木质林产品贸易高质量发展路径、相关贸易价格等内容。在国际市场价格波动领域，学者们主要研究了国际市场价格波动的特征、成因、传导机制、影响结果等内容。在大国效应研究文献中，学者们主要研究了大国效应的研究对象、研究方法、对策研究等内容，并且认为受研究方法、产品差异、时段差异、国别差异等因素的影响，对于是否具有大国效应这一问题的研究结论不同。在国际市场势力文献中，学者们主要研究了国际市场势力的成因、测度方法、研究对象等内容，并且认为国际市场需求弹性、国际市场集中度、企业之间的合谋都是影响国际市场势力的重要因素，基于汇率传递的 PTM 模型是研究出口与进口国际市场势力较为科学的方法之一。这些都为本书研究的开展提供了重要借鉴，而且从研究趋势上看，学者们的研究内容逐渐由整体产品向分产品转变，更加关注产品特性与产品之间的差异性；研究方法也逐渐由静态分析或动态分析向动静结合分析转变，且随着计量经济学的发展及计量软件功能的优化，研究方法日益复杂和先进，以期获得最符合现实贸易的结论。但是，在梳理的过程中，也发现在研究应用、研究理论和研究方法 3 个方面可以补充、改进与丰富之处。

2.3.5.1 在研究应用上

（1）现阶段，学者们大多从贸易规模、市场结构、集中度、竞争力指数等视角分析木质林产品贸易现状，仅有极少数学者关注到全球木质林产品贸易网络的动态演化，并且针对供需大国间的竞合关系研究相对欠缺，也没有将中国贸易地位的变化与中国木质林产品贸易安全及贸易利益联系起来。

（2）国际市场价格波动领域的相关文献没有涉猎到木质林产品国际市场价格层面的波动特征研究，同时也欠缺针对某一种木质林产品国际市场价格波动向中国国内传导的机制研究，尤其是缺乏对国际木质林产品价格与中国木质林产品贸易量互动影响研究，而这些都直接关系到中国参与国际木质林产品贸易的利得。

（3）目前学者们很少研究中国某类木质林产品贸易的大国效应问题，仅有的几篇文献只关注到显性大国效应的存在，忽略了隐性大国效应存在的可能性，更没有准确测度大国效应的作用区间及影响程度，也缺乏对大国效应贸易损失的量化研究。

（4）关于国际市场势力问题的研究也尚处于摸索阶段，仅局限于木质家具这一类产品，局限于美国这一个市场，缺乏对木质林产品多品类、进出口、多市场的研究，并且没有对市场势力的机理加以解释与验证。

2.3.5.2　在研究理论上

现有文献均基于显性大国效应展开研究，通过 VAR 模型等工具判断某大宗商品的显性大国效应是否存在，缺乏对隐性大国效应的研究，导致大国效应不能被完全发现，也使得学者们的研究结论不一致，难以解释"买涨卖跌"现象。

2.3.5.3　在研究方法上

（1）现有文献关于国际市场价格未来波动趋势的预测方法并不准确。一方面，学者们大多使用季度平均值来预测月度价格的变化，这与月度真实值之间的差异较大；另一方面，由于现有的 Prophet 模型无法进行滚动预测，只能基于某一时点展开长期静态预测，随着时间推移，预测结果的准确度会下降。

（2）现有文献仅利用 VAR 模型检验了显性大国效应是否存在，而忽视了隐性大国效应的存在性，并且在研究大国效应的影响时处理方法也过于简单，其假设"中国大宗商品的进口、出口量对国际市场价格的影响是线性的，并且在全样本区间内的大国效应均显现"。但是，现实贸易中二者的关系大概率会是非线性的，并且中国大宗商品贸易量对国际市场价格的影响与国际市场价格对中国大宗商品贸易量的影响孰强孰弱是不定的，大国效应并不是一直都会显现，可见，现有研究与贸易现实并不相符。

因此，本书结合每一章节的具体内容，尝试改进上述不足，具体做法见本书第 1.5 节"可能的创新点"。

第 3 章

国际木质林产品贸易网络时空演变

木质林产品是世界重要的大宗国际贸易产品，木质林产品资源的流动直接关系到中国资源经济安全、社会稳定及可持续发展。当前，全球木质林产品贸易参与国众多，多边化的贸易发展也促进了国际间双向交流的有序进行，贸易关系及贸易流向更加错综复杂，而贸易网络结构又深深影响着整个贸易系统的传输效率及稳定性。国际木质林产品价格波动是否会对中国木质林产品贸易稳定产生威胁，中国木质林产品贸易是否具有大国效应，是否在分国别的市场上具备贸易优势，都受到中国在全球木质林产品贸易网络中所处地位的影响。虽然中国在全球木质林产品贸易中的地位在不断提升，但经济发达国家依然占据着全球木质林产品核心贸易国地位。因此，如何更好地分析全球木质林产品贸易网络的内在联系与演化轨迹，清楚地了解贸易集团的结构特征及供需大国间复杂的博弈关系，尤其是掌握中国木质林产品贸易地位的演变轨迹与供需安全，对理解下文中国际木质林产品价格与中国木质林产品贸易量的相互影响具有十分重要的作用。

3.1 世界木质林产品贸易现状

3.1.1 数据说明

本章节贸易数据均来自 UN Comtrade 数据库，具体分类包含：木材、木制品及木炭等（HS：44），木浆等（HS：47），纸等（HS：48），带软垫框架木坐具（HS：940161），其他框架木坐具（HS：940169），办公用木家具（HS：940330），厨房用木家具（HS：940340），卧室用木家具（HS：940350），其他木家具（HS：940360），为避免整体网络的重复计算，本章以各经济主体的出口贸易额统计为准；各国政治风险评级指数来自 the PRS Group 数据库；地理距离来自 CEPII 数据库。由于中国港澳台地区的海关数据与中国大陆是分开统计的，因此本章研究中所指中国的数据不含港澳台地区。

3.1.2 贸易关系分析

从贸易总额看（见图 3.1），全球木质林产品贸易总额整体呈上升趋势，已由 1993 年的 1145.40 亿美元增长至 2018 年的 4455.24 亿美元，以 2008 年世界金融危机为界，1993～2008 年间木质林产品贸易总额增长幅度较大，年均增速为 8.58%，尤其是 2001 年中国加入世界贸易组织之后，中国木质林产品贸易总额不断增加，促使全球木质林产品贸易总额稳定上升；2009～2018 年木质林产品贸易总额的波动性增强，年均增速也下降为 3.72%。贸易总额的变化是参与经济主体及交易量变动的综合结果，从参与经济主体看（见图 3.2），1993 年参与木质林产品贸易的国家和地区有 217 个，2000 年增长至 228 个，尤其是 1999～2000 年增幅较大，相应的双边贸易关系也有很大提升，此后参与经济主体基本保持在 228～232 个之间。从双边贸易关系数的变动情况看（见图 3.2），可以将其划分成三个阶段：第一阶段，1993～2000 年，双边贸易关系数呈现出快速增长态势，年均增速为 11.30%；第二阶段，

2001～2010 年，双边贸易关系数增长趋于平缓，年均增速为 1.84%；第三阶段，2011～2018 年，双边贸易关系数呈现出跌宕起伏态势。这主要是由于：第一，金融危机之后，全球主要经济体经受了巨大冲击，国际市场需求增长乏力，国际金融市场大幅波动，中东局势等地缘政治形势恶化都制约着世界经济的复苏，导致世界贸易低速增长，对木质林产品的整体需求减弱；第二，虽然北美与俄罗斯的房地产业有所恢复，但欧洲整体房地产业发展仍然缓慢，甚至处于停滞状态，严重影响了建筑用木材及木制品、木质家具、木地板等产品的国际贸易；第三，各经济主体为缓解本国就业压力、保护本国经济发展，纷纷采取竞争性措施，全球贸易保护主义抬头，国际竞争趋于激烈；第四，保加利亚、乌克兰、罗马尼亚、白俄罗斯等国的原木出口禁令的陆续出台，美国《雷斯法案》《欧盟木材法规》、澳大利亚《禁止非法采伐法案》等木材合法性贸易政策的逐步实施，跨大西洋自由贸易区、跨太平洋伙伴关系协定、美加森林贸易政策、俄罗斯森林贸易政策的明确制定，森林认证、碳交易等环境政策的不断推广，都影响了双边贸易关系与贸易额，使得增速放缓，波动性增强。

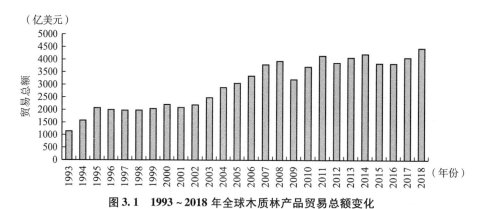

图 3.1　1993～2018 年全球木质林产品贸易总额变化

资料来源：UN Comtrade 数据库。

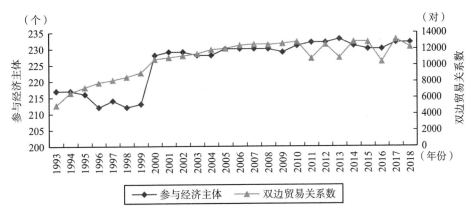

图 3.2　1993～2018 年全球木质林产品贸易参与经济主体及双边贸易关系数演变
资料来源：UN Comtrade 数据库。

3.2　复杂网络模型构建

复杂网络起源于数学，表现为若干节点及其连边的集合。近年来，该理论被广泛应用于国际贸易研究领域，有学者研究所有商品国际贸易网络的无标度分布特征、小世界属性特征、高聚集系数特征等内容（Newman & Girvan，2004；Garlaschelli & Loffredo，2005；Fagiolo & Mastrorillo，2013）；有学者研究某一特定商品国际贸易网络的拓扑性质及演化规律，并分析主要经济体在国际贸易网络中的地位，例如，矿产资源贸易（郝晓晴等，2013；苗媛媛等，2019；贾祥英等，2019；计启迪等，2021）、石油贸易（程淑佳等，2013；刘立涛等，2017；何则等，2019）、碳酸锂（朱丽丽等，2016）、手机（刘清等，2021）等。该研究方法既能从全局视角对贸易网络特征进行识别，又能从团体视角对各经济主体贸易联系的紧密程度进行直观判定。因此，本章以 UN Comtrade 1993～2018 年的全球木质林产品贸易数据为依据，构建有向加权复杂网络，在分析整体网络演化特征的基础上，对其拓扑结构进行动态研究，揭示各供需大国的竞合关系，尤其是了解中国国际贸易地位与供需安全，为中国木质林产品贸易政策的制定提供科学依据。

3.2.1 整体网络分析指标构建

复杂网络是将复杂系统中的各组成部分抽象为节点，将各节点间的相互作用关系抽象为边，从而分析特定网络的拓扑结构及性质（Wu et al.，2011；张宏等，2020）。本书认为国际木质林产品贸易系统在各经济主体之间存在着紧密联系，任何经济主体贸易的变化都将对国际木质林产品贸易系统产生一定的影响，且该影响在各经济主体之间呈现出特殊的网络关系（杨伶等，2017）。因此，根据复杂网络理论（夏四友等，2020），将参与国际木质林产品贸易的经济主体作为节点，结合贸易流动方向打造相应的双边贸易关系，并以双边贸易额为权重构建有向加权复杂网络，从而对国际木质林产品贸易的现实情况进行演示，矩阵形式为：

$$W_{ij}^t = \begin{bmatrix} w_{11} & \cdots & w_{1N} \\ \vdots & & \vdots \\ w_{N1} & \cdots & w_{NN} \end{bmatrix} \tag{3-1}$$

式（3-1）中，W_{ij}^t表示 t 年有向加权网络；w_{ij}表示经济主体 i 流向经济主体 j 的贸易额（王祥等，2019）。

3.2.1.1 网络密度

网络密度指贸易网络中各经济主体之间现有联系数量与整个贸易网络应有联系数量之比，可以用来衡量网络中各经济主体连接的紧密程度。其值越大，各经济主体间的贸易联系越紧密，网络等级越高，当取值为 1 时，说明网络中各经济主体完全连通；其值越小，各经济主体间的贸易联系越稀疏，网络等级越低，当取值为 0 时，说明网络中各经济主体完全孤立。公式为：

$$\rho = \frac{M}{N \times (N-1)} \tag{3-2}$$

式（3-2）中，ρ 为网络密度；M 为网络中实际的双边贸易关系数；N 为参与木质林产品贸易的经济主体数量。

3.2.1.2 平均度

平均度即网络中所有经济主体度的平均值，用以衡量贸易网络规模的大小。其值越大，说明贸易范围越广，贸易网络越大；其值越小，说明贸易范围越窄，贸易网络越小。公式为：

$$kk = \frac{1}{N} \sum_{i=1}^{N} k_i \qquad (3-3)$$

式（3-3）中，kk 为平均度；k_i 为与经济主体 i 有直接贸易关系的经济主体数量。

3.2.1.3 平均最短路径长度

平均最短路径长度指网络中所有经济主体间相互展开贸易需要经过边的平均值，用以衡量贸易网络的传输效率，也能反映各经济体之间的平均分离程度。其值越大，说明贸易网络的传输效率越低，平均分离程度越高；其值越小，说明贸易网络的传输效率越高，平均分离程度越低。公式为：

$$L = \frac{2}{N \times (N-1)} \sum_{i=1}^{N} \sum_{j=i+1}^{N} d_{ij} \qquad (3-4)$$

式（3-4）中，L 为平均最短路径长度；d_{ij} 为经济主体 i 与经济主体 j 的最短路径。

3.2.1.4 聚类系数

聚类系数指贸易网络中某一个经济主体的贸易伙伴，它们彼此之间存在着贸易往来的平均概率，可以用来判断木质林产品贸易网络是否具有小世界特性。其值越大，说明该经济主体贸易伙伴的聚集程度越高；其值越小，说明该经济主体贸易伙伴的聚集程度越低。由于 Louvain 算法提供了无监督聚类与人工干预两种聚类方式，在处理大规模数据时准确度最优，且在不需要进行聚类参数调整的情况下，它的聚类效果也非常良好（黄福等，2018），因此采用 Louvain 算法进行计算。公式为：

$$C_i = \frac{2H_i}{k_i \times (k_i - 1)} \qquad (3-5)$$

式（3-5）中，C_i 为经济主体 i 的聚类系数；H_i 为经济主体 i 的贸易伙伴之间存在的边的数量。整个木质林产品贸易网络的平均聚类系数 C 的公式为：

$$C = \frac{1}{N} \sum_{i=1}^{N} C_i \qquad (3-6)$$

3.2.2 节点中心性分析指标构建

在分析木质林产品整体贸易网络演化特征的基础上，需要重点探究各个经济主体在全球贸易网络中所处的地位及发挥的作用，以便选择重要的经济主体，进一步展开中国木质林产品供需安全保障研究。具体地，使用节点度、加权度、接近中心性与中介中心性四个指标来刻画各个经济主体在全球贸易网络中具备的影响力与衔接性。

3.2.2.1 节点度

节点度即贸易网络中与经济主体 i 有直接贸易往来的经济主体数量，可直观展示该经济主体在整个贸易网络中的影响范围。其值越大，说明该经济主体的贸易伙伴越多，有向网络可进一步划分为入度与出度，入度呈现某一经济主体进口来源地的数量，出度呈现某一经济主体出口目的地的数量。公式为：

$$\begin{cases} k_i^{out} = \sum_{j=1}^{N} a_{ij} \\ k_i^{in} = \sum_{j=1}^{N} a_{ji} \\ k_i = k_i^{out} + k_i^{in} \end{cases} \quad (3-7)$$

式（3-7）中，k_i^{out} 表示出度；k_i^{in} 表示入度；k_i 表示度；a_{ij} 表示经济体 i 与经济主体 j 之间的贸易关系，若经济主体 i 与经济主体 j 之间有贸易关系，则 $a_{ij}=1$，若无贸易关系，则 $a_{ij}=0$。

3.2.2.2 加权度

加权度也称节点强度，即经济主体 i 与所有经济主体之间的贸易总额，可直观反映该经济主体的贸易地位。其值越大，表明该经济主体占据的地位越重要，木质林产品贸易网络可进一步分为出强度和入强度，出强度表示某经济主体的出口总额，入强度表示某经济主体的进口总额。公式为：

$$\begin{cases} S_i^{out} = \sum_{j=1}^{N} a_{ij} w_{ij} \\ S_i^{in} = \sum_{j=1}^{N} a_{ji} w_{ji} \end{cases} \quad (3-8)$$

式（3-8）中，S_i^{out} 表示出强度；S_i^{in} 表示入强度（张进等，2018）。

3.2.2.3 接近中心性

如果某经济主体到其他经济主体的最短距离都很小，那么它的接近中心性就很高，该指标反映了某经济主体在整个贸易网络中所处的几何位置，用于衡量某经济主体在贸易网络中不受其他经济主体影响或控制的能力。公式为：

$$CC_i = \frac{N-1}{\sum_{j=1, j\neq i}^{N} d_{ij}} \qquad (3-9)$$

式（3-9）中，CC_i 为接近中心性。

3.2.2.4 中介中心性

若某经济主体位于其他经济主体贸易往来的多条最短路径上，那么该经济主体具有较大的中介中心性，该指标用于衡量经济主体在贸易流动中的通道控制能力和中介能力。公式为：

$$BC_i = \frac{2\sum_{j}^{N}\sum_{k}^{N} b_{jk}(i)}{N^2 - 3N + 2}, \ (j \neq k \neq i) \qquad (3-10)$$

式（3-10）中，BC_i 为经济主体 i 的中介中心性，若经济主体 j 与经济主体 k 之间存在 g_{jk} 个最短路径，且二者之间有 $g_{jk}(i)$ 个最短路径通过经济主体 i，则定义 $b_{jk} = g_{jk}(i)/g_{jk}$ 来衡量 i 对于控制 j 和 k 关联的能力。

3.2.3 贸易集团分析指标构建

贸易集团是复杂网络重要的结构特征之一，可根据各经济主体之间贸易往来的疏密程度，将全球木质林产品贸易网络分为若干贸易集团，集团内部各经济主体间的联系紧密，而处于不同集团的经济主体之间联系稀疏（李晖等，2020）。本章使用模块度来衡量贸易网络的分化程度，其值越大，表明贸易网络分化得越明显，区域集团化趋势越强；其值越小，表明网络同化程度越高，经济全球化趋势越强（Blondel et al.，2008）。公式为：

$$\begin{cases} Q = \dfrac{1}{m} \sum\limits_{i}^{N} \sum\limits_{j}^{N} \left(w_{ij} - \dfrac{T_j^{in} T_i^{out}}{m} \right) \delta(t_i, t_j) \\[4mm] m = \sum\limits_{i}^{N} T_i^{out} = \sum\limits_{j}^{N} T_j^{in} \\[4mm] \delta(t_i, t_j) = \begin{cases} 1, \; t_i = t_j \\ 0, \; t_i \neq t_j \end{cases} \end{cases} \qquad (3-11)$$

式（3-11）中，Q 为模块度；T_i^{out} 为经济主体 i 的出度中心性；T_j^{in} 为经济主体 j 的入度中心性；m 为所有经济体 i 的出度中心性的和，也等于所有经济体 j 的入度中心性的和；t_i 为经济主体 i 所在的贸易集团；t_j 为经济主体 j 所在的贸易集团。$\delta(t_i, t_j) = 1$，表明 i 与 j 在同一贸易集团；$\delta(t_i, t_j) = 0$，表明 i 与 j 在不同的贸易集团。出度中心性与入度中心性的具体公式为：

$$\begin{cases} T_i^{out} = \sum\limits_{j=1, j \neq i}^{N} w_{ij} / (N-1) \\[4mm] T_j^{in} = \sum\limits_{j=1, j \neq i}^{N} w_{ji} / (N-1) \end{cases} \qquad (3-12)$$

3.2.4 供需安全分析指标构建

3.2.4.1 供给安全分析

借鉴刘立涛等（2017）的做法，结合木质林产品的贸易政策因素，设定中国木质林产品供给安全性公式为：

$$V_{ci} = \sum_{j=1}^{N_{ex}} P_j \times \frac{X_j}{X_w} \times (1 - D_{ej}^{-1}) \times F_j \times W_j \qquad (3-13)$$

式（3-13）中，V_{ci} 为中国木质林产品供给安全性，下标 ci 表示中国进口；N_{ex} 为中国木质林产品进口来源经济主体的数量，下标 ex 为出口木质林产品至中国的经济体总称；P_j 为木质林产品出口经济主体 j 的政治风险评级，其值在 $0 \sim 100$ 之间，值越大说明政治风险越小。X_j 为经济主体 j 向中国出口的木质林产品总额；X_w 为中国木质林产品进口总额，下标 w 为中国木质林产品所有来源经济体的统称；X_j / X_w 用于衡量经济主体 j 的供给能力，值越大说明供给能力越强；D_{ej} 为经济主体 j 到中国的地理距离，值越小供给安全性越高；F_j 为经济体 j 与中国的自由贸易协定因素，签署自由贸易协定会提高中国木质林产品的供给安全性；W_j 为经济体 j 的原木出口限制因素，j 实施原木出口限制会降低中国木质林产品的供给安全性。

3.2.4.2 需求安全分析

$$V_{co} = \sum_{i=1}^{N_{im}} P_i \times \frac{EM_i}{EM_z} \times (1 - D_{ci}^{-1}) \times T_i \qquad (3-14)$$

式（3-14）中，V_{co} 为中国木质林产品需求安全性，下标 co 表示中国出口；N_{im} 为中国木质林产品出口目的经济主体的数量，下标 im 表示中国木质林产品出口目的经济总称；P_i 为木质林产品进口经济主体 i 的政治风险评级，其值在 0~100 之间，值越大说明政治风险越小；EM_i 为中国出口至经济主体 i 的木质林产品总额，EM_z 为中国木质林产品出口总额，下标 z 为中国木质林产品所有出口目的地的统称；EM_i/EM_w 用于衡量经济主体 i 的需求能力，值越大说明需求能力越强；D_{ci} 为经济主体 i 到中国的地理距离，值越小供给安全性越高；T_i 为经济体 i 的木材合法性贸易政策，若 i 实施木材合法性贸易政策，会降低中国木质林产品需求安全性。

3.3 模型结果分析

3.3.1 整体网络演化结果分析

从网络密度和平均度来看（见图 3.3），二者变动趋势保持一致，最大值均出现在 2017 年，其中网络密度值为 0.25，平均度值为 113.66，最小值均出现在 1993 年，其中网络密度值为 0.11，平均度值为 46.65。以 2010 年为界，可分为两个阶段：第一阶段，1993~2010 年，网络密度与平均度均呈稳定增长态势，说明木质林产品贸易网络紧密度不断增强，贸易规模不断扩大；第二阶段，2011~2018 年，网络密度与平均度的波动性增强，说明木质林产品贸易网络的不稳定性变大。总体来讲，二者共同呈现出上升趋势，说明木质林产品贸易网络关系日益复杂，全球木质林产品贸易网络的连通性在整体上有所加强。这与图 3.1 的研究结果相互印证，正是由于经济参与主体的增多，双边贸易关系数的跌宕起伏，才使得贸易网络关系呈现出复杂化和不稳定性增强的态势。

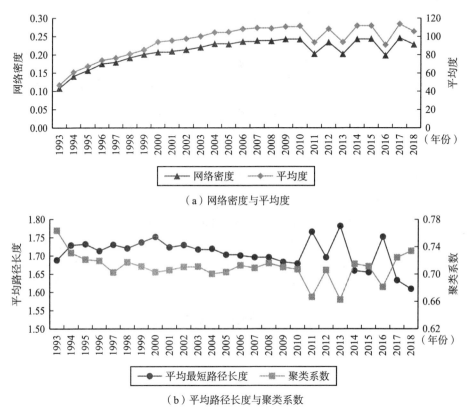

（a）网络密度与平均度

（b）平均路径长度与聚类系数

图 3.3　1993～2018 年全球木质林产品整体贸易网络演化

资料来源：UN Comtrade 数据库。

从平均最短路径长度和聚类系数来看，以 2010 年为界，可分为两个阶段：第一阶段，1993～2010 年，平均最短路径长度缩短，聚类系数变小，说明木质林产品贸易网络的传输效率提高，贸易成本下降，且全球化趋势增强；第二阶段，2011～2018 年，二者的变动趋势基本相反，平均最短路径长度在波动中缩短，聚类系数在波动中变大。此外，根据复杂网络理论，当木质林产品贸易网络的聚类系数高值与平均最短路径长度低值同时存在时，可说明该网络具有小世界特性。图 3.3 中，平均最短路径长度处于 1.61～1.78 之间，而聚类系数处于 0.66～0.76 之间，尤其是第二阶段，平均最短路径长度与聚类系数同时达到最小值与最大值，分别为 1.61 与 0.73。因此，可以判定木质林产品贸易网络具有小世界特性。

3.3.2 节点中心性演化结果分析

节点度是复杂网络中的一个基本指标，可以直观展现某经济主体的国际贸易关系。1993 年全球共有 69 个经济主体出口木质林产品，217 个经济主体进口木质林产品，至 2018 年全球共有 130 个经济主体出口木质林产品，231 个经济主体进口木质林产品。可见，林业资源正在更加广阔的空间中进行再分配，不难发现，与进口经济主体数量相比，出口经济主体的数量明显较少，说明并不是每个经济主体都在出口木质林产品上具有比较优势。这主要是受各国林产工业发展水平与森林资源禀赋水平因素的影响。一方面，随着一些国家生产水平的提高，出口木质林产品的经济主体数量明显增加；另一方面，与木质林产品需求相比，出口受到天然因素的制约，森林资源禀赋水平高的国家更具比较优势。就中国而言，度值、入度值与出度值分别由 1993 年的 203、41 和 162 增加至 2018 年的 325、115 和 210，贸易伙伴不断增加，说明中国正在不断扩大拓宽贸易渠道。这主要是由于中国加入世界贸易组织之后，依托自身劳动力价格低廉的比较优势，借助全球化发展红利，可以充分利用丰富的国际木材资源，形成了大量进口原木、锯材、木浆等资源型初级木质林产品，也大量出口木制家具、木制品、胶合板、纸制品等加工型木质林产品的以国际循环为主的发展轨迹。

加权度在节点度的基础上综合考虑了权重因素，加权入度与加权出度反映了经济主体在木质林产品进出口贸易中贸易伙伴的多元化情况。对比 1993 年与 2018 年加权入度与加权出度前 20 位的经济主体（见表 3.1），可以发现：1993 年，加权入度最大为美国的 210.12，加权出度最大为加拿大的 210.55，2018 年，加权入度最大为美国的 613.32，加权出度最大为中国的 565.29；从地理分布来看，1993～2018 年随着全球木质林产品进出口经济主体的多元化转变，排名前 20 位的经济主体中，北美洲、亚洲、欧洲、大洋洲的进口占比分别由 1993 年的 28.97%、24.55%、44.77%、1.72% 变动至

2018 年的 25.91%、25.17%、47.04%、1.88%，北美洲、亚洲、欧洲、南美洲的出口占比分别由 1993 年的 37.46%、15.91%、43.06%、3.57% 变动至 2018 年的 19.74%、24.45%、49.83%、5.97%，可见，除北美洲进出口占比下降外，其余洲都有所上升，欧洲仍然是木质林产品进出口的重心；从各洲内部变化而言，亚洲内部变动最大，1993 年，日本为亚洲的进口重心，占比为 56.43%，其次是中国（14.88%）、韩国（12.71%）、中国香港（10.65%）和新加坡（5.33%），2018 年，中国是亚洲进口的重心，占比为 54.97%，其次是日本（20.03%）、韩国（10.42%）、印度（8.67%）和越南（5.91%）。1993 年，印度尼西亚为亚洲的出口重心，占比为 35.56%，其次是马来西亚（29.39%）、中国香港（13.99%）、日本（11.26%）和中国（9.81%），2018 年，中国是亚洲的出口重心，占比为 67.04%，其次是印度尼西亚（14.89%）、越南（10.54%）和马来西亚（7.53%）。就中国而言，加权入度由 1993 年的第 10 名上升到 2018 年第 2 名，加权出度由 1993 年的第 15 名上升到 2018 年第 1 名，表明中国木质林产品对外贸易依存度显著上升。

表 3.1　　1993 年和 2018 年加权度、加权入度、加权出度排名前 20 位的经济主体

时间	加权度		加权入度		加权出度	
	经济主体	度值	经济主体	度值	经济主体	度值
1993 年	美国	383.35	美国	210.12	加拿大	210.55
	加拿大	250.39	日本	130.11	美国	173.24
	德国	203.76	德国	93.60	德国	110.17
	日本	148.46	英国	71.78	瑞典	89.40
	英国	106.14	法国	55.24	芬兰	81.98
	瑞典	101.53	荷兰	45.05	印度尼西亚	57.96
	芬兰	85.75	加拿大	39.84	马来西亚	47.90
	荷兰	81.52	比利时 - 卢森堡	38.24	荷兰	36.47
	印度尼西亚	63.01	意大利	34.75	英国	34.35
	法国	55.24	中国	34.32	巴西	25.37

续表

时间	加权度		加权入度		加权出度	
	经济主体	度值	经济主体	度值	经济主体	度值
1993 年	马来西亚	54.80	韩国	29.30	中国香港	22.80
	中国	50.31	中国香港	24.57	丹麦	22.54
	中国香港	47.36	墨西哥	22.13	日本	18.35
	比利时－卢森堡	38.24	奥地利	21.71	西班牙	16.19
	丹麦	37.92	西班牙	16.40	中国	15.99
	韩国	36.85	瑞士	16.23	瑞士	14.87
	意大利	34.75	澳大利亚	16.15	新西兰	12.90
	墨西哥	33.16	丹麦	15.38	葡萄牙	11.21
	西班牙	32.58	新加坡	12.29	智利	11.19
	瑞士	31.10	瑞典	12.13	挪威	11.07
2008 年	中国	1002.06	美国	613.32	中国	565.29
	美国	982.34	中国	436.77	德国	385.74
	德国	716.26	德国	330.52	美国	369.02
	加拿大	430.36	法国	199.56	加拿大	311.85
	法国	315.63	英国	194.09	波兰	171.64
	意大利	306.59	日本	159.19	瑞典	168.28
	波兰	261.38	荷兰	148.58	意大利	159.94
	英国	246.27	意大利	146.65	芬兰	149.87
	荷兰	245.06	加拿大	118.52	巴西	140.42
	瑞典	221.78	比利时	98.95	俄罗斯	135.30
	日本	199.53	波兰	89.74	印度尼西亚	125.52
	奥地利	192.67	墨西哥	86.20	法国	116.06
	比利时	188.84	西班牙	85.88	奥地利	114.66
	俄罗斯	178.95	韩国	82.82	荷兰	96.48
	芬兰	174.17	奥地利	78.01	比利时	89.90
	西班牙	164.30	印度	68.91	越南	88.90
	印度尼西亚	161.99	瑞士	59.83	西班牙	78.42

续表

时间	加权度		加权入度		加权出度	
	经济主体	度值	经济主体	度值	经济主体	度值
2008 年	巴西	152.20	澳大利亚	59.43	智利	65.54
	越南	135.84	瑞典	53.50	马来西亚	63.47
	墨西哥	118.07	越南	46.94	英国	52.17

资料来源：UN Comtrade 数据库。

接近中心性与中介中心性结合能判断出全球木质林产品贸易的模式，由表 3.2 可知，无论是 1993 年还是 2018 年，接近中心性与中介中心性前 20 位经济主体中，均有 55% 以上的经济主体出现在表 3.1 中，说明全球木质林产品贸易网络实际上是一种"点对点"的贸易模式，供需各国间的依赖性与脆弱性直接反映了各经济主体对于林业资源的控制力。具体而言，英国、德国、瑞典、瑞士、日本、加拿大、西班牙、中国香港、芬兰、韩国的接近中心性与中介中心性均有所下降，表明其受其他经济主体的贸易影响越来越大，在整个木质林产品贸易网络中的传输作用越来越小。相反，中国、荷兰、泰国、意大利、印度、比利时、奥地利、法国的接近中心性与中介中心性均有所提升，表明其在木质林产品贸易过程中不受其他经济主体影响的能力增强，且这些经济主体与美国、澳大利亚、阿联酋、丹麦、巴西共同掌握着木质林产品贸易网络的信息与资源，是贸易网络的关键枢纽，起着重要的桥梁作用，更容易与其他国家建立进出口贸易关系。特别是中国，接近中心性由 1993 年排名第 6 的 0.80 增长至 2018 年排名第 1 的 0.92，中介中心性也由 1993 年排名 12 的 0.01 增长至 2018 年排名第 2 的 0.02，已经占据全球木质林产品贸易网络的中心位置，对贸易网络中资源的控制能力也明显提升。

表 3.2　1993 年和 2018 年接近中心性与中介中心性排名前 20 位的经济主体

时间	接近中心性		中介中心性	
	经济主体	值	经济主体	值
1993 年	英国	0.91	美国	0.03
	德国	0.88	英国	0.02

续表

时间	接近中心性		中介中心性	
	经济主体	值	经济主体	值
1993 年	美国	0.86	德国	0.01
	荷兰	0.85	荷兰	0.01
	瑞典	0.84	西班牙	0.01
	中国	0.80	日本	0.01
	瑞士	0.79	加拿大	0.01
	日本	0.77	瑞典	0.01
	加拿大	0.75	瑞士	0.01
	西班牙	0.75	澳大利亚	0.01
	丹麦	0.75	丹麦	0.01
	芬兰	0.75	中国	0.01
	中国香港	0.74	中国香港	0.01
	巴西	0.73	新西兰	0.01
	韩国	0.71	韩国	0.01
	泰国	0.71	巴西	0.00
	挪威	0.69	新加坡	0.00
	捷克	0.68	马来西亚	0.00
	马来西亚	0.68	泰国	0.00
	葡萄牙	0.67	芬兰	0.00
2018 年	中国	0.92	美国	0.02
	荷兰	0.92	中国	0.02
	法国	0.9	荷兰	0.02
	美国	0.89	法国	0.01
	意大利	0.88	意大利	0.01
	德国	0.87	英国	0.01
	泰国	0.87	德国	0.01
	印度	0.87	澳大利亚	0.01

时间	接近中心性		中介中心性	
	经济主体	值	经济主体	值
2018 年	比利时	0.87	加拿大	0.01
	英国	0.87	印度	0.01
	西班牙	0.86	丹麦	0.01
	印度尼西亚	0.86	西班牙	0.01
	奥地利	0.86	比利时	0.01
	瑞士	0.85	阿联酋	0.01
	马来西亚	0.84	瑞士	0.01
	巴西	0.83	巴西	0.01
	加拿大	0.83	新西兰	0.01
	瑞典	0.83	泰国	0.01
	葡萄牙	0.83	马来西亚	0.01
	波兰	0.83	奥地利	0.01

资料来源：UN Comtrade 数据库。

3.3.3 贸易集团演化结果分析

根据模块度来分析网络中各经济主体间贸易集团的划分程度与发展趋势，模块度值介于 0～1 之间，越接近于 1，说明各经济主体形成的贸易团体越显著；相反，越接近于 0，说明各经济主体之间的贸易往来越紧密。从模块度值来看（见图 3.4），以 2008 年为界，可分为两个阶段：第一阶段，1993～2008 年，全球木质林产品的模块度值在波动中有所下降，说明木质林产品贸易的全球化程度正在不断加深；第二阶段，2009～2018 年，全球木质林产品的模块度值在波动中有所上升，反映出金融危机之后区域集团化趋势增强。这与平均最短路径长度及聚类系数的分析结果相一致。

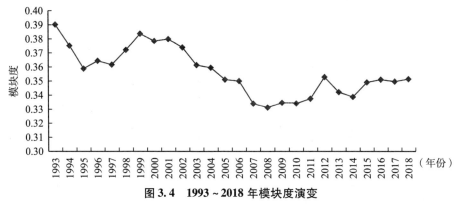

图 3.4　1993～2018 年模块度演变

资料来源：UN Comtrade 数据库。

　　进一步，对贸易集团进行划分。1993～2018 年全球木质林产品贸易网络中的集团个数基本保持在 3～4 个之间，但集团内部成员及集团占比变动较大，说明贸易集团或者贸易伙伴关系并不稳定。

　　从表 3.3 来看，1993 年共有四个贸易集团被检测出：一是以德国、英国、瑞典等为核心的欧洲贸易集团 G1，共有 88 个经济主体，占整个贸易网络的 40.56%；二是以巴西、阿根廷、巴拉圭等南美洲国家为核心的包含尼日利亚等部分非洲国家在内的贸易集团 G2，共有 15 个经济主体，占整个贸易网络的 6.91%；三是以日本、印度尼西亚、马来西亚等亚洲国家（地区）为核心的包括澳大利亚、新西兰等部分大洋洲国家在内的贸易集团 G3，共有 72 个经济主体，占整个贸易网络的 33.18%；四是以美国、加拿大、墨西哥等北美洲国家为核心的包括委内瑞拉、哥伦比亚、厄瓜多尔等部分南美洲国家在内的贸易集团 G4，共有 42 个经济主体，占整个贸易网络的 19.35%。可见，1993 年贸易集团大体上是按照经济主体所处地理位置进行划分，说明地理距离或贸易成本是影响木质林产品贸易往来的重要因素。

表 3. 3   各贸易集团排名前 10 的经济主体

所属贸易集团	1993 年		2018 年	
	核心国家和地区	集团占比（%）	核心国家和地区	集团占比（%）
集团 1（G1）	德国、英国、瑞典、芬兰、荷兰、法国、比利时－卢森堡、丹麦、意大利、西班牙	40.56	德国、法国、意大利、波兰、英国、荷兰、瑞典、奥地利、比利时、芬兰	25.86
集团 2（G2）	巴西、阿根廷、巴拉圭、约旦、秘鲁、尼日利亚、玻利维亚、乌拉圭、科特迪瓦、瓜德罗普	6.91	南非、安哥拉、纳米比亚、莫桑比克、津巴布韦、博茨瓦纳、赞比亚、刚果（金）、马达加斯加、斯威士兰	6.03
集团 3（G3）	日本、印度尼西亚、马来西亚、中国、中国香港、新加坡、澳大利亚、泰国、新西兰、智利	33.18	中国、美国、加拿大、日本、印度尼西亚、巴西、越南、墨西哥、韩国、马来西亚	43.97
集团 4（G4）	美国、加拿大、墨西哥、委内瑞拉、哥伦比亚、厄瓜多尔、多米尼加、哥斯达黎加、危地马拉、牙买加	19.35	俄罗斯、土耳其、阿联酋、沙特阿拉伯、乌克兰、埃及、白俄罗斯、以色列、伊朗、伊拉克	24.14

资料来源：UN Comtrade 数据库。

到 2018 年，原 G1 范围缩小，集团内部法国、意大利、波兰等国家地位上升，包含的经济主体减少为 60 个，占整个贸易网络的 25.86%；原 G2 在整个贸易网络中所占的比重变化不大，但是集团内部变化较为明显，南非、安哥拉、纳米比亚等非洲国家地位上升，逐渐发展为新 G2 的贸易核心，共包含 14 个经济主体，占整个贸易网络的 6.03%；原 G3 不断扩大，在整个贸易网络中所占的比重不断上升，共包含 102 个经济主体，占整个贸易网络的 43.97%；原 G4 集团中的美国、加拿大、墨西哥等国家融合到新 G3 集团中，并逐渐演化出新的以俄罗斯等欧洲国家与土耳其、阿联酋、沙特阿拉伯等亚洲国家为核心的新贸易集团 G4，共包含 56 个经济主体，占整个贸易网络的 24.14%。可见，木质林产品贸易往来已经突破地理位置的限制，地理距离不再是影响贸易的主要因素，而亚太经济合作组织、中国—东盟自贸区、北美自贸区、欧盟等区域经济合作组织的影响作用更大。此外，各贸易集团间出现了交织与重叠的现象，贸易边界逐渐模糊，表现出相互融合的迹象，亚洲、南美洲在木质林产品贸易格局中的地位逐渐提升，这主要是由于贸易网络趋于复杂化，且双边贸易关系波动性日益增强，各国之间的贸易合作与贸易往来界限难以清晰地界定。

3.3.4 供需大国竞合关系分析

选取 2018 年加权出度前 10 位经济主体的出口集中度在 5% 以上的贸易伙伴，构建局部贸易网络进行分析（见表 3.4）。从供给角度分析，2018 年全球木质林产品出口大国主要有中国、美国、加拿大、瑞典、意大利、芬兰、俄罗斯等。在集团 3 内部，中国出口至美国和日本的木质林产品分别占中国木质林产品出口总额的 30.25% 和 6.49%，加拿大出口至美国和中国的木质林产品分别占加拿大木质林产品出口总额的 67.37% 和 14.60%，美国出口至加拿大、中国、墨西哥和日本的木质林产品分别占美国木质林产品出口总额的 23.30%、18.01%、15.98% 和 5.04%，巴西出口至中国和美国的木质林产品分别占巴西木质林产品出口总额的 26.50% 和 18.94%。可见，加拿大与美国、中国与美国彼此为重要的贸易合作伙伴，中国与美国在日本市场存在竞争，中国与巴西在美国市场存在竞争，加拿大、美国与巴西在中国市场存在竞争。在集团 1 内部，意大利与德国、德国与波兰彼此为重要的贸易合作伙伴，德国、英国、意大利和法国市场也是主要的争夺对象。相比较而言，中国、加拿大与俄罗斯的出口市场集中度高，而意大利、瑞典、芬兰与德国的出口市场集中度低，贸易伙伴多元化现象突出。在集团外部，集团 3 与集团 4 之间主要通过俄罗斯与中国连接，中国是俄罗斯木质林产品出口第一大贸易国，占俄罗斯木质林产品出口总额的 35.23%。集团 3 与集团 1 之间主要通过巴西与意大利、巴西与荷兰、意大利与美国、芬兰与美国、芬兰与中国连接，这些国家是连通集团内外贸易的关键纽带。根据比较优势理论，森林资源禀赋好的经济主体会向森林资源禀赋差的经济主体流动，例如，俄罗斯、巴西、墨西哥等国家以及东南亚地区，森林资源丰富，且成熟林所占比重较大，拥有很高的资源挖掘潜力，仅俄罗斯森林储量就占全球总储量的 15.46%（姚予龙和张新亚，2012）。林产工业发展水平高的经济主体向林产工业发展水平低的经济主体流动，例如，德国、瑞典、意大利等欧洲国家，林产品加工技术水平高，规模化发展既提高了生产效率也降低了生产成本，产品质量好，尤其是德国，不仅具备发达的林道网和林业机械化，而且完成了木材加工业出口产业化转型发展，是世界主要的锯材、人造板（主要是中密度纤维板）、纸及纸板的出口国。

表 3.4 2018 年木质林产品出口大国的竞合关系

出口国		进口国		集中度（%）
国家	所属贸易集团	国家	所属贸易集团	
加拿大	集团 3	美国	集团 3	67.37
俄罗斯	集团 4	中国	集团 3	35.23
波兰	集团 1	德国	集团 1	33.91
中国	集团 3	美国	集团 3	30.25
巴西	集团 3	中国	集团 3	26.50
美国	集团 3	加拿大	集团 3	23.30
巴西	集团 3	美国	集团 3	18.94
美国	集团 3	中国	集团 3	18.01
美国	集团 3	墨西哥	集团 3	15.98
意大利	集团 1	法国	集团 1	15.95
瑞典	集团 1	德国	集团 1	15.56
加拿大	集团 3	中国	集团 3	14.60
芬兰	集团 1	德国	集团 1	13.83
德国	集团 1	法国	集团 1	11.52
意大利	集团 1	德国	集团 1	11.14
瑞典	集团 1	英国	集团 1	10.25
芬兰	集团 1	中国	集团 3	9.36
德国	集团 1	荷兰	集团 1	9.31
瑞典	集团 1	挪威	集团 1	9.12
德国	集团 1	奥地利	集团 1	9.09
德国	集团 1	波兰	集团 1	7.54
瑞典	集团 1	荷兰	集团 1	7.30
芬兰	集团 1	英国	集团 1	7.18
波兰	集团 1	英国	集团 1	6.73

续表

出口国		进口国		集中度（%）
国家	所属贸易集团	国家	所属贸易集团	
意大利	集团 1	美国	集团 3	6.58
巴西	集团 3	意大利	集团 1	6.52
德国	集团 1	瑞士	集团 1	6.51
巴西	集团 3	荷兰	集团 1	6.50
中国	集团 3	日本	集团 3	6.49
德国	集团 1	英国	集团 1	6.20
波兰	集团 1	法国	集团 1	6.10
意大利	集团 1	英国	集团 1	5.88
瑞典	集团 1	丹麦	集团 1	5.82
德国	集团 1	意大利	集团 1	5.79
瑞典	集团 1	意大利	集团 1	5.56
德国	集团 1	比利时	集团 1	5.55
芬兰	集团 1	美国	集团 3	5.51
意大利	集团 1	西班牙	集团 1	5.19
美国	集团 3	日本	集团 3	5.04

注：集中度表示出口国向进口国出口的贸易额占出口国总出口贸易额的比重；中国数据未包含港澳台地区；按照集中度顺序排列。

资料来源：UN Comtrade 数据库。

选取 2018 年加权入度前 10 位经济主体的进口集中度在 5% 以上的贸易伙伴，构建局部贸易网络进行分析（见表 3.5）。从需求角度看，2018 年木质林产品进口大国主要有美国、中国、法国、日本、荷兰、加拿大等。在集团 3 内部，中国进口美国、加拿大、巴西和印度尼西亚的木质林产品分别占中国木质林产品进口总额的 13.27%、9.05%、7.40% 和 6.28%，日本进口中国、美国、印度尼西亚、加拿大、越南和马来西亚的木质林产品分别占日本木质林产品进口总额的 20.83%、10.52%、8.30%、7.91%、6.76% 和 5.67%，美国进口加拿大和中国的木质林产品分别占美国木质林产品进口总额的 30.78% 和 25.27%，加拿大进口美国和中国的木质林产品分别占加拿大木质林产品进口总额的68.66%和12.52%。可见，中国、美国与加拿大彼此为重要的贸易合作伙伴，相比之下，中国与日本的进口来源国较多，市场集中度较低，而美国与加拿大进口来源国较少，市场集中度高。在集团1内部，荷兰与比利时、荷兰与德国、比利时与法国、德国、意大利与法国彼此为重要的贸易合作伙伴，且德国、法国、英国、荷兰、意大利、比利时的进口集中度均较低。在集团外部，集团3与集团4之间主要通过中国与俄罗斯连接，俄罗斯是中国第二大木质林产品进口贸易国，占中国木质林产品进口总额的9.43%。集团3与集团1之间主要通过美国与英国、美国与意大利、中国与英国、中国与法国、中国与荷兰、巴西与荷兰、巴西与意大利连接，这些国家是联系集团内外部木质林产品贸易的枢纽。

表3.5　　　　　　　　2018年木质林产品进口大国的竞合关系

出口国		进口国		集中度（%）
国家	所属贸易集团	国家	所属贸易集团	
美国	集团3	加拿大	集团3	68.66
加拿大	集团3	美国	集团3	30.78
中国	集团3	美国	集团3	25.27
德国	集团1	荷兰	集团1	24.20
德国	集团1	法国	集团1	22.31
德国	集团1	比利时	集团1	21.70
中国	集团3	日本	集团3	20.83
波兰	集团1	德国	集团1	17.60
荷兰	集团1	比利时	集团1	17.33
德国	集团1	意大利	集团1	15.27
中国	集团3	英国	集团1	13.58
奥地利	集团1	意大利	集团1	13.30
美国	集团3	中国	集团3	13.27
意大利	集团1	法国	集团1	12.83
中国	集团3	加拿大	集团3	12.52
法国	集团1	比利时	集团1	12.35
德国	集团1	英国	集团1	12.34
比利时	集团1	荷兰	集团1	12.18

续表

出口国		进口国		集中度（%）
国家	所属贸易集团	国家	所属贸易集团	
比利时	集团 1	法国	集团 1	11.56
美国	集团 3	日本	集团 3	10.52
奥地利	集团 1	德国	集团 1	9.68
俄罗斯	集团 4	中国	集团 3	9.43
加拿大	集团 3	中国	集团 3	9.05
瑞典	集团 1	英国	集团 1	8.91
荷兰	集团 1	德国	集团 1	8.40
印度尼西亚	集团 3	日本	集团 3	8.30
瑞典	集团 1	荷兰	集团 1	8.29
西班牙	集团 1	法国	集团 1	8.21
法国	集团 1	意大利	集团 1	7.99
瑞典	集团 1	德国	集团 1	7.94
加拿大	集团 3	日本	集团 3	7.91
巴西	集团 3	中国	集团 3	7.40
越南	集团 3	日本	集团 3	6.76
美国	集团 3	英国	集团 1	6.57
芬兰	集团 1	德国	集团 1	6.52
瑞典	集团 1	意大利	集团 1	6.40
巴西	集团 3	意大利	集团 1	6.30
印度尼西亚	集团 3	中国	集团 3	6.28
巴西	集团 3	荷兰	集团 1	6.19
芬兰	集团 1	比利时	集团 1	6.19
中国	集团 3	荷兰	集团 1	6.00
法国	集团 1	德国	集团 1	5.95
波兰	集团 1	英国	集团 1	5.94
芬兰	集团 1	英国	集团 1	5.76
马来西亚	集团 3	日本	集团 3	5.67
意大利	集团 1	德国	集团 1	5.41
波兰	集团 1	法国	集团 1	5.25

续表

出口国		进口国		集中度（%）
国家	所属贸易集团	国家	所属贸易集团	
中国	集团3	法国	集团1	5.23
波兰	集团1	荷兰	集团1	5.21
捷克	集团1	德国	集团1	5.09
美国	集团3	意大利	集团1	5.00

注：集中度表示进口国从出口国进口的贸易额占进口国总进口贸易额的比重；中国数据未包含港澳台地区；按照集中度顺序排列。

资料来源：UN Comtrade 数据库。

3.3.5 供需安全结果分析

从中国进口安全角度看（见图3.5），V_{ci1}考虑了进口多样性、进口来源经济主体的政治稳定性与地理距离因素，V_{ci2}在V_{ci1}的基础上将自由贸易协定因素纳入计算，V_{ci3}在V_{ci2}的基础上将原木出口限制纳入计算，因此，$V_{ci2} > V_{ci1} > V_{ci3}$。可以看出，一方面，中国木质林产品供给安全度整体上不断提高；另一方面，签署自由贸易协定带来的便利在很大程度上被出口经济主体实施的木材贸易限制政策所抵消。可见，为提高木质林产品供给安全，中国不仅要提升进口多样性、推动签署自由贸易协定，还应积极培育本国的木材资源、立足国内木材供给，避免过度依赖国外市场。

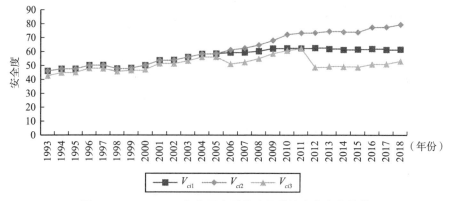

图3.5 1993~2018年中国木质林产品供给安全变化趋势

资料来源：UN Comtrade 数据库。

在 V_{ci3} 的基础上展开目标性中断模拟（见图 3.6），可见，随着供应中断经济主体的增加，中国木质林产品供给安全度的下降速度逐渐放缓。相比而言，1993 年前 5 位木质林产品进口来源经济主体（中国香港、马来西亚、美国、印度尼西亚、加拿大）完全中断供给会导致中国木质林产品供应安全约 80.60% 的衰减，2018 年（前 5 位木质林产品进口来源国依次为智利、美国、新西兰、加拿大、印度尼西亚）该比率下降为 47.46%。这表明，经过长久的努力，中国木质林产品供给安全性有所改善，但依然处于不够安全的状态。以美国为例，2017 年中国进口美国木质林产品 73.96 亿美元，占到中国木质林产品进口贸易总额的 18.17%，占中国供给安全度的 13.74%，受中美贸易摩擦的影响，中国采取一系列反制措施，对从美国进口的诸如锯材、木家具、纸及纸板、纸浆和纸制品等木质林产品加征关税，涉及金额高达 18.30 亿美元（陈勇等，2019），2018 年中国从美国进口木质林产品下降到 67.29 亿美元，占中国木质林产品进口贸易总额的 15.41%，占中国供给安全度的 11.34%，假设美国完全中断供应的极端情况出现，则中国木质林产品的供给安全度将下降 6.02。不难发现，中美贸易摩擦给中国木材供给安全带来的负面影响不可避免，但整体上可控，尚不构成毁灭性打击，且从客观贸易数据上看，即使存在贸易战，美国在中国木质林产品进口总额中占比依旧较高，美国依旧是中国重要的贸易伙伴。

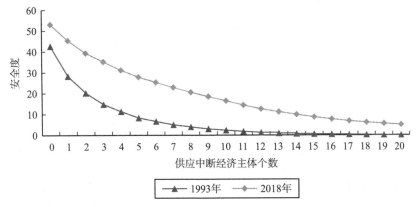

图 3.6　1993 年、2018 年中国木质林产品供给安全目标性中断模拟

资料来源：UN Comtrade 数据库。

从中国出口角度看（见图3.7），V_{co1}考虑了出口多样性、出口目的经济主体的政治稳定性与地理距离因素，V_{co2}在V_{co1}的基础上将木材合法性贸易因素纳入计算，因此，$V_{co1} > V_{co2}$。可以看出，中国木质林产品需求安全V_{co1}的变化较为平稳，整体上呈上升趋势；为抑制世界木材非法采伐，主要经济主体在2010~2013年陆续实施木材合法性贸易政策，尤其是将中国作为重点监测地区，导致中国木质林产品需求安全度迅速下降，之后保持平稳。可见，为提高木质林产品需求安全，中国积极了解木材合法性贸易的要求，建立配套的应对体系。

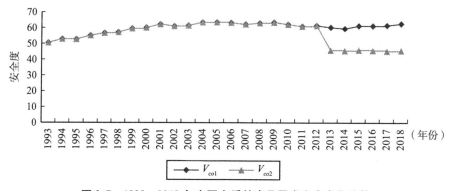

图3.7　1993~2018年中国木质林产品需求安全变化趋势

资料来源：UN Comtrade 数据库。

在V_{co2}的基础上展开目标性中断模拟（见图3.8），可见，随着需求中断经济主体的增加，中国木质林产品需求安全度的下降速度逐渐放缓。相比而言，1993年前5位木质林产品出口目的经济主体（日本、美国、中国香港、新加坡、德国）完全中断需求会导致中国木质林产品需求安全约76.40%的衰减，2018年（前5位木质林产品出口目的经济主体依次为美国、日本、澳大利亚、加拿大、中国香港）该比率下降为50.32%。这表明，中国木质林产品需求安全性有所提升，但依然处于不够安全的状态。以美国为例，2009年中国向美国出口木质林产品的贸易额占中国木质林产品出口贸易总额的28.25%，受《雷斯法案》实施的影响，2010年该比例下降为27.53%，假设美国完全中断需求，则中国需求安全度将下降10.35。2017年，中国出口至美国的份额比2016年增加了1.51个百分点，受中美贸易摩擦的影响，美国对从中国进口的包含人造板、地板材、家具、木制品等在内的木质林产品加征关税，涉及金额 160 亿美元，2018 年，中国出口至美国的份额增幅降至 1.14 个百分点，可见，加征关税的负面影响完全被中国木质林产品强劲的国际竞争力抵消了。即使贸易战升级，根据 2018 年数据，假设美国完全中断需求，则中国需求安全度将下降 12.10。再以澳大利亚为例，2012 年，中国出口至澳大利亚的份额比 2011 年增加了 0.23 个百分点，受《澳大利亚非法木材禁止法案》实施的影响，2013 年，中国出口至澳大利亚的份额仅增加了 0.01 个百分点，略微减弱了富有竞争力的中国木质林产品的出口势头，根据 2018 年数据，假设澳大利亚完全中断需求，则中国需求安全度将下降 1.41，降幅不大。

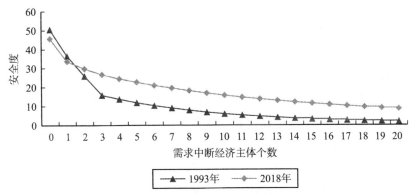

图 3.8　1993 年、2018 年中国木质林产品需求安全中断情景模拟

资料来源：UN Comtrade 数据库。

3.4　结果讨论

通过研究发现，中国的木质林产品贸易地位逐渐上升，贸易渠道不断拓宽，已经成为亚洲木质林产品贸易的重心与木质林产品贸易集团间联系的重要枢纽，且具有"大进大出"的贸易特点，既大量进口资源型初级木质林产品，如原木、锯材、木浆，又大量出口深加工型木质林产品，如木制家具、木制品、胶合板、纸制品，在全球木质林产品进口、出口中均具有重要的地位。受中国森林资源稀缺的现实问题影响，中国木材产业的发展在短期内不得不依赖国际市场供给，且中长期也得适度利用国际木材，因此，在形成国内大循环的发展过程中，也绝不能摆脱国际大循环。在未来的发展中，应顺应全球木质林产品贸易网络日益复杂，整体上连通性、波动性与区域集团化趋势增强的演变规律。为保障中国木质林产品供需安全，既要维持与重要经济主体的合作伙伴关系，也要不断开拓新的市场，以降低市场集中度，分散贸易风险，尤其是增强与贸易集团关键枢纽的联系，促进林业资源在全球范围内更广泛地配置。

（1）结果显示全球木质林产品贸易关系不断趋于复杂化，全球木质林产品贸易网络是小世界网络。因此，增强与贸易网络中核心国家的贸易往来，能够很好地维持木质林产品贸易市场稳定，从而保障中国木质林产品进出口贸易安全。如美国、荷兰、法国、意大利、德国、泰国、英国、印度、加拿大、澳大利亚等国家，在全球木质林产品贸易网络中占据重要位置，对资源的控制力强，同时也发挥着关键的中介传输作用，可见，与此类国家保持贸易畅通至关重要。

（2）结果显示木质林产品贸易集团的形成与演化，有其特殊的地理与政治因素，随着科技发展、交通便利，地理距离已经不再是影响贸易集团形成的主要原因，而更多的是受区域经济合作组织的影响。因此，中国应多领域开展区域合作机制，推动和实现与世界各经济体间的贸易自由化进程，进一步利用亚太经济合作组织、中国—东盟自贸区、"一带一路"等合作平台，促进多边贸易关系的持续拓展，形成全方位、多层次、多元化的开放合作格局，尤其是要充分利用与"一带一路"沿线国家之间经济发展的梯度差异，重点突破与"一带一路"沿线国家的木材产业价值链重构，并且以此为基点全力推进新型全球木材产业价值链的形成。同时，也应着力增强自身竞争能力、开放监管能力与风险防控能力，尤其是应用大数据、人工智能、区块链的数字技术，在贸易过程的各个环节进行探索，利用监管科技，夯实数据统计与风险监测基础设施，以防范化解重大贸易风险，尤其是科技渗透催生的基于互联网的新型金融风险。

（3）结果显示全球木质林产品贸易网络是"点对点"的贸易模式，贸易双方的依赖性与脆弱性直接影响双边贸易关系。因此，像中国这类对外贸易依存高的国家，更应积极开展国与国之间的自由贸易谈判，减少贸易障碍，确保与木质林产品供给国、需求国之间的双边贸易关系。从供需大国的竞合关系来看，中国不仅要维护好与集团内部各经济体的贸易联系，也应积极连通集团内外部的贸易，实现林业资源在集团内外的有效配置，尤其是加强与俄罗斯、意大利、荷兰、芬兰等枢纽国的贸易往来。此外，资源型产品进口更应注意来源渠道的拓展，从全球配置资源角度出发，保持木材进口总体稳定，尤其是借助"一带一路"发展契机，加强与缅甸、泰国、罗马尼亚、波兰、俄罗斯等林业资源丰富国家的合作；加工型产品出口更应积极开展贸易转型发展，由依靠贸易数量向依靠贸易质量转变，由加工贸易向服务贸易转变，寻找林业资源禀赋好、林产工业发展滞后的国家作为对外投资主要对象国，以"走出去"带动机械设备出口，向资本密集型转变。

（4）从中国木质林产品供需安全来看，应注意维护与重点供需国关系，防范前 5 位贸易经济体的目标性中断，继续和加快实施多元化贸易战略，增强抵御目标性中断风险的能力。首先，从供给安全角度来说，中国应统筹国内外两个市场。一方面，通过进口木材、开发境外森林等途径解决国内木材供应短板问题；另一方面，也应积极加强国家储备林基地建设，提高国内木材供应能力。其次，从需求安全角度来说。一方面，应大力推进木材合法性认证体系的建设，加强对企业及相关工作人员的专业培训，形成应对合法性贸易要求的高效配套体系；另一方面，维持和提高中国木质林产品的国际竞争力，是不惧重点需求国要挟、威胁的根本途径。再其次，在追求木材供需安全的同时，也应促进中国木质林产品贸易以国际大循环为主体向以国内大循环为主体格局的转变。一方面，要注重国内市场的开拓，通过借鉴国外的先进实践与做法，加大木文化的宣传力度，加强对木材及木制品的宣传与形象管理，积极引导"以木代塑""以木代钢"，倡导绿色材料革命，展开学校、住宅等木建筑改革，从而改善母国市场效应发挥不足的现状；另一方面，要积极维护国内产业链与供应链安全，将创新型产业集群纳入国家级林业产业示范园区的评选考核范围，促使低成本型的木材产业集群由集群向创新型的木材产业集群转变，在此过程中，也应充分发挥地理邻近效应，注意与国内市场需求进行衔接。最后，还要统筹考虑木材来源问题，在习近平总书记的"两山理论"指导下，本着近自然森林经营理念，采取低影响采伐方式，增加木材生产所需的资本、技术、土地等生产要素的配置，兼顾生态安全与木材安全，真正做到"越采越多、越采越好"。

需要解释的是，本章将木质林产品作为整体进行分析。一方面，是由于中国既进口原木、锯材、木浆等资源型初级木质林产品，又出口木制家具、木制品、胶合板、纸制品等加工型木质林产品，这既受到各国森林资源禀赋水平与林产工业发展水平的影响，也受到直接贸易伙伴与间接贸易伙伴的影响，总体而言，是受全球木质林产品贸易网络的影响；另一方面，不同木质林产品之间具有产业链上的关联性，需保障原木、锯材等原材料进口，才能完成胶合板、木制家具等产品的出口，因此，在分析贸易格局时，进出口之间、产品之间做不到完全分离。当然，不可否认，整体分析木质林产品具有一定的不足，难以针对性地研究各类产品的贸易特征，不过，仍可以看出，中国木质林产品贸易在国际木质林产品贸易中占据重要地位，国际木质林产品贸易格局的改变也会影响中国木质林产品贸易。这在不同木质林产品的进口、出口贸易中也不例外，受本书篇幅所限，此处不再对本书中选取的原木、锯材、化学木浆、胶合板做分产品的贸易网络研究，而将这 4 类产品的贸易现状描述融合在各针对性研究的章节中。接下来，需进一步了解国际木质林产品价格波动的特征及未来变动趋势，以便做好防范应对工作。

3.5 本 章 小 结

本章以 1993 ~ 2018 年全球木质林产品贸易数据为依据，构建有向加权复杂网络模型，探究全球木质林产品贸易网络的演化特征及拓扑结构，揭示各供需大国的竞合关系，掌握中国在全球木质林产品贸易中的地位变化及供需安全。得到如下结论：

（1）1993 年以来，全球木质林产品贸易关系不断趋于复杂化，贸易网络的连通性整体上增强，表现出明显的小世界特性。1993 ~ 2018 年，林业资源不断在更加广阔的空间中进行再分配，从地理位置上讲，北美洲贸易地位下降，亚洲、大洋洲、南美洲贸易地位上升，欧洲仍然是木质林产品进出口贸易的重心。从各洲内部变动上讲，亚洲贸易格局变动最大，中国的贸易伙伴不断增加，贸易渠道不断拓宽，已经成为亚洲贸易的重心。中国与荷兰、法国、美国共同掌握着木质林产品贸易网络的信息与资源，是贸易网络的关键枢纽，起着重要的桥梁作用。全球木质林产品贸易网络实际上是一种"点对点"的贸易模式，供需各国间的依赖性与脆弱性直接反映了各经济主体对于林业资源的控制力，因此，维持与重要经济主体的贸易合作关系至关重要。

（2）各经济主体在木质林产品贸易中的路径依赖会形成贸易集团，金融危机之后，木质林产品贸易的区域集团化趋势增强，各经济主体倾向于通过形成贸易小团体来缓解金融危机，但各集团间也出现了交织与重叠的现象，表现出相互融合的迹象。具体而言，欧洲贸易集团与非洲贸易集团范围缩小，在全球木质林产品贸易网络中的地位下降，中国所在的贸易集团 3 与俄罗斯所在的贸易集团 4 范围扩大，贸易地位提升。目前，木质林产品贸易往来已经突破地理位置的限制，而亚太经济合作组织、中国—东盟自贸区、北美自贸区、欧盟等区域经济合作组织是贸易集团演化的重要原因。

（3）从供需大国的竞合关系来看，集团内部，中国、美国与加拿大，德国、意大利与法国，荷兰与比利时，荷兰与德国，比利时与法国，德国与波兰彼此为重要的贸易合作伙伴，中国与美国、巴西分别在日本、美国市场存在竞争，加拿大、美国与巴西在中国市场存在竞争，且德国、英国、意大利和法国市场是欧洲贸易集团里首要的争夺对象。集团外部，中国、俄罗斯、巴西、意大利、荷兰、美国、芬兰是联系集团内外部木质林产品贸易的枢纽。各国林产工业发展水平、森林资源禀赋水平及采取的贸易政策是该现象产生的重要原因。

（4）中国木质林产品的供给安全深受进口多样性、自由贸易协定、原木出口限制政策、贸易战等因素的影响，需求安全深受出口多样性、木材合法性贸易政策、贸易战等因素的影响。经过长久的努力，中国木质林产品供需安全性有所改善，但依然处于不够安全的状态，目标性中断带来的威胁较大，所幸，中国木质林产品强劲的国际竞争力，大大抵消了木材合法性贸易政策、中美贸易摩擦带来的需求风险。

第4章

国际木质林产品价格波动研究

上一章探讨了国际木质林产品贸易现状及中国贸易地位，可知，中国在国际贸易网络中的地位不断上升，发挥的作用也越来越强，已经成为全球木质林产品贸易网络的一个关键枢纽。根据《FAO 林产品年鉴（2019）》，2019 年全球木质林产品进出口贸易总额为 4991.38 亿美元，是世界重要的大宗国际贸易产品。中国木质林产品贸易额占比高达 11.06%，作为世界第一大原木、锯材、木浆进口国和第一大胶合板出口国，占世界比重分别高达 44.18%、25.55%、38.95% 和 32.11%，形成了对国际市场的高度依赖。世界木质林产品的供给与需求不仅深受世界木质林产品贸易格局的影响（高薇洋等，2019），也极易受到国际木质林产品价格波动的影响，过高的对外贸易依存度更是蕴藏着越来越大的风险（于豪谅等，2018）。经过长久的努力，在数量层面上中国木材供给安全和木质林产品出口贸易安全有所改善（王芳等，2021），但价格层面上的安全问题越来越突出，需要引起重视。例如，根据 International Monetary Fund Primary Commodity Price System 数据库数据，美国花旗松原木价格由 2008 年

1 月的 157.37 美元/立方米上涨至 2020 年 12 月的 219.67 美元/立方米,其价格波动变异系数达 11.03%。据 UN Comtrade 数据显示,2019 年中国原木进口价格比世界原木平均进口价格高出 20.56%,但中国胶合板出口价格却比世界胶合板平均出口价格低了 8.26%,可见,中国木质林产品贸易可能存在"买高卖低"现象,容易造成巨大的贸易损失。因此,有必要对国际木质林产品价格波动特征展开研究,揭示国际木质林产品价格波动特征和规律,预测价格走向以规避价格波动风险,这对于保障中国的贸易利益具有重要的现实意义。

2020 年,尽管中国提出了"双循环"发展战略,但这并不意味着不再重视国际经济循环(姚云,2020),并且结合中国木质林产品的贸易现实,基于国内木材资源稀缺的发展困境,仍需加强对国际木质林产品市场和贸易的研究(田明华,2021)。然而迄今为止,尚未见到有关于国际木质林产品价格波动特征及规律方面的研究,基于此,本章拟利用国际原木、锯材、化学木浆与胶合板价格的月度数据,构建 ARCH 族模型与 H-P 滤波模型,实证研究这 4 种木质林产品国际市场价格波动特征及规律,着重回答以下 3 个问题:这 4 种木质林产品国际市场价格波动具有怎样的特征?彼此之间具有怎样的相关关系?未来的价格变化是否可预测?

4.1 理论分析框架与研究方法

本章结合价格理论与经济周期理论,并且借鉴已有学者的研究成果,构建国际木质林产品价格波动特征的理论分析框架,具体包括价格波动特征的五大构成要素,即集聚性与持续性、风险报酬性、非对称性、动态相关性、周期性,以及相应的实证分析方法,即 ARCH 族模型与 H-P 滤波模型。在此基础上,详细介绍 ARCH 族模型与 H-P 滤波模型的应用步骤。

4.1.1 理论分析框架

价格理论是微观经济学的核心内容,商品价格是其内在价值在市场供需关系、商品生产成本、国际经济政策等综合因素作用下的价值反应,当上述因素发生改变时，价格便会偏离一般均衡状态，出现上下波动的现象（朱海燕，2015）。正如本书第2.1.2小节中所述，价格波动也可以看作是价格从一种均衡状态向另一种均衡状态不断过渡的过程，在市场经济体制下，价格波动是正常的也是不可避免的现象（王倩倩，2020）。近年来，学者们更加重视国际大宗商品价格波动特征的研究，其构成要素具体包括以下五个方面：第一，集聚性与持续性，即价格大波动后会跟随大波动，小波动后会跟随小波动，并持续一段时间，且高波动率与低波动率会交替出现（夏冰，2015；潘正等，2021）；第二，风险报酬性，即高风险高回报属性，当商品市场波动风险加剧时，商品价格也会随之升高，以与高风险相匹配（田文勇和姚琦馥，2019）；第三，非对称性，即利好消息与利空消息对商品市场价格波动的冲击程度不同，若利空消息的影响更大，市场反应更加灵敏，则还会具有"杠杆效应"（张瑛和杜文婷，2020）；第四，动态相关性，如果不同商品之间存在生产环节上的关联，或者彼此之间是互补品、替代品等关系，则一种商品价格的变化会引起其他商品价格发生改变，即相关联的不同商品的市场价格之间具有联动性，且彼此之间的相关系数是动态变化的（白宇航和张立中，2020）；第五，周期性，即商品价格的上涨与下跌具有一定的周期，将长期趋势项剔除后，价格波动呈现出来的"波谷—波峰—波谷"的循环状态（李苏和宝哲，2020）。

传统计量经济学假定各时间序列的方差是不变的，这与现实不符，而ARCH模型可以很好地解决这一问题，从而准确刻画时间序列波动轨迹，预测未来变动趋势（Engle，1982）。随后，有学者在ARCH模型的基础上，增加了条件方差的自回归部分，构建了GARCH模型（Bollerslev，1986），这既减少了待估参数的数量，也使得对未来条件方差的预测更加准确。后来，王朋吾（2017）发现将GARCH模型简化为GARCH（1，1）模型，既不会降低模型的精准度，同时也能很好地测度价格波动的集聚性与持续性特征。在GARCH模型的基础上，学者们不断进行拓展，有学者将收益率与期望风险联系起来，把风险波动纳入条件均值方程，条件方差方程保持不变，便形成了GARCH-M模型，用于分析价格波动的风险报酬性（Engle et al.，1987）。有学者把一个示性函数引入条件方差方程中区分扰动项大小的影响，而不改变条件均值方程，便形成了T-GARCH模型，用于分析价格波动的非对称性（Glosten et al.，1993）。有学者将单变量GARCH模型推广到多变量GARCH

模型,并将常条件相关假设放宽至动态条件相关假设,其条件相关系数取决于标准正态分布转化后扰动项的几何加权平均,会随时间变动,从而形成DCC-GARCH 模型,用于刻画多个经济变量时间序列间的动态相关关系(Engle,2002)。由于以上模型均是基于 ARCH 模型拓展而来,故此,均称为ARCH 族模型。此外,学者们提出了一种研究经济趋势及波动周期的重要方法,即 H-P 滤波模型,通过设计一个类似的高通滤波器,将较高频率的成分与较低频率的成分剥离,从而将给定的时间序列分解为变化相对稳定的趋势分量与周期波动分量,该方法可以很好地分析价格波动的周期性特征(Hodrick & Prescott,1997)。

综上所述,针对国际大宗商品价格波动特征研究,借鉴已形成的基本分析要素构成和研究方法,构建本章研究的分析框架,如图4.1 所示。

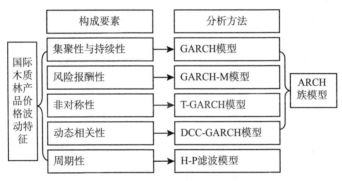

图 4.1 国际木质林产品价格波动特征分析框架

4.1.2 研究方法

基于上述分析框架,对 ARCH 族模型及 H-P 滤波模型的具体表达式进行详细介绍,过程如下:

ARCH 模型由两个部分组成,一个是条件均值方程,另一个是条件方差方程,具体表达式见式(4 - 1)和式(4 - 2)。

$$Y_t = X_t \beta + \varepsilon_t \tag{4-1}$$

$$\sigma_t^2 = \alpha_0 + \alpha_1 \varepsilon_{t-1}^2 + \cdots + \alpha_p \varepsilon_{t-p}^2 \tag{4-2}$$

式(4 - 1)即条件均值方程,Y_t 即因变量,X_t 即自变量,β 是待估参数，ε_t 是扰动项，表示不可预见的冲击。式（4－2）为条件方差方程，σ_t^2 为条件方差，ε_{t-1}^2 为上一期扰动项的平方，ε_{t-p}^2 为滞后 p 期扰动项的平方，α_0、α_1、α_p 均为待估参数。

在 GARCH 模型中（Bollerslev，1986），条件均值方程保持不变，条件方差方程见式（4－3）。

$$\sigma_t^2 = \alpha_0 + \alpha_1 \varepsilon_{t-1}^2 + \cdots + \alpha_p \varepsilon_{t-p}^2 + \gamma_1 \sigma_{t-1}^2 + \cdots + \gamma_q \sigma_{t-q}^2 \qquad (4-3)$$

式（4－3）为 GARCH（q，p）模型，σ_{t-1}^2 为条件方差的一阶自回归，σ_{t-q}^2 为条件方差的 q 阶自回归，γ_1 与 γ_q 均为待估参数。简化后的 GARCH（q，p）模型，即 GARCH（1，1）模型，如式（4－4）所示。

$$\sigma_t^2 = \alpha_0 + \alpha_1 \varepsilon_{t-1}^2 + \gamma_1 \sigma_{t-1}^2 \qquad (4-4)$$

式（4－4）中 α_0、α_1 与 γ_1 均为非负数，α_1 越大，表示上一期扰动项的平方对条件方差的影响越大，γ_1 越大，表示影响的持久性越好，若 $\alpha_1 + \gamma_1 < 1$，说明扰动项为平稳过程，冲击的影响会逐渐消失，若 $\alpha_1 + \gamma_1 > 1$，说明冲击的影响会继续扩散。

在 GARCH-M 模型中（Engle et al.，1987），将度量期望风险的 GARCH 项添加到了条件均值方程中，即把式（4－1）改写为：

$$Y_t = X_t \beta + \delta \sigma_t^2 + \varepsilon_t \qquad (4-5)$$

式（4－5）中，δ 为风险溢价系数，反映 σ_t^2 对 Y_t 的影响程度，若 $\delta > 0$，说明随着期望风险的增加，投资者会要求有更高的收益率，结合国际木质林产品价格波动而言，波动加剧意味着风险升高，此时，国际木质林产品价格会随之上涨。

在 T-GARCH 模型中（Glosten et al.，1993），是将式（4－4）改写为：

$$\sigma_t^2 = \alpha_0 + \alpha_1 \varepsilon_{t-1}^2 + \varphi_1 \varepsilon_{t-1}^2 I(\varepsilon_{t-1} > 0) + \gamma_1 \sigma_{t-1}^2 \qquad (4-6)$$

式（4－6）中，φ_1 为待估参数，$I(\cdot)$ 为示性函数，当 $\varepsilon_{t-1} > 0$ 时，$I(\cdot) = 0$，冲击程度为 α_1；当 $\varepsilon_{t-1} < 0$ 时，$I(\cdot) = 1$，冲击影响程度为 $\alpha_1 + \varphi_1$。可见，当 $\varphi_1 > 0$ 且显著时，利空消息的冲击影响程度大于利好消息，存在"杠杆效应"；当 $\varphi_1 < 0$ 且显著时，利空消息的冲击影响程度小于利好消息；当 $\varphi_1 = 0$ 且显著时，表示利空消息的冲击与利好消息的冲击是相等的，即条件方差对冲击的反映是对称的。

有学者将单变量的 GARCH 模型推广到多变量的 GARCH 模型，提出了 DCC-GARCH 模型（Engle，2002），如式（4－7）所示。

$$\rho_{ij,t} = \frac{\sum_{s=1}^{t-1} \lambda^s \tilde{\varepsilon}_{i,t-s} \tilde{\varepsilon}_{j,t-s}}{\sqrt{\left(\sum_{s=1}^{t-1} \lambda^s \tilde{\varepsilon}_{i,t-s}^2\right)\left(\sum_{s=1}^{t-1} \lambda^s \tilde{\varepsilon}_{j,t-s}^2\right)}} \qquad (4-7)$$

式（4-7）中，$\rho_{ij,t}$ 是变量 i 与 j 在 t 时期的条件相关系数；λ^s 是几何权重，距离时期 t 越远，权重几何级数越小；$\tilde{\varepsilon}_{i,t-s}$ 与 $\tilde{\varepsilon}_{j,t-s}$ 均为标准化扰动项，方差标准化为 1。条件相关系数矩阵 R_t 的动态过程具体表示为：

$$R_t = diag(Q_t)^{-1/2} Q_t diag(Q_t)^{-1/2} \qquad (4-8)$$

$$Q_t = (1 - \lambda_1 - \lambda_2)\bar{Q} + \lambda_1 \tilde{\varepsilon}_{t-1} \tilde{\varepsilon}_{t-1}' + \lambda_2 Q_{t-1} \qquad (4-9)$$

式（4-9）中，Q_t 表示条件的协方差矩阵；λ_1 与 λ_2 均为系数矩阵，决定了动态过程；$\bar{Q}$ 表示无条件的协方差矩阵；$\tilde{\varepsilon}_{t-1}$ 与 $\tilde{\varepsilon}_{t-1}'$ 均为向量标准化残差（王胜和赵春晨，2020）。

另外，H-P 滤波模型具体如式（4-10）所示。

$$Price_t = Trend_t + Cycle_t, \quad (t = 1, 2, 3, \cdots, T) \qquad (4-10)$$

式（4-10）中，$Price_t$ 为经济时间序列（分别代表国际原木、锯材、胶合板、化学木浆价格 4 个序列），$Trend_t$ 为趋势成分，$Cycle_t$ 为周期波动成分。

4.2 基于 ARCH 族模型的价格波动特征分析

4.2.1 数据来源与描述性统计

目前，关于国际木质林产品贸易的统计数据库主要有 UN Comtrade 数据库、FAO 数据库、EPS 数据库等，但均存在大量国家月度贸易量数据缺失的问题，无法按照贸易额/贸易量的方式计算月度贸易价格。而国际上对于木质林产品价格数据的统计也十分有限，本章利用能找到的所有数据资料，尽可能科学地构建价格指标：

（1）国际原木价格（1980 年 1 月～2020 年 12 月），采用东南亚柳桉木、非洲沙比利木与美国花旗松的月度平均价格，单位为美元/立方米，记为 lp。其中，东南亚柳桉木与非洲沙比利木是阔叶材，美国花旗松是针叶材，三者均是重要的国际原木交易树种，且东南亚、非洲、美国也是世界上主要的原木生产与供应地区，因此，三者的平均价格能很好地代表国际原木价格。

（2）国际锯材价格（1995 年 1 月 ~ 2020 年 12 月），与国际原木价格类似，同样采用东南亚柳桉木、非洲沙比利木与美国花旗松的月度平均价格，单位为美元/立方米，记为 sp。

（3）国际化学木浆价格（1979 年 1 月 ~ 2014 年 6 月，之后数据库不再统计），采用瑞典硫酸盐木浆的月度价格，单位为美元/吨，记为 wp。国际化学木浆贸易虽然包括硫酸盐木浆与亚硫酸盐木浆两类，但国际硫酸盐木浆贸易占比高达 98.90%，且瑞典是国际硫酸盐木浆的主要出口国之一，1979 ~ 2014 年，其排名一直稳定在世界前 6 位。因此，瑞典硫酸盐木浆价格具有一定代表性。

（4）国际胶合板价格（1979 年 1 月 ~ 2020 年 12 月），国际上仅有一种胶合板月度价格统计，即非洲及东南亚柳桉木胶合板的月度价格，单位为美分/板，记为 pp。除中国外，印度尼西亚、马来西亚、越南等东南亚国家也是世界胶合板出口大国，以 2019 年为例，排名均位于世界前 5 位，因此，其价格具有一定的代表性。

以上数据均来自 International Monetary Fund Primary Commodity Price System 数据库与 World Bank Commodity Price Data（The Pink Sheet）数据库。为保证数据质量，使不同季节的数据具有可比性，本章借鉴李少雄和李本光（2018）的做法，利用 X-12-ARIMA 对月度数据展开季节调整，以消除季节性因素带来的影响。X-12-ARIMA 是对 X-11 方法的改进，其基本思想是：在对原序列进行前推、后推与数据补充的基础上，通过多次移动平均对序列进行分解，并对极端值进行自动调整，以得到每一步都更为准确的结果。可见，该方法对原序列的处理更加完善，尤其是针对各种离群值的检验与调整更加准确，且估算并抹掉了日历因素带来的影响，对季节成分与趋势成分的剥离相对彻底，是目前最权威的季节调整方法。假设原序列包含季节性影响，需要进行季节调整，借助 EViews 软件执行季节调整后，系统会自动给出诊断分析结果，并且加权计算出一个综合指标，即 Q 值，来评价季节调整是否有效。当 $Q > 1$ 时，表示原序列的季节性影响不显著，季节调整后的效果较差，应拒绝原假设，使用原序列进行后续分析；反之，当 $Q < 1$ 时，表示原序列

的季节性影响显著，季节调整后的效果较好，应接受原假设，使用季节调整后的序列进行后续分析。由季节调整结果（见表 4.1）可知，国际锯材、化学木浆、胶合板价格需要进行季节调整，而国际原木价格无须进行季节调整。在此基础上，对各变量展开描述性统计分析，由于单位不同，所以均值不具有可比性，但从标准差来看，国际化学木浆价格的波动程度最高，其次为国际锯材价格、国际胶合板价格、国际原木价格。

表 4.1 国际原木、锯材、化学木浆、胶合板价格的季节
调整结果与描述性统计分析

变量	Q 值	结果	样本数（个）	均值	标准差	最小值	最大值
lp	1.04	无须季节调整	492	233.62	66.96	100.52	379.93
sp	0.88	季节调整后	312	558.18	88.24	394.15	768.98
wp	0.79	季节调整后	426	622.66	152.32	375.45	930.52
pp	0.77	季节调整后	504	447.05	130.87	196.80	751.81

4.2.2 模型识别与诊断性检验

4.2.2.1 数据平稳性检验

由于在 ARCH 族模型中条件均值方程的因变量（Y_t）为价格收益率，因此，按照模型设定需要，对各变量进行对数差分化处理，分别记为 dlnlp、dlnsp、dlnwp、dlnpp，也就不用将价格转换为不变价（吴彩容和罗锋，2016）。最常用的单位根检验方法为 ADF（augmented dickey-fuller）检验，其基本思想是：通过蒙特卡罗模拟得到 ADF 检验值的临界值，判断 ADF 检验值是否处于拒绝域，能否拒绝序列存在单位根的原假设（H_0）。具体而言，若 ADF 检验值＞临界值，则 H_0 不能被拒绝，说明序列非平稳；若 ADF 检验值＜临界值，则 H_0 被拒绝，说明序列平稳。经过检验（见表 4.2），各序列在 1% 的显著性水平下均拒绝 H_0，说明各序列均平稳。

表 4.2 各变量的 ADF 检验结果

变量	ADF 检验值	1% 临界值	5% 临界值	10% 临界值	平稳性
dlnlp	− 13.05 ***	− 3.44	− 2.87	− 2.57	平稳
dlnsp	− 8.94 ***	− 3.46	− 2.88	− 2.57	平稳
dlnwp	− 5.21 ***	− 3.45	− 2.87	− 2.57	平稳
dlnpp	− 8.40 ***	− 3.44	− 2.87	− 2.57	平稳

注：dln 表示对数差分后的形式；*** 、** 、* 分别表示 1% 、5% 、10% 的显著性水平。

4.2.2.2 ARCH 效应检验

在模型构建之前，需对模型进行识别，检验数据是否具备构建 ARCH 族模型的基本特征，是否具有 ARCH 效应，以保证模型构建的准确性和客观性。由表 4.3 可知，国际原木、锯材、化学木浆、胶合板价格的偏度均不为 0，分布具有不对称性，其中，国际原木价格、国际锯材价格与国际胶合板价格的偏度值均大于 0，呈现出右偏分布，有较长的右尾；国际化学木浆价格的偏度值小于 0，呈现出左偏分布，有较长的左尾；并且，4 种国际木质林产品价格的峰度值均大于 3，呈现出"尖峰"特性，不满足标准正态分布。Jarque-Bera 统计量检验结果表明 4 种国际木质林产品价格在 1% 的显著性水平下均拒绝变量服从标准正态分布的原假设，综上所述，具备构建 ARCH 族模型的基础特征。此外，在 ARCH 效应的拉格朗日乘数检验（Lagrange Multiplier test）中，F 统计量与 $n\mathrm{R}^2$ 统计量的值皆在 1% 的水平下显著，二者的检验结果均反映，在 1% 的显著性水平下，4 种国际木质林产品价格均拒绝了残差序列中不存在 ARCH 效应的原假设，即存在 ARCH 效应。

表 4.3 国际原木、锯材、化学木浆、胶合板价格的 ARCH 效应检验结果

变量	偏度	峰度	Jarque-Bera 统计量	F 统计量	$n\mathrm{R}^2$ 统计量
dlnlp	0.23	6.30	226.20 ***	34.32 ***	32.15 ***
dlnsp	0.13	4.45	27.69 ***	6.93 ***	6.82 ***
dlnwp	− 0.83	6.11	220.40 ***	47.64 ***	42.89 ***
dlnpp	0.41	6.44	260.20 ***	35.00 ***	32.77 ***

注：dln 表示对数差分后的形式；*** 、** 、* 分别表示 1% 、5% 、10% 的显著性水平。

4.2.3 估计结果与分析

4.2.3.1 GARCH 模型、GARCH-M 模型、T-GARCH 模型结果分析

由 GARCH 模型结果分析可知（见表 4.4），α_1 与 γ_1 均在 1% 的水平下显著，表明 4 种木质林产品价格均具有波动集聚性特征。其中，α_1 由大到小依次为 0.13（锯材）、0.12（化学木浆）、0.08（原木）、0.04（胶合板），表明锯材价格波动对冲击的反应最为迅速，其次为化学木浆与原木，胶合板的反应最为迟缓；γ_1 由大到小依次为 0.95（胶合板）、0.91（原木）、0.85（化学木浆）、0.78（锯材），表明胶合板对冲击的持久性最长，其次为原木与化学木浆，锯材最短。总体来讲，若价格波动对冲击的反应越大，则对冲击的持久性越差；反之，若价格波动对冲击的反应越小，则对冲击的持久性越好。α_1 与 γ_1 的和由大到小依次为 0.99（胶合板）、0.99（原木）、0.97（化学木浆）、0.91（锯材），均小于 1 且接近于 1，符合回归模型参数约束条件，也说明了价格的波动冲击效应在持续较长一段时间之后会慢慢消失。

表 4.4　**国际原木、锯材、化学木浆、胶合板价格的 GARCH 模型、**
GARCH-M 模型、T-GARCH 模型参数估计结果

变量	GARCH 模型		GARCH-M 模型	T-GARCH 模型
	条件方差方程		条件均值方程	条件方差方程
	α_1	γ_1	δ	φ_1
dln*lp*	0.08 ***	0.91 ***	7.05 *	0.07 ***
dln*sp*	0.13 ***	0.78 ***	- 3.13	0.05 **
dln*wp*	0.12 ***	0.85 ***	0.04	- 0.41 **
dln*pp*	0.04 ***	0.95 ***	1.67 ***	0.06 ***

注：dln 表示对数差分后的形式；*** 、** 、* 分别表示 1% 、5% 、10% 的显著性水平。

由 GARCH-M 模型结果分析可知（见表 4.4），国际原木、胶合板价格的风险溢价系数 δ 显著，说明这两种产品的国际价格波动对收益率的影响明显，

具备高风险高收益特征，即存在风险报酬。当价格波动变大、市场风险增高时，市场价格会随之抬高。因此，在价格波动剧烈时，应注意预防由于国际原木价格上涨导致的进口成本升高等问题，当然，也可借国际胶合板价格上涨之机增加出口，获得更高利润，从另一个角度来讲，国际原木、胶合板价格的上涨有一部分是由国际市场剧烈波动带来的高风险所致（王倩倩，2020）。

由 T-GARCH 模型结果分析可知（见表 4.4），4 种木质林产品价格序列的参数 φ_1 均显著，说明其价格波动存在非对称效应，且不同木质林产品市场对利好消息和利空消息的反馈不同。其中，国际原木、锯材、胶合板价格序列的参数 φ_1 大于 0，表明利空消息对国际原木、锯材、胶合板市场的冲击明显大于利好消息，即价格下跌引发的波动更大，具有"杠杆效应"；国际化学木浆价格序列的参数 φ_1 小于 0，表明利好消息对国际化学木浆市场的冲击明显大于利空消息，即价格上涨引发的波动更大。这与产品属性、供给与需求价格弹性、市场交易主体的心理预期等密切相关。

就原木、锯材而言，属于资源密集型产品，当市场放出利好消息时，一方面，受林地面积有限、生长周期长、各国贸易保护政策等因素影响，生产者对价格上涨的反应较弱，产品的供给弹性较小，因此，对市场供给的冲击有限。另一方面，原木、锯材作为消费非必需品，利用企业会寻求其他替代原料，使市场上的需求下降，或者消费者本身就对原木、锯材价格会上涨有心理预期，并不会对利好消息产生大的反应，因此，对市场需求的冲击有限。所以，价格会趋于稳定，并不会持续上涨。相反，当市场放出利空消息时，一方面，市场中供给主体无法准确预测未来价格走势，这种不确定性会促使供给者短期内提前出售现有存货，即"遇跌势而卖"，使市场中供给增加，从而加剧国际原木、锯材价格的下跌，并且库存水平的减少也会降低市场抵御外部冲击和保持价格稳定的能力，因此，对市场供给的冲击较大。另一方面，市场中的消费者会持观望态度，等待价格的继续下跌，即习惯了"买涨不买跌"，因此，需求会有所下降，从而导致价格的进一步下跌。

就化学木浆而言，属于资本技术密集型产品，当市场放出利好消息时，一方面，由于经营规模难以在短时期内发生改变，产品的供给弹性小，对市场的供给冲击有限。另一方面，化学木浆是牛皮纸、包装纸、印刷纸、书写纸、胶版纸、面巾纸、食品纸板等产品的重要原料，大部分是日常生活必需用品，可替代性差，因此，消费者会追涨，市场需求增加，从而引起价格继续上涨。相反，当市场放出利空消息时，若市场中供给主体在短时期内缩减产量，就会加大沉没成本，并不会引起供给减少，加上市场上的需求量稳定，消费者甚至可能会借机囤货，所以价格并不会持续下跌。

就胶合板而言，属于劳动力密集型产品，当市场放出利好消息时，生产者可以快速调整生产规模，扩大生产，增加供给，但与原木、锯材等原料型产品不同，胶合板的可替代性更强，消费者对于价格上涨的反应也更敏感，会使市场上的需求缩减，所以，在供给增加与消费减少的综合作用下，价格会趋于稳定。当市场放出利空消息时，作用机制与原木、锯材类似。

就中国而言，在原木、锯材进口贸易中，虽然价格上涨会带来不利影响，但上涨持续期不会太长，不必过度恐慌，反而应利用好价格下跌的"杠杆效应"，在预测利空消息发生前及时停止进口，在利空消息发生后增加进口量。在化学木浆进口贸易中，很难利用价格下跌减损，更应注意在每一次价格上涨的初期适当增加进口，以减少价格持续上涨带来的贸易损失。在胶合板出口贸易中，价格上涨只会使我国短暂地获得更高利润，但价格下跌的"杠杆效应"会造成较大的贸易损失，应降低产品的可替代性，增强抵御价格风险的能力。

基于上述研究结果，对 4 种木质林产品价格进行预测是有效的。为保证预测的准确性与继续性，本章采取按月滚动预测的方式，将每月的实际价格逐期代入模型进行调整，使预测时期连续滚动向前推移。国际原木价格预测序列图如图 4.2 所示，可见，模型的拟合效果良好，均处于 95% 的置信区间内，且拟合值与真实值基本一致。此外，模型预测具有一定的滞后性，大约滞后一期，即拟合值与上一期的真实值更为接近，因此，基于本月的实际价格去预测下一月的拟合价格是可信的。根据模型预测，2021 年 1 月国际原木价格为 310.99 美元/立方米。国际锯材、化学木浆、胶合板价格预测分析与此类似，结果分别如图 4.3、图 4.4、图 4.5 所示，2021 年 1 月国际锯材、胶合板的预测价格分别为 575.76 美元/立方米、526.20 美分/板。

（a）真实值、拟合值与残差值

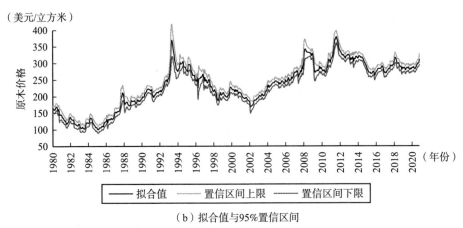

（b）拟合值与95%置信区间

图4.2　国际原木价格预测序列

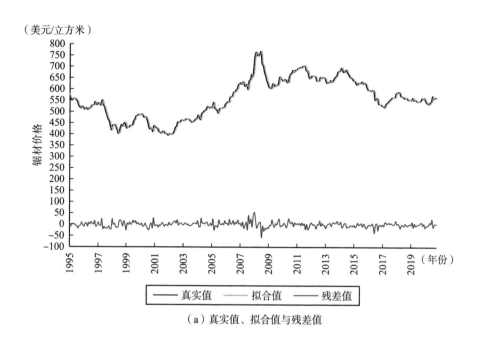

（a）真实值、拟合值与残差值

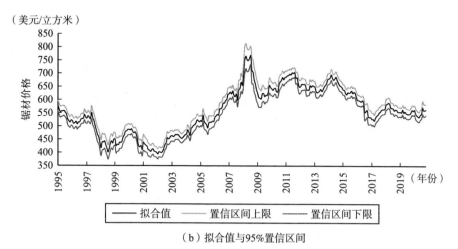

（b）拟合值与95%置信区间

图 4.3　国际锯材价格预测序列

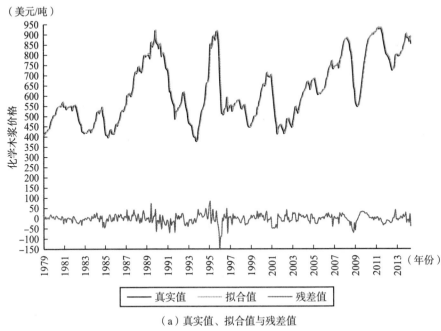

（a）真实值、拟合值与残差值

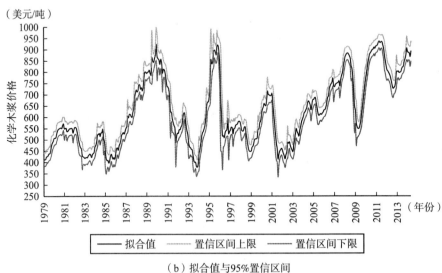

（b）拟合值与95%置信区间

图4.4　国际化学木浆价格预测序列

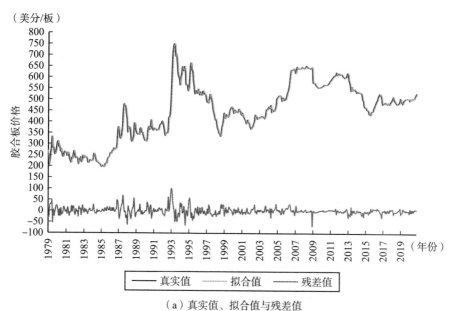

（a）真实值、拟合值与残差值

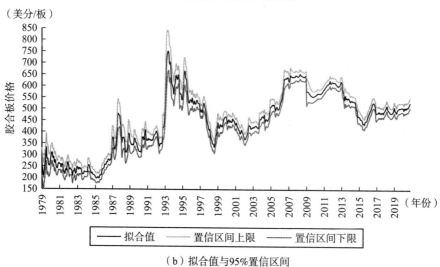

（b）拟合值与95%置信区间

图4.5 国际胶合板价格预测序列

4.2.3.2　DCC-GARCH 模型结果分析

由表 4.5 可知，国际原木与国际锯材、国际原木与国际胶合板、国际锯材与国际化学木浆、国际锯材与国际胶合板价格之间的动态相关系数分别在 1%、1%、10% 与 5% 的水平下显著为正，表明彼此之间呈现出正相关关系，具有相同的变化趋势。此外，模型回归中的参数 λ_1 为 0.05，λ_2 为 0.82，二者之和为 0.87，小于 1 并接近于 1，不仅说明模型整体上平稳，也说明序列之间的动态相关程度具有很强的持续性（刘建和等，2020）。

表 4.5　　国际原木、锯材、化学木浆、胶合板价格动态相关系数矩阵

变量	dlnlp	dlnsp	dlnwp	dlnpp
dlnlp	1.00 ***			
dlnsp	0.37 ***	1.00 ***		
dlnwp	0.12	0.18 *	1.00 ***	
dlnpp	0.28 ***	0.20 **	0.06	1.00 ***

注：dln 表示对数差分后的形式；***、**、* 分别表示 1%、5%、10% 的显著性水平。

图 4.6 直观显示了 4 种木质林产品国际价格序列之间的动态相关关系，可见，彼此之间的相关性并不是固定不变的，而是呈现出波动起伏的变化态势，一种产品价格的波动会引起相关市场产品的价格波动。其中，国际原木与国际锯材、国际原木与国际胶合板、国际锯材与国际胶合板、国际锯材与国际化学木浆价格之间的动态相关系数取值范围分别是 [-0.01, 0.58]、[0.04, 0.44]、[-0.08, 0.49]、[-0.20, 0.35]，从均值意义上看，以上对应动态相关系数的均值分别为 0.35、0.30、0.21、0.10，相关性整体上由强到弱，与表 4.5 结果一致。这主要是由产品性质及生产过程所决定的，原木是最为基础的原材料，可进一步加工成锯材或胶合板，其中，锯材是原木的初级加工品，因此，国际原木与锯材价格之间的相关性最高；而在原木中，只有造纸用原木才是化学木浆的原材料，与锯材所用原料不同，加工方向也不同，因此，国际锯材与化学木浆价格之间的相关性最低。从标准差意义上看，以上对应动态相关系数的标准差分别为 0.08、0.08、0.11、0.09，整体上波动平稳，相比较而言，国际锯材与国际胶合板价格之间的相关系数波动

最大，主要原因是，从产品使用角度来讲，锯材与胶合板互为替代品，当国际锯材价格上涨时，国际市场需求下降，对于胶合板的需求上升，从而引致国际胶合板价格上涨，因此，二者价格同方向变动，也最不稳定。该结论符合经济学原理，也进一步证实了本章研究模型设定的合理性与准确性。

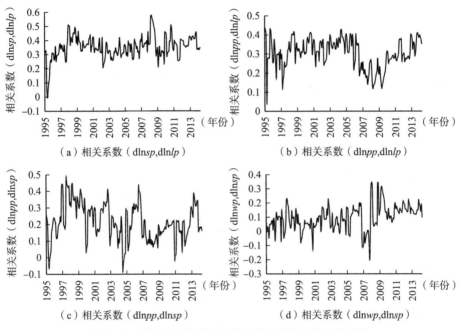

图 4.6　国际木质林产品价格序列之间的动态相关系数

注：通过 Stata 软件计算所得。

4.3　基于 H-P 滤波模型的价格波动特征分析

H-P 滤波模型最初被学者用于研究美国战后经济形势，随后在分析宏观经济状况时被广泛应用（花俊国，2014；邹绍辉等，2019），需要的数据样本量较少，可将某一时间序列中的趋势成分和周期成分剥离出来进行针对性分析，适用于本节研究所需。本节使用到的数据与上一节保持一致，不再另行描述。

4.3.1 趋势分析

根据图4.7至图4.10可知，4种木质林产品国际价格整体上均呈现出波动上涨趋势，其中，国际原木、国际锯材、国际胶合板价格的波动趋势基本一致。

（美元/立方米）

图4.7 国际原木价格周期划分

（美元/立方米）

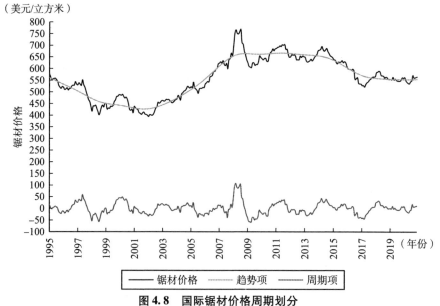

图4.8 国际锯材价格周期划分

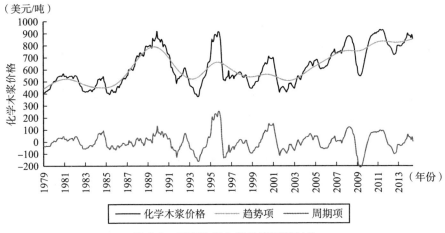

图 4.9 国际化学木浆价格周期划分

图 4.10 国际胶合板价格周期划分

以国际原木价格为例，可以将其划分为以下六个阶段：

（1）1980～1984 年，价格下跌。这主要是由于美国、日本等发达国家建筑业发展不景气，住宅开发水平较低，市场需求不足，加上集成材等木质素材的普及与立木价格的下降，都使得国际原木价格下跌。

（2）1985～1994 年，价格上涨，且涨幅剧烈。该阶段，一方面，林业逐渐走出粗放型发展模式，走向高度集约化经营，生产费用与立木价格都相应提升；另一方面，发达国家为加强森林资源管理与水资源管理，不断提高森林育林费用。

（3）1995～2002年，价格下跌。这主要是由于美联储接连5次抬高贷款利息来控制建材价格的通胀，促使楼房建筑市场不断降温，进而也影响了木材市场，使得价格下跌，此外，在应对全球变暖与保护生态环境的大背景下，发展人工林已经成为各国发展的重大战略，这也对原木的市场价格造成冲击。

（4）2003～2012年，价格上涨。这主要是由于：第一，在国内环境保护压力下，非洲和东南亚国家陆续实施限制木材出口的政策，以保护本国的森林资源，减少了在国际市场的木材供应；第二，美元的长期贬值，使得欧洲、加拿大、新西兰等林木生产与出口大国的货币相对升值，损害了这些国家生产企业的利润，于是，它们纷纷采取降低国际市场木材供给量、提高木材出口价格等措施来应对这种不利的贸易条件；第三，国际贸易的日益增长对海运的需求大幅增加，加上港口设施不足，世界性燃油价格上涨等因素的影响，海运价格暴涨；第四，中国、日本等木材需求的不断上涨，也拉升了国际木材市场价格。

（5）2013～2016年，价格小幅下跌。该阶段，世界经济整体处于中低速增长状态，发达国家市场不断萎缩，对木材的需求减少，并且，随着各国工业技术水平的提升，木材加工成本也有所下降。

（6）2017年至今，价格相对稳定，略有上升。可见，国际原木价格上涨的时间跨度与幅度均大于价格下跌，按照目前的变动趋势，国际原木价格将进入下一个增长阶段，当然，原木价格的上涨也将直接影响到下游锯材、胶合板等产品的生产成本，带动其价格上涨。

但是，国际化学木浆价格的变动趋势略有不同，2002～2014年，一直保持上涨趋势，且涨幅明显，这主要是由于各国对化学木浆的消耗量大，导致市场需求不断增加。据FAO数据库统计，世界化学木浆进口量已由2002年的3568万吨，增长至4897万吨，尤其是中国持续的化学木浆紧缺，使得其价格不断提高，且化学木浆的价格不仅受到木材等原材料价格的影响，还受下游纸浆与纸行业市场需求、资本投入等因素影响（张巧，2020）。

4.3.2 周期分析

采用"波谷—波谷"的方法对国际木质林产品价格波动的周期性特征进行分析，以国际原木价格为例，可以将其划分为 13 个完整周期和 2 个不完整周期，每个周期波动特征不同，具体如表 4.6 所示。可知，第 2、第 5、第 7、第 8、第 9、第 12 周期表现为陡升缓降和深度收缩的特征，第 3、第 6、第 10、第 11、第 14 周期表现为陡升缓降和深度扩张的特征，第 4、第 13 周期表现为缓升陡降和深度扩张的特征。总体来讲，整个样本区间内，国际原木价格波动周期以陡升缓降特征为主，深度扩张特征略多于深度收缩特征，说明价格往上走的时间较短，往下走的时间较长，并且在大多数波动周期内，最高价到均值的垂直距离比最低价格到均值的距离长，这也解释了为什么有时候感觉国际原木价格下跌了，但实际上价格总体在上涨。目前，国际原木价格正处于新一轮周期的上升阶段，未来仍有继续上升的趋势。

表 4.6　　　　　　　　国际原木价格波动周期的非对称性

周期	区间	波长（月）	最小值（美元/立方米）	最大值（美元/立方米）	平均值（美元/立方米）	表现出的周期波动特征
1	1980 年 1 月 ~ 1981 年 7 月	不完整周期，主要为上一轮周期的下降阶段				
2	1981 年 8 月 ~ 1983 年 4 月	21	−15.23	11.99	−1.33	陡升缓降、深度收缩
3	1983 年 5 月 ~ 1985 年 3 月	23	−15.00	22.76	0.19	陡升缓降、深度扩张
4	1985 年 4 月 ~ 1989 年 5 月	50	−12.72	43.32	0.50	缓升陡降、深度扩张
5	1989 年 6 月 ~ 1992 年 3 月	34	−28.12	14.49	−5.68	陡升缓降、深度收缩

续表

周期	区间	波长（月）	最小值（美元/立方米）	最大值（美元/立方米）	平均值（美元/立方米）	表现出的周期波动特征
6	1992 年 4 月 ~ 1996 年 4 月	49	−36.68	90.45	2.90	陡升缓降、深度扩张
7	1996 年 5 月 ~ 1998 年 7 月	27	−29.69	17.96	−1.00	陡升缓降、深度收缩
8	1998 年 8 月 ~ 2002 年 2 月	43	−26.26	21.11	1.84	陡升缓降、深度收缩
9	2002 年 3 月 ~ 2007 年 6 月	64	−24.34	15.22	−2.51	陡升缓降、深度收缩
10	2007 年 7 月 ~ 2010 年 6 月	36	−37.97	47.71	−0.97	陡升缓降、深度扩张
11	2010 年 7 月 ~ 2013 年 7 月	65	−26.10	54.82	1.66	陡升缓降、深度扩张
12	2013 年 8 月 ~ 2015 年 11 月	28	−20.36	15.52	−1.69	陡升缓降、深度收缩
13	2015 年 12 月 ~ 2017 年 2 月	15	−14.16	9.13	−2.98	缓升陡降、深度扩张
14	2017 年 3 月 ~ 2019 年 4 月	26	−9.38	28.22	4.15	陡升缓降、深度扩张
15	2019 年 5 月 ~ 2020 年 12 月	不完整周期，新一轮周期的上升阶段				

注：根据 EViews 软件计算结果整理所得。

　　国际锯材、化学木浆、胶合板价格波动周期的分析与此类似，波动周期分别以陡升缓降和深度收缩特征、缓升陡降特征、陡升缓降和深度收缩特征为主，且均处于新一轮周期的上升阶段，结果如表 4.7 至表 4.9 所示。相比之下，2000 年以后，国际胶合板价格波动幅度最小，峰值与谷值趋于稳定，表明国际胶合板市场更为成熟。

表 4.7 国际锯材价格波动周期的非对称性

周期	区间	波长（月）	最小值（美元/立方米）	最大值（美元/立方米）	平均值（美元/立方米）	表现出的周期波动特征
1	1995 年 1 月 ~ 1995 年 10 月	不完整周期，上一轮周期的下降阶段				
2	1995 年 11 月 ~ 1998 年 7 月	33	-57.16	58.80	-1.75	缓升陡降、深度扩张
3	1998 年 8 月 ~ 2002 年 1 月	42	-41.86	49.13	0.82	陡升缓降、深度扩张
4	2002 年 2 月 ~ 2004 年 4 月	27	-31.51	20.91	-0.87	陡升缓降、深度收缩
5	2004 年 5 月 ~ 2005 年 7 月	15	-37.77	24.82	5.01	缓升陡降、深度收缩
6	2005 年 8 月 ~ 2007 年 8 月	25	-39.50	14.90	-11.75	缓升陡降、深度收缩
7	2007 年 9 月 ~ 2009 年 4 月	20	-60.18	107.39	24.88	陡升缓降、深度收缩
8	2009 年 5 月 ~ 2013 年 3 月	47	-49.28	36.85	-7.02	缓升陡降、深度扩张
9	2013 年 4 月 ~ 2017 年 3 月	48	-45.57	42.83	-0.01	陡升缓降、深度收缩
10	2017 年 4 月 ~ 2020 年 5 月	38	-33.75	32.09	1.81	陡升缓降、深度收缩
11	2020 年 6 月 ~ 2020 年 12 月	不完整周期，新一轮周期的上升阶段				

注：根据 EViews 软件计算结果整理所得。

表 4.8　　　　　　　国际化学木浆价格波动周期的非对称性

周期	区间	波长（月）	最小值（美元/吨）	最大值（美元/吨）	平均值（美元/吨）	表现出的周期波动特征
1	1979 年 1 月 ~ 1979 年 2 月	不完整周期，上一轮周期的下降阶段				
2	1979 年 3 月 ~ 1982 年 12 月	46	−67.58	45.23	6.44	缓升陡降、深度收缩
3	1983 年 1 月 ~ 1985 年 12 月	36	−64.90	99.28	−7.41	缓升陡降、深度扩张
4	1986 年 1 月 ~ 1991 年 10 月	70	−113.44	150.14	7.60	缓升陡降、深度扩张
5	1991 年 11 月 ~ 1993 年 11 月	25	−153.82	88.03	−45.43	陡升缓降、深度扩张
6	1993 年 12 月 ~ 1996 年 4 月	29	−151.82	304.16	60.28	缓升陡降、深度扩张
7	1996 年 5 月 ~ 1999 年 3 月	35	−147.47	42.80	−45.50	缓升陡降、深度收缩
8	1999 年 4 月 ~ 2001 年 8 月	29	−113.33	155.69	42.83	缓升陡降、深度收缩
9	2001 年 9 月 ~ 2005 年 11 月	51	−102.60	86.16	−15.63	缓升陡降、深度扩张
10	2005 年 12 月 ~ 2009 年 4 月	41	−215.80	123.45	3.78	缓升陡降、深度收缩
11	2009 年 5 月 ~ 2012 年 9 月	41	−210.76	120.90	0.68	缓升陡降、深度收缩
12	2012 年 9 月 ~ 2014 年 6 月	不完整周期，新一轮周期的上升阶段				

注：根据 EViews 软件计算结果整理所得。

表 4.9   **国际胶合板价格波动周期的非对称性**

周期	区间	波长（月）	最小值（美分/板）	最大值（美分/板）	平均值（美分/板）	表现出的周期波动特征
1	1979 年 1 月 ~ 1979 年 2 月	不完整周期，上一轮周期的下降阶段				
2	1979 年 3 月 ~ 1985 年 6 月	76	-63.27	64.07	-0.51	陡升缓降、深度扩张
3	1985 年 7 月 ~ 1992 年 8 月	86	-129.87	129.91	-8.04	陡升缓降、深度扩张
4	1992 年 9 月 ~ 1998 年 8 月	72	-128.01	200.76	7.82	陡升缓降、深度收缩
5	1998 年 9 月 ~ 2002 年 2 月	42	-76.55	45.17	6.01	陡升缓降、深度收缩
6	2002 年 3 月 ~ 2005 年 11 月	45	-47.58	18.23	-6.38	陡升缓降、深度收缩
7	2005 年 12 月 ~ 2009 年 7 月	44	-45.17	50.42	9.48	陡升缓降、深度收缩
8	2009 年 8 月 ~ 2015 年 6 月	71	-45.96	37.63	-3.12	缓升陡降、深度收缩
9	2015 年 7 月 ~ 2016 年 12 月	18	-43.36	56.11	1.75	缓升陡降、深度扩张
10	2017 年 1 月 ~ 2018 年 11 月	23	-14.11	22.93	0.42	缓升陡降、深度扩张
11	2018 年 12 月 ~ 2020 年 12 月	不完整周期，新一轮周期的上升阶段				

注：根据 EViews 软件计算结果整理所得。

4.4 结 果 讨 论

按照构建双循环新发展格局要求，强调通过提高国内森林经营效率，形成以国内木材供应为主，利用国际木材为辅的格局，以不断满足国内市场对木材数量及质量的需求。但有研究发现，国产原木、锯材与进口原木、锯材之间存在较低的可替代性，内外材的差异化程度较大（魏僮等，2021），因此，在向国内大循环转移的过程中，不能忽视我国森林资源短缺，在短时期内仍需依赖国际市场供给的现实。而且木材安全不仅包括木材供给安全，还包括价格在内的其他安全，因此应树立新的木材安全观。数据显示，中国原木、锯材、木浆进口量与中国胶合板出口量呈逐年上升的变化趋势，研究发现，其与国际原木、锯材、木浆、胶合板价格相关系数的绝对值分别为0.48、0.22、0.61、0.59，极易受到国际市场价格波动的影响，这也直接关系到我国参与国际木质林产品贸易的利得及国内木材市场的供给安全。目前，国际木质林产品价格正处于新一轮周期的上涨环节，结合 T-GARCH 模型研究结果，国际原木、锯材、胶合板价格更易受价格下跌的影响，国际化学木浆价格更易受价格上涨的影响。因此，对我国而言，进口原木、锯材的价格上涨幅度不会过大，应利用好价格下跌的"杠杆效应"及时进口；而进口化学木浆很难利用价格下跌减损，应在每一轮价格上涨的初期适当增加进口量，以减少价格持续上涨带来的贸易损失；出口胶合板虽然会因价格上涨短暂地获得更高利润，但价格下跌带来的贸易损失更大。

从 ARCH 族模型与 H-P 滤波模型的分析过程来看，本章所用数据大量来自国外网站，从侧面反映了国内木质林产品价格数据不完整的事实，导致国际市场与国内市场间价格的空间传导、国内价值链间价格的垂直传导等相关研究无法开展。因此，应基于大数据背景，借鉴国外数据库建设经验，做好国内木质林产品价格及相关数据的收集、统计工作，不断修订和完善信息发布方式，实现与国际数据库的共建共享。

从 ARCH 族模型与 H-P 滤波模型的分析结果来看：

（1）结果显示国际木质林产品价格波动具有集聚性与持续性，进行价格预测具有很强的参考价值。因此，首先，应完善国际木质林产品价格监测体系，加强对国际原木及相关市场的监测，及时、全面、高效地抓取市场信息，掌握市场动态，并健全信息体系建设，加大监测信息发布力度，通过建立有序的信息发布平台，如门户网站、微信公众号、微博官方账号等拓宽监测信息发布渠道，提升市场信息公开度与透明度，保证信息传播系统的畅通，以减少信息不对称，引导市场理性交易。其次，应强化信息预警机制，形成一套行之有效的预警系统，利用 GARCH 模型对国际木质林产品价格进行逐月滚动预测，基于大数据平台实时推送预测信息，包括价格预测结果、对结果的解读、基于结果的对策建议等内容，提高信息的时效性与可达性，对可能出现的重要市场变化及时做出反应，推动价格平稳运行。

（2）结果显示部分国际木质林产品市场具有高风险高回报特征，价格波动与市场风险息息相关，且价格波动具有非对称性。因此，首先，应加强国际木质林产品市场风险预警机制建设，尤其是注意防范国际胶合板价格下跌的"杠杆效应"，警惕国际化学木浆价格上涨对交易市场的冲击。积极推出各类避险交易工具，通过培育和完善国内系列木质林产品期货与期权市场，达到价格发现、套期保值、规避风险的效果。我国现有的纸浆期货（上海期货交易所）、纤维板和胶合板期货（大连商品交易所）存在上市时间短、投资主体缺乏、合约内容不科学等问题，应借鉴美国木材衍生品市场的发展经验，在完善市场监管体系与法律制度，拓宽参与主体范围，科学设计合约内容，明确到期结算程序，采取灵活运作方式，执行宽松政策交易环境，严格管控交易风险等方面加以改进。其次，应促使我国木质林产品贸易加快向价值链高端发展，控制其战略环节。一方面，通过立足国内资源，重视核心技术研发，提高木质林产品的生产工艺与质量标准，加强自主知识产权保护等一系列措施，引导贸易方式从一般加工贸易向价值链高端升级，降低产品在国际市场上的可替代性，改变目前"大而不强"的贸易局面。另一方面，积极开展海外投资，鼓励与境外企业合作，推动本国木质林产品跨国公司的培育与集群式发展，支持本土企业"走出去"，帮助其在东道国建设木材加工园或森林开发培育基地，提升参与全球价值链的深度与强度。

（3）结果显示 4 种木质林产品价格之间呈正相关，且国际木质林产品价格整体上呈波动上升趋势，正处于新一轮周期的上升环节。因此，从进口方面讲，有效应对国际原木价格上涨引发的锯材、化学木浆等产品的价格波动至关重要。首先，可以考虑与木材供给大国建立长期协议价格谈判机制。对外除了应多元化木材进口渠道外，可与澳大利亚、刚果、新西兰、尼日利亚、巴西、挪威、喀麦隆、所罗门群岛等森林资源丰富、原木供给量高且稳定等木材供给大国合作，通过制定双边或多边的国际木质林产品市场相关协议，降低国际木质林产品价格波动引致的风险；对内应规范木质林产品进口秩序，促使国内林产工业企业联合，形成行业同盟，产生统一对外的合力，提高在谈判过程中的话语权，以减少信息不对称导致的交易波动，降低市场均衡价格。从出口方面讲，胶合板出口贸易更应规避价格下跌"杠杆效应"带来的贸易风险。其次，应丰富国内木质林产品期货品种，尤其是培育原木期货。可借鉴国外经验，在原木中选取某一树种作为交易标的。一方面，利于扩大期货辐射范围，有效应对国际市场冲击；另一方面，也可以改善国内目前现有的木质林产品期货不区分品种的做法。最后，应统筹考虑国内外木材来源问题，在"双循环"战略的指导下，尽量降低对外贸易依存度，提高木质林产品市场需求的价格弹性。一方面，通过设立专项资金支持，引导大型森工企业投资建设，开发推广先进的培育技术，借鉴发达国家集约化的经营模式等措施，积极培育国内优质大径材和珍贵木材，多渠道、多机制、多方式抓紧国家储备林基地建设项目的落地实施；另一方面，通过技术创新，改善速生木材的性能，加快其对优质木材的替代，并提高生产加工技术，利用木塑复合材料、重组竹、秸秆、PU 发泡材料、玉米塑料、科技木、天然纤维复合材料等新型材料替代木材。

本章可能的学术边际贡献在于：第一，首次尝试揭示国际木质林产品价格波动特征，在掌握价格波动规律的基础上成功构建了按月滚动的价格预测模型，实现了对价格的短期有效预测，为开展国际贸易谈判、主动应对价格波动风险提供了重要的参考依据；第二，首次对比分析了国际原木、锯材、化学木浆、胶合板价格波动特征的差异，明确了这 4 种不同木质林产品之间价格波动的相关关系，阐明了国际原木价格变化可能引起的一系列反应，预测了未来价格的变动趋势，对中国木质林产品贸易的发展及木材产业安全的保障都具有十分重要的意义；第三，与现有同类型文献相比，除研究的时间跨度有所拉长，研究结果更加完整外，研究的地域范围也由某一国或某一市场扩展到国际大市场，对价格的预测也突破了静态预测的限制，提高了预测的精准度。当然，由于数据资料有限，本章只收集到原木、锯材、化学木浆与胶合板 4 种产品的国际价格数据，2019 年，这 4 种产品贸易总额占全部木质林产品贸易总额的 24.57%，且中国在这 4 种产品的国际贸易中均占据举足轻重的地位，因此，研究这 4 种产品具有一定的代表性。目前，国内外尚未有从国际层面针对木质林产品价格波动特征与规律的研究，使得本章存在缺少引证对比分析的客观不足，以期在以后研究中予以完善。

4.5 本 章 小 结

本章基于国际原木、锯材、胶合板、化学木浆价格的月度数据，构建 ARCH 族模型与 H-P 滤波模型对国际木质林产品价格的波动特征展开研究，结果表明：

（1）国际原木、锯材、胶合板与化学木浆的价格分布均呈现出"尖峰厚尾"的特征，且不服从正态分布，存在显著的集聚性与持续性。说明国际木质林产品价格大的波动与小的波动会批量呈现，即在大的幅度波动之后价格并不会马上趋向平稳，具体而言，集聚性由强到弱依次为锯材（0.13）、化学木浆（0.12）、原木（0.08）、胶合板（0.04），持续性由强到弱依次为胶合板（0.95）、原木（0.91）、化学木浆（0.85）、锯材（0.78），表明锯材价格波动对冲击的反应最为迅速，胶合板对冲击的持久性最长。基于此，对国际木质林产品价格进行短期预测，结果是可信的。

（2）国际原木与胶合板市场具有高风险高回报特征，存在风险报酬，风险溢价系数较高特征。分别为 7.05（原木）、1.67（胶合板），说明这两种产品的市场价格与市场风险有密切联系，当市场风险增加时，市场价格会随之抬高。因此，应借助木质林产品期货等避险交易工具强化市场风险预警机制。

（3）4 种木质林产品价格波动均具有非对称性。不同产品市场对利好消息和利空消息的反馈不同，其中，利空消息对国际原木、锯材、胶合板价格波动的冲击更大，价格波动具有"杠杆效应"，利好消息对国际化学木浆价格波动的冲击更大。因此，及时准确地获得市场信息至关重要，对我国而言：在原木、锯材进口贸易中，应在预测利空消息发生前及时停止进口，在利空消息发生后增加进口；在胶合板出口贸易中，应降低产品的可替代性以防范价格下跌风险；在化学木浆进口贸易中，应在每一次价格上涨的初期适当增加进口以减少价格持续上涨带来的冲击。

（4）国际木质林产品价格彼此之间呈现出动态变化的正相关关系，具有相同的变化趋势，且动态相关程度具有很强的持续性。相关性由大到小依次为国际原木与锯材（0.37）、原木与胶合板（0.28）、锯材与胶合板（0.20）、锯材与化学木浆（0.18），因此，应特别警惕原木价格上涨引发的一系列效应。

（5）样本区间内，国际木质林产品价格呈现出波动上升趋势，波动周期是非对称的，每个价格波动周期存在明显差异性，具体而言，国际原木价格主要表现为陡升缓降与深度扩张的特征，国际锯材、胶合板价格主要表现为陡升缓降与深度收缩的特征，国际化学木浆价格主要表现为缓升陡降的特征。4种木质林产品价格均处于新一轮周期的上升阶段。可考虑与澳大利亚、刚果、所罗门群岛等木材供给大国建立长期协议价格谈判机制，并统筹国内外木材来源问题，以规避国际市场价格波动风险。

第 5 章

国际木质林产品价格传导机制研究

在上一章掌握不同国际木质林产品价格波动特征,与预测未来价格波动走势的基础上,仍需加强对国际木质林产品市场和贸易的研究(田明华,2021)。近年来,中国积极参与国际经济大循环,在全球木质林产品贸易网络中的地位不断上升,与荷兰、法国、美国等国家共同掌握着木质林产品贸易网络的信息与资源,并且发挥着重要的桥梁作用,也逐渐呈现出"大进大出,两头在外"的贸易特征,从进口方面看,主要依赖国际市场上的原木、锯材等资源,从出口方面看,主要依赖国际市场对于胶合板、木制家具等产品的需求(王芳等,2021)。根据《中国林业和草原发展报告(2019)》中国海关数据测算,2019 年中国原木及其他木质林产品折合木材的进口量达 2.90 亿立方米,占全国木材产品市场总供给量的 54.37%,原木及其他木质林产品折合木材的出口量达 1.02 亿立方米,占全国木材产品总消耗量的 19.06%。这种高度依赖国际木材资源与产品市场的基本贸易格局,导致中国木质林产品贸易极易蒙受国际木质林产品价格波动带来的巨大风险,因此,需要进一步探讨国际木质林产品价格波动方向及波动幅度对中国木质林产品进口、出口量的影响，这对维持国内木质林产品供需稳定、保障木材产业安全具有重要的现实意义。

现阶段，国外学者关于木质林产品价格传导的相关研究，主要集中在价格的空间传导（不同市场间传导）与价格的垂直传导（产业链传导）两个方面，认为价格的空间传导与垂直传导均是非对称的（Zhang & Chang, 2019; Kameyama & Sugiura, 2021）。国内学者主要探讨了中国木材价格的管理与改革问题（孔凡文和何乃蕙，1982）、价格的影响因素（李秋娟等，2018）、价格的预测（马跃祎，2020）等内容。但是，尚未有关于木质林产品国际价格与中国国内价格的空间传导及国内产业链上的垂直传导研究，这主要是由于国内缺乏木质林产品生产成本、市场交易价格、木材供应链纵向价格的完整数据统计。当然，也未曾看到有关于木质林产品国际价格波动对中国木质林产品贸易量影响研究的文献。鉴于此，本章借鉴尹靖华（2015）的做法，从价格波动方向、价格波动幅度两个方面展开细致研究，并考虑木质林产品各细分门类的差异，基于 2001 年 1 月至 2020 年 12 月的月度时间序列数据，构建 NARDL 模型与引入 SVAR 冲击的贸易引力模型展开实证分析。首次尝试回答以下 3 个问题：第一，国际木质林产品价格上涨、下跌会给中国相应产品的进口、出口量带来怎样的影响，影响程度是否相同？在长期与短期的影响是否相同？第二，国际木质林产品价格波动幅度的变化会给中国相应产品的进口、出口量带来怎样的影响，影响程度是否相同？第三，根据贸易流量机制理论构建实证模型分析国际金融资产、能源、木质林产品价格波动在同一时期内是如何互相影响的，各因素对中国相应产品的进口、出口量的单独影响与复合影响如何？

5.1　理论分析框架与研究方法

5.1.1　理论分析框架

国际木质林产品价格波动对中国木质林产品进口、出口量的影响是一个复杂的过程，是国际木质林产品自身价格波动与国际金融资产价格波动、国际能源价格波动综合作用的结果（尹靖华，2015）。

（1）国际木质林产品自身价格波动通过价格比较机制、进口需求机制（出口供给机制）影响中国木质林产品进口量（出口量）。首先，就价格比较机制而言，在其他条件不变的情况下，国际木质林产品市场价格变动会直接改变贸易国的比较优势，进而影响该国贸易量。当没有政府干预时，国际原木、锯材、化学木浆价格上涨，会使中国原木、锯材、化学木浆进口量减少，国际胶合板价格上涨，会使中国胶合板出口量增加；当存在政府干预时，二者关系是各国贸易政策动态博弈的结果，具有不确定性。其次，就进口需求机制（出口供给机制）而言，当国际木质林产品价格上涨时，中国国内居民的可支配收入、企业生产成本等与国外相比，预期都有所下降，会使中国木质林产品进口量减少、出口量增加。可见，本章在不考虑政府干预的前提下，国际木质林产品价格上涨，中国相应产品的进口量会减少、出口量会增加；反之，中国相应产品的进口量会增加、出口量会减少。

（2）国际金融资产价格波动通过财富效应与汇率波动的价格效应来影响中国木质林产品进口、出口量。首先，就财富效应而言，当国际金融资产价格上涨时，一方面，受替代效应影响，国外消费者会增加储蓄降低消费，从而使中国木质林产品的进口量增加出口量减少；另一方面，受收入效应的影响，国外消费者实际财富提升，增加消费，从而使中国木质林产品进口量减少，出口量增加（余博等，2020）。其次，就汇率波动的价格效应而言，当国际金融资产价格上涨时，会引来国际套利资本的青睐，导致更多的资金流到国外，使得本币相对价值降低，有利于出口，而不利于进口（周旋，2020）。因此，二者的关系并不确定。

（3）国际能源价格波动会通过以下三种作用途径影响中国木质林产品的进口、出口量。第一，收入的转出效应，中国的石油贸易处于净进口状态，需向国外市场支付资金以购买石油产品，显然，若国际石油价格上涨，则中国需支付的资金会更高，从而使得木质林产品的进口量有所减少（胡光辉等，2013），石油净出口国的收入会有所增加，从而使中国木质林产品出口量增加。第二，供给的冲击效应，当国际石油价格上涨时，中国木质林产品生产成本、运输成本与部分林产工业发达国家相比，上涨幅度更大，从而生产投入减少，产出降低，导致进口量增加，出口量减少（吴姗姗和单葆国，2020）。第三，实际的余额效应，石油作为大宗国际贸易商品，它的价格升高会引发国内通货膨胀，使得总体价格水平升高，经济体实际余额减少，导致投资需求减少，产出减少，从而使进口量增加，出口量减少。但是，如果木质林产品价格上涨的幅度大于生产成本上涨的幅度，加上货币供给量足够，则会追加投资，使产出提升，进口量减少，出口量增加（侯佳贝，2016）。因此，国际能源价格波动的影响具有不确定性。

此外，在国际贸易中，受交易成本、套利行为、信息不对称、贸易政策等因素的影响，国际木质林产品价格的上涨与下跌对中国木质林产品进口、出口量的影响是非对称的，存在传递幅度与速度上的差异（张家乐等，2020）。并且，国际金融资产价格波动会引起国际能源的价格波动，而二者又都会引起国际木质林产品的价格波动，三者的共同冲击，对中国木质林产品进口、出口量有着叠加的复合影响。因此，即使国际木质林产品的供需因素没有发生改变，当三者相互影响、共同作用达到一定阶段时，也会对中国木质林产品的供需安全与贸易稳定造成威胁。同时，根据大国效应理论，若中国为木质林产品贸易大国，则其是国际市场价格的共同决定者，若中国为木质林产品贸易小国，则其是国际市场价格的被动接受者（方晨靓，2012），结合中国木质林产品的贸易现实，很可能存在大国效应，因此，本章在实证分析过程中需要进一步考虑内生性问题。理论分析框架见图5.1。

5.1.2 研究方法

基于上述分析框架，对 NARDL 模型及引入 SVAR 冲击的贸易引力模型的具体表达式进行详细介绍，过程如下：

5.1.2.1 NARDL 模型

遵循 NARDL 模型的建模思想与原理，探究国际木质林产品价格上涨及下跌对中国木质林产品进口、出口量影响的非对称性。该模型是基于单方程误差修正模型和动态乘子将对称自回归分布滞后模型进行改进的结果（Pesaran et al.，2001；Shin et al.，2014），具备以下三大主要优势：一是模型中的变量不需要是同阶单整的，原来的序列在零阶平稳时可以使用该模型，在一阶平稳时也可以使用该模型；二是对样本容量没有要求，甚至在样本数量少的时候，模型的统计特性会更好，并且不受内生性问题的干扰；三是可以

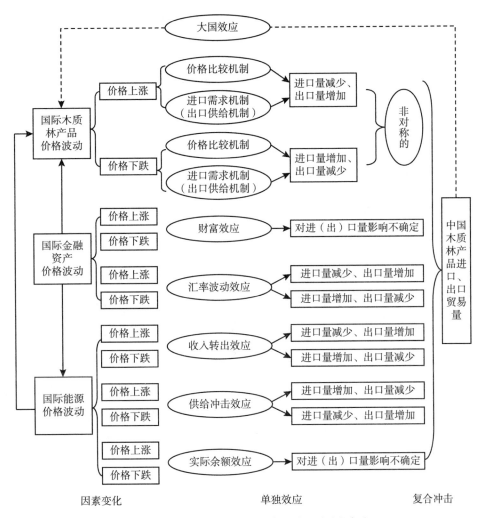

图5.1 国际木质林产品价格传导的理论分析框架

注：进口量表示中国原木、锯材、化学木浆进口量；出口量表示中国胶合板出口量。

同时检验自变量正向变化与负向变化对因变量产生的长期和短期影响。因此，该模型在处理汇率波动（常婧等，2019；杜萌和李冰，2020）、价格传递（李玉双，2017）等问题时被广泛应用。具体形式为：

$$y_t = \beta^+ x_t^+ + \beta^- x_t^- + \upsilon_t \qquad (5-1)$$

式（5-1）中，y_t 为 t 时期的因变量；x_t 为 t 时期的自变量，β^+ 与 β^- 均

为非对称长期参数，分别表示当 x_t 正向移动（x_t^+）与负向移动（x_t^-）时，因变量给出的反应（$\beta^+ \neq \beta^-$）；v_t 为随机误差项。其中：

$$x_t^+ = \sum_{j=1}^t \Delta x_j^+ = \sum_{j=1}^t \max(\Delta x_j, 0) \qquad (5-2)$$

$$x_t^- = \sum_{j=1}^t \Delta x_j^- = \sum_{j=1}^t \min(\Delta x_j, 0) \qquad (5-3)$$

式（5-2）、式（5-3）分别表示每一期正向、负向变化的累积，因此，本章所用的非对称模型可以设定为：

$$\Delta trade_t = \alpha_0 + \rho trade_{t-1} + \theta^+ price_{t-1}^+ + \theta^- price_{t-1}^- + \sum_{j=1}^{p-1} \alpha_j \Delta trade_{t-j}$$

$$+ \sum_{j=0}^{q-1} (\pi_j^+ \Delta price_{t-j}^+ + \pi_j^- \Delta price_{t-j}^-) + \varepsilon_t \qquad (5-4)$$

式（5-4）中，$trade_t$ 表示 t 时期中国木质林产品进口量或出口量；$price_t$ 表示 t 时期的国际木质林产品价格；Δ 代表一阶差分；ρ 为误差修正系数；$\theta^+ = -\rho\beta^+$，$\theta^- = -\rho\beta^-$；π_j^+、π_j^- 分别为国际价格（$price_t$）上涨、下跌对中国贸易量（$trade_t$）的短期影响，若 $\sum_{j=0}^{q-1} \pi_j^+ \neq \sum_{j=0}^{q-1} \pi_j^-$，则说明短期传递效应存在非对称性。一般认为，长期非对称表示传递幅度的非对称，短期非对称表示传递速度的非对称（Fousekis & Trachanas，2016）；α_0 为常数项；ε_t 为残差项；p 与 q 为最大滞后期数，由于采用月度数据进行分析，故 p 与 q 设为最大期数 12。

5.1.2.2 引入 SVAR 冲击的贸易引力模型

第一步，构建 SVAR 模型将掩藏在随机扰动项中的当期关系剥离出来（邬心迪等，2020）。VAR 模型虽然可以直接呈现多个变量之间的动态相关性，但是无法给出变量之间的当期结构关系，只能将其放在随机误差项中，也称为不可解释的随机扰动（高铁梅等，2016）。因此，为了明确变量之间的当期关系，此处在 VAR 模型中加入了国际金融资产、能源、木质林产品价格的当期相关结构式。已知 SVAR 模型矩阵的具体形式为：

$$BX_t = A_0 + A_i X_{t-i} + U_t \qquad (5-5)$$

其中，变量与参数矩阵分别为：

$$B = \begin{bmatrix} 1 & -b_{12} & \cdots & -b_{1k} \\ -b_{21} & 1 & \cdots & -b_{2k} \\ \vdots & \vdots & & \vdots \\ -b_{k1} & -b_{k2} & \cdots & 1 \end{bmatrix}, A_0 = \begin{bmatrix} a_{10} \\ a_{20} \\ \vdots \\ a_{k0} \end{bmatrix}, A_i = \begin{bmatrix} a_{11}^i & a_{12}^i & \cdots & a_{1k}^i \\ a_{21}^i & a_{22}^i & \cdots & a_{2k}^i \\ \vdots & \vdots & & \vdots \\ a_{k1}^i & a_{k2}^i & \cdots & a_{kk}^i \end{bmatrix}, U_t = \begin{bmatrix} u_{1t} \\ u_{2t} \\ \vdots \\ u_{kt} \end{bmatrix}$$

结合本章内容，式（5 – 5）中，向量 $X_t = (x_{1it}, x_{2it}, x_{3it})$，元素 x_1、x_2、x_3 分别代表国际金融资产价格、国际能源价格、国际木质林产品价格；i 代表滞后阶数参数；t 代表时间；k 代表内生变量的数量；B 系数矩阵的主对角元素全是 1，用于反映当期变量之间的相互影响程度；U_t 表示作用于变量 x_1、x_2、x_3 不可观测的结构式冲击，且 $U_t \sim \mathrm{VMN}(O_k, I_k)$。设 B 为可逆矩阵，则式（5 – 5）可以简化为：

$$X_t = B^{-1}A_0 + B^{-1}A_iX_{t-i} + e_t \tag{5 – 6}$$

式（5 – 6）中，e_t 为简化式的扰动项，令 $C = B^{-1}$，则 $e_t = B^{-1}U_t = CU_t$，可见，e_t 是结构式冲击 U_t 的线性组合。基于上述理论分析，可以假定国际金融资产价格波动不会受到国际能源价格与国际木质林产品价格的当期影响；国际能源价格受到国际金融资产价格的当期影响，但不会受到国际木质林产品价格同一时期的影响；而木质林产品价格则会受到二者（金融资产价格、能源价格）同一时期的影响。因此，本章中 u_{1t}、u_{2t}、u_{3t} 分别对应金融冲击、能源冲击与复合冲击。矩阵 C 可表示为：

$$C = \begin{bmatrix} c_{11} & 0 & 0 \\ c_{21} & c_{22} & 0 \\ c_{31} & c_{32} & c_{33} \end{bmatrix} \tag{5 – 7}$$

则

$$\begin{cases} e_{1t} = c_{11}u_{1t} \\ e_{2t} = c_{21}u_{1t} + c_{22}u_{2t} \\ e_{3t} = c_{31}u_{1t} + c_{32}u_{2t} + c_{33}u_{3t} \end{cases} \tag{5 – 8}$$

从而，利用 Cholesky 分解法可估计出 C 矩阵，代入模型进一步计算得出金融冲击、能源冲击与复合冲击的具体数值。

第二步，构建扩展的贸易引力模型。最初，有学者将该模型引入国际贸易研究领域，并定量分析了经济总量、地理距离等要素对双边贸易流量产生的影响（Tinbergen，1962；Pöyhönen，1963）。随后，学者们基于自己的研究重点，设置不同的解释变量，使模型不断得以丰富和完善（Rose，2004；Felbermayr & Toubal，2010；王芳等，2019；郭连成和左云，2021；王敏等，2021）。因此，本章在贸易引力模型基本形式的基础之上，引入 SVAR 模型测度的金融冲击、能源冲击与复合冲击，具体形式为：

$$\ln trade_{jt} = \varphi_0 + \gamma_1 \ln trade_{jt-1} + \gamma_2 ov_t + \phi_1 \hat{\mu}_{1t} + \phi_2 \hat{\mu}_{2t}$$
$$+ \phi_3 \hat{\mu}_{3t} + \delta_1 \ln GDP_t + \delta_2 GDP_{jt}^* + \omega_t \qquad (5-9)$$

式（5-9）中，$trade_{jt}$ 表示中国 t 时期从 j 国进口原木（锯材、化学木浆）贸易量的和，或向 j 国出口胶合板贸易量的和；φ_0 为常数；ov_t 为对应不同木质林产品的国际价格波动幅度，是在价格收益率 $r_t = \ln price_t - \ln price_{t-1}$ 基础上计算得到的标准差；$\hat{\mu}_{1t}$ 为金融冲击；$\hat{\mu}_{2t}$ 为能源冲击；$\hat{\mu}_{3t}$ 为复合冲击；GDP_t 为中国 t 时期的国内生产总值，GDP_{jt}^* 为不同木质林产品主要贸易对象国的以其与中国地理距离为权重的加权国内生产总值之和。由于使用的是国际维度数据，很多影响双边贸易关系的因素无法进行量化，因此，本章尽可能控制影响中国木质林产品进口、出口贸易的经济总量因素与地理距离因素；ω_t 为随机误差项；γ_1、γ_2、ϕ_1、ϕ_2、ϕ_3、δ_1 与 δ_2 均为待估参数。由于缺失变量、测量误差、互为因果的影响，模型可能会出现内生性问题，为保证实证分析过程的严谨性与实证结果的客观性，设置核心解释变量的滞后期为工具变量进行广义矩估计，并控制未观测到的时间与个体效应（李春顶，2011；毛捷等，2015），同时加入被解释变量的滞后期，以控制可能存在的自相关与异方差，一般设定滞后期数为 1，可以保证具有很好的稳健性（Arellano & Bover，1995；Blundell & Bond，1998；Hendry & Clements，2004）。

5.2 国际木质林产品价格波动方向的非对称影响

5.2.1 数据来源与描述性统计

5.2.1.1 国际木质林产品价格月度数据

此部分内容详见本书第 4.2.1 小节，不再赘述。根据中国木质林产品进

口量、出口量月度数据的收集情况，统一时间样本区域，选取季节调整后
2001 年 1 月 ~ 2020 年 12 月的国际原木、锯材、胶合板价格数据，2001 年 1
月 ~ 2014 年 6 月的国际化学木浆价格数据展开实证分析。

5.2.1.2 中国木质林产品进口量、出口量月度数据

参照 FAO 林产品年鉴的分类标准，考虑研究的现实意义，并结合国际木
质林产品价格月度数据，整理相对应的中国木质林产品进口、出口量月度数
据。具体为：

（1）中国原木进口量（2001 年 1 月 ~ 2020 年 12 月），记为 li；

（2）中国锯材进口量（2001 年 1 月 ~ 2020 年 12 月），记为 si；

（3）中国化学木浆进口量（2001 年 1 月 ~ 2014 年 6 月），记为 wi；

（4）中国胶合板出口量（2001 年 1 月 ~ 2020 年 12 月），记为 pe。

以上数据均来自国务院发展研究中心信息网，该数据库可以做到按月实
时更新，数据也比中国商品贸易数据库全。需要说明的是，在原始统计数据
库中，原木、锯材与胶合板 2001 年 1 月 ~ 2013 年 12 月的统计单位为立方米，
2014 年 1 月 ~ 2020 年 12 月的统计单位为千克，因此，在数据整理过程中，
需要对统计单位进行转换，以保证统计单位的一致性。为提高单位换算的准
确性，根据 FAO 林产品年鉴重量和材积的换算标准，对原木与锯材按照针阔
叶比例使用加权平均法折算，其中，针叶原木 1 立方米 = 700 千克，非针叶
原木 1 立方米 = 800 千克，针叶锯材 1 立方米 = 550 千克，非针叶锯材 1 立方
米 = 700 千克，胶合板则按照 1 立方米 = 650 千克折算。

5.2.1.3 其他数据

（1）国际能源价格（2001 年 1 月 ~ 2020 年 12 月），用国际三大原油市
场（Brent、West Texas、Fateh）的现货均价表示，单位为美元/桶，数据来源
于 International Monetary Fund World Economic Outlook 数据库，记为 op。

（2）国际金融资产价格（2001 年 1 月 ~ 2020 年 12 月），用美联邦基金基
准利率表示，单位为%，数据来源于 Federal Reserve Board 数据库，记为 fp。

（3）各国 GDP（2001 ~ 2019 年），单位为美元，数据来自 World Bank
World Development Indicators 数据库；双边地理距离，单位为千米，数据来自
CEPII 数据库，记为 DIS。

5.2.1.4　描述性统计分析

同样使用 X-12-ARIMA 对月度数据展开季节调整，该方法的基本思想及判断标准详见本书第 4.2.1 小节，各变量（除国际木质林产品价格）的季节调整结果及描述性统计如表 5.1 所示。可知，中国原木与锯材进口量、中国胶合板出口量、国际能源价格均需进行季节调整，而中国化学木浆进口量、国际金融资产价格无须进行季节调整。在此基础上，对各变量展开描述性统计分析，由于单位不同，所以均值不具有可比性，但从标准差来看，中国原木进口量的波动程度最高，其次为中国锯材进口量、中国化学木浆进口量、国际能源价格、中国胶合板出口量、国际金融资产价格。

表 5.1　　　　　　　　**各变量的季节调整结果与描述性统计分析**

变量	Q 值	判定结果	样本数（个）	均值	标准差	最小值	最大值
li	0.64	季节调整后	240	356.30	146.11	95.04	726.04
si	0.50	季节调整后	240	162.78	115.58	27.18	411.75
wi	1.11	无须季节调整	162	69.51	29.18	19.08	136.40
pe	0.52	季节调整后	240	59.61	24.61	5.38	110.62
op	0.85	季节调整后	240	63.48	27.68	19.59	122.73
fp	1.28	无须季节调整	240	1.50	1.64	0.05	5.98

5.2.2　模型识别与诊断性检验

5.2.2.1　数据平稳性检验

同样使用 ADF 检验法对各序列及其对数、对数差分形式分别进行平稳性检验，该方法的基本思想及判断标准详见本书第 4.2.2 小节，平稳性检验结果如表 5.2 所示。结果表明各变量在进行对数差分转换之后均在 1% 的显著性水平下平稳，即均为一阶单整序列。因此，选取对数形式序列构建 NARDL 模型，符合其对数据服从零阶单整过程或一阶单整过程的要求。

表 5.2　　　　　　　　　　　　各变量的 ADF 检验结果

变量	ADF 检验值	结果	变量	ADF 检验值	结果	变量	ADF 检验值	结果
lp	-1.72	不平稳	$\ln lp$	-1.42	不平稳	$d\ln lp$	-13.05 ***	平稳
sp	-1.70	不平稳	$\ln sp$	-1.75	不平稳	$d\ln sp$	-8.94 ***	平稳
wp	-2.54	不平稳	$\ln wp$	-2.39	不平稳	$d\ln wp$	-5.21 ***	平稳
pp	-1.52	不平稳	$\ln pp$	-1.87	不平稳	$d\ln pp$	-8.40 ***	平稳
li	-0.96	不平稳	$\ln li$	-1.67	不平稳	$d\ln li$	-13.22 ***	平稳
si	-0.67	不平稳	$\ln si$	-1.57	不平稳	$d\ln si$	-13.10 ***	平稳
wi	-1.84	不平稳	$\ln wi$	-2.50	不平稳	$d\ln wi$	-17.70 ***	平稳
pe	-2.20	不平稳	$\ln pe$	-2.84 *	平稳	$d\ln pe$	-18.16 ***	平稳

注：ln 表示对数形式；dln 表示对数差分形式；***、**、* 分别表示 1%、5%、10% 的显著性水平。

5.2.2.2　长期协整关系与非对称性检验

F_{pss} 与 T_{bdm} 均为边限协整检验统计量，用于判断不同国际木质林产品价格与相对应的中国木质林产品进口、出口量之间是否存在长期协整关系，原假设均为 H_0：不存在长期协整关系。当 $k=1$ 时，F_{pss} 统计量在 10%、5% 和 1% 显著性水平下的临界值分别为 4.78、5.73、7.84，T_{bdm} 统计量的临界值分别为 -2.91、-3.22、-3.82（Pesaran et al.，2001）。由表 5.3 可知，F_{pss} 与 T_{bdm} 均显著，说明不同木质林产品的国际价格与相对应的中国木质林产品进口、出口量之间存在显著的协整关系。这主要是由于中国加入世界贸易组织之后，与各国的贸易往来不断增强，加上中国木质林产品进口、出口量较大，极易受到国际市场价格波动的影响，从而使得彼此之间存在长期稳定的影响关系。

利用标准的 Wald 检验法判断传递效应是否存在长期、短期的非对称性，原假设均为 H_0：不存在非对称性。由表 5.3 可知，长期非对称性均通过显著性检验，而短期非对称性均未通过显著性检验，说明中国不同木质林产品进口、出口量对国际木质林产品价格上涨与下跌的反应程度不同，反应速度几乎一致，这也意味着，更应关注传递过程的长期非对称性。

表 5.3 变量指标协整检验与非对称性检验结果

检验类别	判断指标	lnlp 与 lnli	lnsp 与 lnsi	lnwp 与 lnwi	lnpp 与 lnpe
协整检验	F_{pss}	4.94 *	6.80 **	4.95 *	4.84 *
	T_{bdm}	– 3.81 **	– 4.18 ***	– 3.32 **	– 3.07 *
非对称性检验	长期	51.36 ***	54.80 ***	100.7 ***	3.65 *
	短期	2.67	1.78	0.01	0.48

注：ln 表示对数形式；*** 、** 、* 分别表示 1% 、5% 、10% 的显著性水平。

5.2.3 NARDL 模型估计结果与分析

由表 5.4 可知，国际原木、锯材价格下跌的长期弹性系数分别为 0.54、1.19，均大于价格上涨的长期弹性系数 – 0.07、– 0.42（均不显著），这主要是由于中国木材资源十分有限，尤其是优质大径材与珍贵阔叶材极为紧缺，随着国家天然林保护工程的实施，国内木材供需更为失衡，需要从国际市场大量进口以缩小供给缺口，加上进口木材与国产木材具有很强的互补性，于是便形成了对国外木材的强烈依赖（李秋娟等，2018；卢宏亮等，2020），所以即使国际原木、锯材价格上涨，中国的进口量也不会有明显的下降，并且基于上一章研究结果可知，国际原木、锯材价格上涨的幅度不会过高，因此价格上涨带来的影响有限。国际原木、锯材价格下跌的长期弹性系数分别为 0.54、1.19，且均通过 1% 的显著性水平检验，说明中国原木、锯材进口量对国际市场价格下跌的反应更大，当国际原木价格下跌 1% 时，中国原木进口量会增加 0.54%，当国际锯材价格下跌 1% 时，中国锯材进口量会增加 1.19%。相比较而言，锯材的反应更为敏感，这一方面是由于俄罗斯、莫桑比克、泰国、老挝、加蓬等国家陆续实施原木出口限制政策，迫使国内林业企业选择森林资源丰富、可持续经营环境良好的国家进行海外直接投资，降低了国内锯材进口的难度；另一方面，也受国外锯材被国内锯材替代程度较原木更低的影响（管志杰和公培臣，2015；魏僡等，2021）。

国际化学木浆价格下跌的长期影响大于价格上涨，其上涨与下跌的长期弹性系数分别为 0.25、0.44，其中，价格上涨系数不显著，价格下跌系数通过 10% 的显著性水平检验。与原木、锯材的分析类似，中国化学木浆需要依

表 5.4   **NARDL 模型估计结果**

项目	变量	系数	常数	$L+$	$L-$
$\ln lp$ 与 $\ln li$	$\ln lit - 1$	-0.26^{***}	3.78^{***}	-0.07	0.54^{***}
	$\ln lp - t - 1$	0.14^{*}			
	$\Delta \ln lit - 1$	-0.37^{***}			
	$\Delta \ln lit - 2$	-0.22^{***}			
	$\Delta \ln lit - 9$	0.17^{*}			
	$\Delta \ln lit - 11$	0.19^{***}			
	$\Delta \ln lp + t - 11$	-1.82^{***}			
$\ln sp$ 与 $\ln si$	$\ln sit - 1$	-0.22^{***}	3.23^{***}	-0.42	1.19^{***}
	$\ln sp - t - 1$	0.26^{**}			
	$\Delta \ln sit - 1$	-0.43^{***}			
	$\Delta \ln sit - 2$	-0.22^{***}			
	$\Delta \ln sit - 11$	0.14^{*}			
	$\Delta \ln sp + t - 1$	1.50^{**}			
	$\Delta \ln sp + t - 8$	1.81^{***}			
	$\Delta \ln sp + t - 11$	-2.12^{***}			
	$\Delta \ln sp - t - 9$	1.25^{*}			
	$\Delta \ln sp - t - 10$	1.47^{**}			
$\ln wp$ 与 $\ln wi$	$\ln wit - 1$	-0.75^{***}	14.54^{***}	0.25	0.44^{*}
	$\Delta \ln wit - 11$	-0.18^{**}			
	$\Delta \ln wp - t - 3$	-1.63^{*}			
	$\Delta \ln wp - t - 6$	-1.37^{*}			
$\ln pp$ 与 $\ln pe$	$\ln pet - 1$	-0.12^{**}	1.50^{**}	1.86^{*}	-1.25^{*}
	$\Delta \ln pet - 1$	-0.61^{***}			
	$\Delta \ln pet - 2$	-0.36^{***}			
	$\Delta \ln pp + t - 2$	2.20^{*}			
	$\Delta \ln pp + t - 8$	-2.04^{*}			

注：***、**、*分别表示1%、5%、10%的显著性水平；短期项仅列出了系数显著的部分；$L+$表示价格上涨的长期影响，$L-$表示价格下跌的长期影响。

靠大量进口来满足国内需求，很难实现国内产品的替代（张慧和胡明形，2019），仅2019年，中国进口化学木浆就达2151.96万吨，占全国木浆消费总量的60.09%。此外，根据上一章研究结果，中国在化学木浆进口贸易中，更偏向于在每一次价格上涨的初期适当增加进口量，以减少价格大幅上涨带来的贸易损失，因此，价格上涨的长期弹性系数为正，与贸易现实情况相符。

国际胶合板价格上涨的长期影响大于价格下跌，其上涨与下跌的长期弹性系数分别为1.86、-1.25，且均通过10%的显著性水平检验，当国际胶合板价格上涨时，出口商会趁机增加出口以获得更高利润。根据上一章研究结果，国际胶合板价格下跌具有"杠杆效应"，且中国胶合板出口产品结构单一，其中，有一半左右属于附加值低的低端产品，与芬兰、俄罗斯等国家出口的高端胶合板产品相比，缺乏竞争优势，更容易被替代。另外，受国内劳动力成本日益升高、胶合板生产企业规模化程度低等因素的影响，导致中国胶合板生产成本上涨，在全球性贸易持续低迷、国际市场逐渐萎缩的大背景下，越南等国家更能以低价优势抢占国际市场，使中国胶合板出口贸易更易受国际市场价格下跌的影响（吕真真，2018）。但从表5.4中的系数来看，价格下跌影响偏小，这很有可能是因为中国胶合板出口在部分国家的胶合板进口贸易中具有市场势力（Wang et al.，2017），从而抵消了一部分价格下跌带来的影响，这一点将在本书第7章研究中加以验证。

5.3 国际木质林产品价格波动幅度的影响

上一节研究分析了国际木质林产品价格波动方向对中国木质林产品进口、出口量的影响，本节重点探讨国际木质林产品价格波动幅度带来的影响。首先，构建SVAR模型度量国际金融资产、国际能源价格与国际木质林产品价格之间的当期结构关系，将金融冲击、能源冲击与复合冲击从随机扰动项中剥离出来；其次，构建拓展的贸易引力模型，估计国际木质林产品价格波动、金融冲击、能源冲击、复合冲击及国内外GDP等对中国木质林产品进口、出口量的影响。

5.3.1 SVAR 估计结果与分析

在本书第 5.2.2 小节数据处理的基础上，需进一步对国际金融资产价格、国际能源价格的对数差分形式进行平稳性检验，其 ADF 检验值分别为 -10.62、-11.66，均在 1% 的显著性水平下平稳，因此，可以使用不同变量的对数差分形式构建 SVAR 模型。

各变量之间的当期结构关系如表 5.5 所示，可以看出，每一个结构式冲击，不仅会对自身变量产生影响，也会对其他变量形成冲击，国际金融资产、能源、木质林产品价格三者是同向变动的，验证了理论分析的正确性。不同木质林产品 C 矩阵中的主对角线上的元素均为正，且在相应行中的值最大，这符合经济理论，说明各变量受自身结构冲击的正向影响最大，此外，需特别注意 C 矩阵的最后一行，反映的是 SVAR 模型中各个变量对当期木质林产品价格的影响，就原木、锯材、胶合板而言，国际金融资产价格、国际能源价格的正向冲击都会使相应木质林产品国际价格上涨（徐鹏和刘强，2019），且二者的影响力度相同，但对化学木浆而言，国际金融资产价格的影响程度大于国际能源价格，这与化学木浆属于资本技术密集型产品的属性息息相关。基于此，可以计算得出结构性的金融冲击、能源冲击和复合冲击。

表 5.5   **SVAR 模型的 C 矩阵**

分类	原木进口	锯材进口	化学木浆进口	胶合板出口
C 矩阵	$\begin{bmatrix} 0.27 & 0 & 0 \\ 0.05 & 0.10 & 0 \\ 0.01 & 0.01 & 0.03 \end{bmatrix}$	$\begin{bmatrix} 0.28 & 0 & 0 \\ 0.05 & 0.10 & 0 \\ 0.01 & 0.01 & 0.02 \end{bmatrix}$	$\begin{bmatrix} 0.24 & 0 & 0 \\ 0.07 & 0.08 & 0 \\ 0.04 & 0.02 & 0.06 \end{bmatrix}$	$\begin{bmatrix} 0.28 & 0 & 0 \\ 0.05 & 0.10 & 0 \\ 0.01 & 0.01 & 0.03 \end{bmatrix}$

资料来源：通过 Stata 软件计算所得。

（1）原木 SVAR 模型的金融、能源和复合冲击为：

$$u_{1t} = e_{1t}/0.27$$

$$u_{2t} = (e_{2t} - 0.05 \times u_{1t})/0.10$$

$u_{3t} = (e_{3t} - 0.01 \times u_{1t} - 0.01 \times u_{2t})/0.03$

（2）锯材 SVAR 模型的金融、能源和复合冲击为：

$u_{1t} = e_{1t}/0.28$

$u_{2t} = (e_{2t} - 0.05 \times u_{1t})/0.10$

$u_{3t} = (e_{3t} - 0.01 \times u_{1t} - 0.01 \times u_{2t})/0.02$

（3）化学木浆 SVAR 模型的金融、能源和复合冲击为：

$u_{1t} = e_{1t}/0.24$

$u_{2t} = (e_{2t} - 0.07 \times u_{1t})/0.08$

$u_{3t} = (e_{3t} - 0.04 \times u_{1t} - 0.02 \times u_{2t})/0.06$

（4）胶合板 SVAR 模型的金融、能源和复合冲击为：

$u_{1t} = e_{1t}/0.28$

$u_{2t} = (e_{2t} - 0.05 \times u_{1t})/0.10$

$u_{3t} = (e_{3t} - 0.01 \times u_{1t} - 0.01 \times u_{2t})/0.03$

5.3.2 拓展的贸易引力模型估计结果与分析

5.3.2.1 样本区域选择与模型识别

本小节选取 4 种国际木质林产品进口、出口量分别占中国木质林产品总进口、出口量 1% 以上的国家作为研究样本区域。其中，原木进口来源国主要包括澳大利亚、巴布亚新几内亚、赤道几内亚等在内的 19 个国家；锯材进口来源国主要包括阿根廷、澳大利亚、巴西等在内的 21 个国家；化学木浆进口来源国主要包括巴西、德国、俄罗斯等在内的 12 个国家；胶合板出口目的国主要包括韩国、日本、以色列等在内的 25 个国家。对拓展的贸易引力模型中使用到的各序列进行平稳性检验，结果如表 5.6 所示，可以看出，各变量均平稳。

表 5.6　　　　　　　　　　各变量的 ADF 检验结果

变量	原木进口		锯材进口		化学木浆进口		胶合板出口	
	ADF 值	结果	ADF 值	结果	ADF 值	结果	ADF 值	结果
$\mathrm{ln}trade_{jt-1}$	-2.04**	平稳	-3.70***	平稳	-2.21**	平稳	-4.97***	平稳

续表

变量	原木进口		锯材进口		化学木浆进口		胶合板出口	
	ADF 值	结果	ADF 值	结果	ADF 值	结果	ADF 值	结果
ov_t	− 3.59 ***	平稳	− 2.58 *	平稳	− 3.12 **	平稳	− 3.63 ***	平稳
$\hat{\mu}_{1t}$	− 3.27 **	平稳	− 3.29 **	平稳	− 3.25 **	平稳	− 3.68 ***	平稳
$\hat{\mu}_{2t}$	− 4.70 ***	平稳	− 4.71 ***	平稳	− 5.56 ***	平稳	− 5.53 ***	平稳
$\hat{\mu}_{3t}$	− 6.45 ***	平稳	− 5.56 ***	平稳	− 3.12 **	平稳	− 3.85 ***	平稳
$\ln GDP_t$	− 2.29 **	平稳	− 2.29 **	平稳	− 3.70 ***	平稳	− 2.29 **	平稳
$\ln GDP_{jt}^*$	− 1.87 **	平稳	− 2.30 **	平稳	− 2.57 **	平稳	− 2.25 **	平稳

注：***、**、* 分别表示 1%、5%、10% 的显著性水平。

由本书第 5.1.1 小节可知，该部分的回归模型可能存在内生性问题，因此，为保证模型构建的客观性与准确性，需依次完成 Hausman 检验、Sargan 检验与 Hansen 检验。首先，采用 Hausman 检验来分析模型是否具有内生性问题，原假设（H_0）：全部的解释变量都是外生的，若 H_0 成立，可以判断模型不存在内生的解释变量，直接进行 OLS 回归。由表 5.7 可知，各模型的 Hausman 检验值均在 1% 的显著性水平下拒绝 H_0，可以判断存在内生的解释变量，需要借助工具变量进行回归。一般，设置核心解释变量的滞后期为工具变量进行 GMM 回归，同时加入被解释变量的滞后 1 期，控制可能存在的自相关与异方差，接下来，需检验工具变量的有效性。Sargan 检验与 Hansen 检验的原假设（H_0）：所有的工具变量都是外生的，若 H_0 成立，可以判断所有的工具变量都是有效的，估计量将无限接近于真实参数。由表 5.7 可知，二者的检验结果均表明工具变量的设置可靠，此外，调整后 R^2 均大于 0.80，这意味着模型的整体拟合效果良好。

表 5.7　　　　　　　　　拓展的贸易引力模型估计结果

变量	原木进口	锯材进口	化学木浆进口	胶合板出口
$\ln trade_{jt-1}$	0.35 ***	0.24 ***	0.63 ***	0.61 ***
ov_t	0.73 *	0.94 ***	− 1.13 *	− 2.10 *

续表

变量	原木进口	锯材进口	化学木浆进口	胶合板出口
$\hat{\mu}_{1t}$	0.22	0.31 **	0.38 *	-0.51 **
$\hat{\mu}_{2t}$	-0.13	-0.30	0.10	-0.19
$\hat{\mu}_{3t}$	0.16	0.08 *	0.12	-0.02 *
$\ln GDP_t$	0.34 ***	0.53 **	0.77 **	0.52 *
$\ln GDP_{jt}^*$	0.63 *	1.33 *	0.17 *	2.15 **
常数	9.99 *	10.44 ***	8.51 *	-14.77
时间效应	控制	控制	控制	控制
Hausman 检验	288.30 ***	339.94 ***	125.86 ***	292.43 ***
Sargan 检验	2.28	0.95	0.29	2.12
Hansen 检验	2.40	0.71	0.28	1.77
Wald 检验	1275.06 ***	2266.48 ***	1728.05 ***	1051.85 ***
调整后 R^2	0.90	0.88	0.87	0.94

注：*** 、** 、* 分别表示 1%、5%、10% 的显著性水平。

5.3.2.2 估计结果与分析

（1）从价格波动幅度（ov_t）来看，原木、锯材进口的系数显著为正，分别为 0.73、0.94，化学木浆进口、胶合板出口的系数显著为负，分别为 -1.13、-2.10，说明国际原木、锯材价格波动幅度变大，会使中国原木、锯材的进口量增加；国际化学木浆价格波动幅度变大，会使中国化学木浆进口量减少；国际胶合板价格波动幅度变大，会使中国胶合板出口量减少。这主要是：一方面，与前面 NARDL 模型中非对称性检验所发现的价格自身波动的非对称性特征相关，根据第 4 章研究结果可知，在国际原木、锯材、胶合板市场上，利空消息的冲击明显大于利好消息，即价格上涨幅度有限，价格下跌引发的波动更大，具有"杠杆效应"；在国际化学木浆市场上，利好消息的冲击明显大于利空消息，即价格下跌幅度有限，价格上涨引发的波动更大。另一方面，国际价格波动幅度的变大，反映出国际市场的不稳定，在此背景下，各国会通过关税、补贴、进出口限制等途径干预国际贸易，将国际市场价格波动带来的负面影响转嫁给别国，使得各国的贸易隔离程度上升，尤其是使中国胶合板出口贸易萎缩明显。从 NARDL 模型结果来看，国际胶合板价格下跌的影响在 4 种产品中是最大的，其长期弹性系数为 - 1.25，且胶合板自身价格波动幅度在 4 种产品中也是最大的，其样本估计标准偏差为 2.75%，所以国际胶合板价格波动幅度变化带来的影响也最大。

（2）从金融冲击（$\hat{\mu}_{1t}$）来看，原木、锯材、化学木浆进口的系数为正，其中，锯材与化学木浆的系数显著，分别为 0.31、0.38，胶合板出口的系数显著为负，为 - 0.51，这是财富效应与汇率波动效应综合作用的结果，说明正向的金融冲击，会使中国原木、锯材、化学木浆进口量增加，使中国胶合板出口量减少，这与经济理论相吻合。从财富效应角度来讲，当国际金融资产价格上涨时，海外公司与政府债券的融资成本将会变得更高，从而压低他们的股价，房市萎缩，私人消费降低，对中国胶合板的需求量减少，而海外消费需求的下降也在一定程度上为中国原木、锯材、化学木浆进口量的上升提供条件（周旋，2020）。而此时，国内利率相对下降，股票价格上升，企业在股市中的价值得以提高，会扩大生产，增加对原木、锯材、化学木浆的进口需求。这也从侧面反映出，对于海外消费者而言，金融资产价格上涨的替代效应大于收入效应。从汇率角度来讲，当国际金融资产价格上涨时，中国与海外的利率差距会加大，使原有资本供需的均衡状态被打破，国内资本流入海外市场，出现供不应求的现象，在这个时候，若国内利率不变，本币就会升值，由于海外市场在短时期内注入了大量资本，将会出现供大于求、外币贬值的现象，从而有利于中国原木、锯材、化学木浆的进口，而不利于中国胶合板的出口（余博等，2020），且海外市场资本供应量的增加，也会使海外市场的预期通货膨胀上升，降低了海外消费者的实际购买力。另外，从金融冲击本身变化数据来看，这 4 种木质林产品金融冲击的波动趋势基本保持一致，胶合板金融冲击波动幅度最大，其样本估计标准偏差为 28.24%，因此其负向影响也最大。

（3）从能源冲击（$\hat{\mu}_{2t}$）来看，原木与锯材进口、胶合板出口的系数为负，分别为 - 0.13、 - 0.30、 - 0.19，化学木浆进口的系数为正，为 0.10，但均不显著，说明正向的能源冲击，会使中国原木、锯材进口量减少，使中国胶合板出口量减少，使中国化学木浆进口量增加，但效果不显著。在经济全球化不断深入发展的大背景下，国际能源价格变动已经成为世界经济贸易发展重要的"晴雨表"，能源价格的上涨会带来一系列的蝴蝶效应，影响世界范围内的通货膨胀。中国作为石油净进口国，一方面，在收入转移效应的影响下，收入会减少，从而使木质林产品的进口量减少；另一方面，在通货膨胀的作用下，国内外消费者的实际购买力均下降，因此国内外的进口贸易量均减少。从运输成本角度来讲，目前木质林产品大多采用集装箱形式进行远洋运输，能源价格的上涨会导致海运成本升高，使中国木质林产品进口、出口量均减少。从生产成本角度来讲，石油作为重要的工业原料，其价格上涨会使起重设备、加热油炉等生产部分的成本上升，从而使胶合板价格升高，产出减少，出口量减少。但对于化学木浆而言，虽然石油在中国造纸工业的能耗结构中所占比重较少，大约在 2% 左右，但与芬兰等化学木浆生产强国相比，仍然偏高，因此，当石油价格上涨时，中国化学木浆生产成本上升的幅度更高，相比之下，仍会选择进口，根据韩育林（2019）的研究结果，中国 64.10% 的进口木浆降低了中国整个造纸产业链中相当于 10.25 百万吨煤当量（Mtce）的能耗。因此，国际能源价格的上涨对中国化学木浆进口量的影响与其他 3 种产品不同。此外，能源冲击的均值、波动幅度与影响效果均较低于金融冲击，因此，在中国木质林产品进口、出口贸易中，更应关注金融冲击的影响，特别是胶合板出口更应关注国际金融资产价格上涨的影响。

（4）从复合冲击（$\hat{\mu}_{3t}$）来看，原木、锯材、化学木浆进口的系数为正，其中，锯材系数显著，为 0.08，胶合板出口的系数显著为负，为 -0.02。复合冲击反映了国际金融资产价格、国际能源价格、国际木质林产品价格波动对中国木质林产品进口、出口的综合影响，正向的复合冲击令中国原木、锯材、化学木浆进口量增加，令中国胶合板出口量减少的结果也表明中国在面对复合冲击时首先考虑的是本国的木质林产品安全，以满足本国的木质林产品需求为主，这符合常理。

（5）控制变量影响。从中国 GDP（$\ln GDP_t$）来看，原木、锯材、化学木浆进口的系数与胶合板出口的系数均显著为正。这主要是由于经济规模（GDP）可以用来反映一个国家的进口需求能力与出口供给能力，所以当经济规模变大时，该国出口或者进口的潜力也会变大（田明华等，2018），其中，化学木浆进口的系数最大，为 0.77，说明化学木浆进口更容易受到国内经济增长的影响。从国外加权 GDP（$\ln GDP_{jt}^*$）来看，原木、锯材、化学木浆进口的系数与胶合板出口的系数均显著为正。该变量综合考虑了地理距离因素与国外 GDP 因素，与 $\ln GDP_t$ 作用效果类似，当国外经济规模变大时，原木、锯材与化学木浆的市场供给能力变强，胶合板的市场需求总量增大，从而对中国木质林产品进口、出口贸易产生正向影响，其中，胶合板出口的系数最大，为 2.15，说明胶合板出口更容易受到海外经济增长的影响。

5.4 结果讨论

对比国际木质林产品价格波动、金融冲击、能源冲击、复合冲击的影响可以发现，国际木质林产品价格波动带来的影响最大，因此，为维护中国木质林产品贸易安全，保持供需稳定，应及时掌握市场动态信息，用于引导理性交易。就中国原木、锯材进口而言，应更多关注利空消息影响，在预测利空消息发生前及时停止进口，在利空消息发生后增加进口；就化学木浆进口而言，应更多关注利好消息影响，在每一次价格上涨的初期适当增加进口以减少价格持续上涨带来的冲击；就胶合板出口而言，应更多关注利空消息影响，在价格上涨时增加出口，同时注意降低产品的可替代性以防范价格下跌风险，并通过培育和完善国内系列木质林产品期货与期权市场，发挥其价格发现、套期保值、规避风险的作用。

在国际木质林产品价格冲击与中国木质林产品进口、出口贸易中，国际金融资产价格的影响大于国际能源价格，效果也更显著，对于原木、锯材、化学木浆进口而言，国际金融资产价格上涨会使进口成本升高，进口量减少，影响国内供给；对于胶合板出口而言，金融冲击会使胶合板出口量减少，影响出口创汇。因此，应尽量避免金融冲击风险，一方面，应在坚持市场化原则的前提下，以实体经济为支撑，稳步推进人民币国际化，实现人民币汇率市场化，不断提高人民币在国际贸易与国际金融中的地位，从而达到防范和化解金融风险的目的，降低金融冲击对胶合板出口抑制的影响；另一方面，在木质林产品进口、出口贸易中，可尽量选择使用人民币作为计价货币，若必须以外币计价，则需在签订贸易合同时，就汇率风险分摊条款提前商定，也可通过提前付款、延迟收款、远期结汇锁定汇率、出口押汇、应收和应付的贴现、赊销等方式，来规避汇率波动的风险。

为规避国际能源价格波动带来的冲击，就原木、锯材、化学木浆进口而言，应继续推进海外直接投资，选取加蓬、澳大利亚、新加坡、新西兰、俄罗斯等木材资源丰富、投资环境稳定的国家（地区）建立木材生产基地与业务网络，参与当地森林资源开发与经营，利用当地资源优势直接生产加工初级木制品，促使小批量集装箱运输方式向大轮大批量进口方式的加快转变，从而改变单一的木材贸易方式，降低运输成本。就胶合板出口而言，应重视生产企业之间的合作，利用地理位置的连通性与生产过程的相似性形成产业集聚，以实现企业间人力、资本、技术、设备等资源的整合与共享，发挥规模效应与产业集群效应，降低生产成本，应对国际能源价格上涨的不利影响。

本章可能的学术边际贡献在于：首次从价格波动方向、价格波动幅度两个方面研究国际木质林产品价格波动对中国木质林产品进口、出口量的影响，明确了价格上涨与下跌带来的非对称影响，探索了国际金融资产、能源和木质林产品价格之间的当期结构式冲击，估计了这些因素变动对中国木质林产品进口、出口量的单独影响与复合影响。当然，受数据资料所限，与农产品国内外价格传递等已有研究相比，本章研究内容略显不足，无法针对木质林产品国内外价格的空间传导与国内价格的垂直传导展开系统分析。接下来，需对中国原木、锯材、化学木浆进口贸易与中国胶合板出口贸易的大国效应与市场势力进行验证。

5.5 本 章 小 结

本章基于 2001 年 1 月～2020 年 12 月的月度时间序列数据，通过 NARDL 模型与引入 SVAR 冲击的贸易引力模型就国际木质林产品价格波动方向及波动幅度对中国木质林产品进口、出口量的影响展开实证分析，得到如下主要结论：

（1）国际木质林产品价格与中国木质林产品进口、出口量之间存在显著协整关系，即中国木质林产品进口、出口量非常容易受到国际市场价格波动的冲击；中国木质林产品进口、出口量对国际木质林产品价格上涨与下跌的反应程度不同，反应速度几乎一致，因此，更应关注传递过程的长期非对称性；不同木质林产品对于国际市场价格波动传递效应的非对称性存在显著差异，其中，中国原木、锯材、化学木浆进口量对国际市场价格下跌的反应更大，而胶合板出口量对国际市场价格上涨的反应更大。

（2）国际金融资产价格对国际能源价格、国际金融资产对国际木质林产品价格、国际能源价格对国际木质林产品价格均具有显著的正向影响，三者是同向变动的。其中，就原木、锯材、胶合板而言，国际金融资产价格、国际能源价格的正向冲击均会使相应木质林产品国际价格上涨，且二者的影响力度相同，但对化学木浆而言，国际金融资产价格的影响程度大于国际能源价格。

（3）受国际木质林产品价格自身波动的非对称性特征影响，国际原木、锯材、胶合板的价格上涨幅度有限，价格下跌引发的波动更大，因此，国际原木、锯材、胶合板价格波动幅度变大，会导致中国原木、锯材进口量增加、胶合板出口量减少；国际化学木浆的下跌幅度有限，价格上涨引发的波动更大，因此，国际化学木浆价格波动幅度变大，会导致中国化学木浆进口量减少。在这 4 种木质林产品中，国际胶合板价格波动幅度变化带来的影响最大，系数为 -2.10。

（4）受国际金融资产财富效应与汇率波动效应综合作用的影响，正向的金融冲击，会使中国原木、锯材、化学木浆进口量增加、胶合板出口量减少，影响力度由大到小依次为胶合板（-0.51）、化学木浆（0.38）、锯材（0.31）、原木（不显著）；受运输成本、生产成本、收入转移效应综合作用的影响，正向的能源冲击，会使中国原木、锯材进口量减少、化学木浆进口量增加、胶合板出口量减少，但效果均不显著，且能源冲击的均值、波动幅度与影响效果均低于金融冲击，因此，在中国木质林产品进口、出口贸易中，更应关注金融冲击的影响，尤其是胶合板出口更应关注国际金融资产价格的上涨的影响。

（5）复合冲击反映了国际金融资产价格、国际能源价格、国际木质林产品价格波动对中国木质林产品进口、出口的综合影响，正向的复合冲击会使中国原木、锯材、化学木浆进口量增加、胶合板出口量减少。

（6）中国与国外 GDP 增加，均会使中国原木、锯材、化学木浆进口量增加、胶合板出口量增加，这与经济理论相符，相比较而言，化学木浆进口更容易受到国内经济增长的影响，胶合板出口更容易受到海外经济增长的影响。

综上所述，基于不同木质林产品的国际价格波动传导效应，应常态化做好应对工作，不断降低国际市场价格波动的冲击风险。

第 6 章

中国木质林产品贸易的大国效应研究

上一章分析了国际木质林产品价格对中国相应产品贸易量的影响，反过来，中国作为全球木质林产品贸易网络的一个关键枢纽，其贸易行为是否会对国际木质林产品价格产生影响？是否存在"买涨卖跌"的困境？将直接关系到中国参与国际木质林产品贸易过程的经济利益得失。进口方面，若随着中国木质林产品进口量的增加，国际木质林产品价格大幅上涨，则会使中国进口木质林产品成本增加，也会引起国际木质林产品市场震荡，容易遭遇各种贸易壁垒和贸易摩擦，不利于中国利用国际市场保障国内木材供给安全。出口方面，若随着中国木质林产品出口量的增加，国际木质林产品价格大幅下跌，则会给中国木质林产品贸易带来损失，造成木材资源的低价流失（龚谨等，2018）。

目前学者们关于大国效应的研究主要集中在农产品（赵峰等，2018）、矿产品（尤喆，2019）等贸易领域，而关于木质林产品贸易的研究较为匮乏，仅检索到两篇（李梦丁，2010；段欢等，2015）。纵观已有研究，学者们对于中国粮食、铁矿石等大宗商品贸易是否存在大国效应，尚未达成一致的判定标准，且学者们主要借助 VAR 模型来估计中国大宗商品贸易量对国际价格的影响，但就本书的研究而言，如果中国木质林产品进口、出口量变化带来的影响没有直观地引起国际木质林产品价格的上涨或者下跌，例如，在整个样本区间内，国际木质林产品价格对中国木质林产品贸易量的影响大于中国木质林产品贸易量对国际木质林产品价格的影响，则会使中国木质林产品贸易的大国效应难以显现；又例如，在胶合板出口贸易中，受生产成本、运输成本、贸易政策等多种因素影响，国际胶合板价格在长期可能会呈现上涨趋势，从而将中国胶合板出口量增加引起国际胶合板价格下跌的现象隐藏起来，导致大国效应不能被完全发现。

因此，本章在现有研究的基础上加以改进，将大国效应分为显性大国效应（指中国木质林产品贸易量能直观引起国际木质林产品价格的上涨或下跌，可以通过 VAR 模型测算）与隐性大国效应（指中国木质林产品贸易量能引起国际木质林产品价格上涨或下跌的现象被掩盖，需要利用 Spearman 等级相关系数或价格对比等方式深入挖掘）两类，从显性和隐性两个角度对中国木质林产品贸易是否存在大国效应进行验证，并进一步分析当大国效应存在时，中国木质林产品贸易量对国际木质林产品价格的作用区间及影响程度，估算大国效应造成的贸易损失。

6.1　理论分析框架

传统比较优势理论认为市场是完全竞争的，市场上的参与主体均为价格的被动接受者（王新华等，2017），但在现实国际贸易中，当某个国家（地区）某种产品的贸易量在世界市场上所占比重较大时，该国（地区）贸易量的增加（减少）会引起世界贸易量的增加（减少），从而改变供需关系，打破原有的均衡状态，导致价格上涨（下跌），即出现大国效应，此时，国际贸易市场为不完全竞争市场（刘晓雪和黄晴晴，2019）。目前，学者们关于中国大国效应的研究主要集中在农产品贸易领域，着重探讨了大国效应是否存在、大国效应的作用区间与影响程度这 2 个问题。

（1）大国效应是否存在。这类研究最早可追溯到美国学者莱斯特·布朗在《谁来养活中国》一文中提出这样一个观点，即"中国从国际市场上大量进口粮食必然会导致国际粮食价格大幅上涨"。随后学者们对此进行验证，主要借助 VAR 模型实证分析中国粮食整体和分品种进口、出口贸易的大国效应，目前尚未得到一致结论。部分学者认为中国小麦、稻米、大豆、大米等粮食进口贸易是不存在大国效应的，不会对国际粮食价格产生影响（马述忠和王军，2012；孙致陆和李先德，2015；王新华等，2017）；部分学者认为中国小麦、大豆、大麦、玉米等粮食进口贸易、大米等粮食出口贸易是存在大国效应的（杨燕和刘渝琳，2006；陈传兴和李静逸，2011；何树全和高昊，2014；钟钰等，2015；龚谨等，2018）。随后，有学者分析得出不同结论的原因，认为大国效应的显现是有条件的，只有当中国粮食进口贸易量占世界粮食总进口贸易量的份额较高时，才会对国际粮食价格产生影响，并且大国效应的发挥在不同粮食品种之间、不同时间样本区域之间也是有差异的（武拉平，2001；李晓钟和张小蒂，2004；范建刚，2007；赵峰等，2018）。但是，利用 VAR 模型进行大国效应的检验是不全面的，不显现并不代表没有大国效应。例如，中国木质林产品贸易量与国际木质林产品价格是相互影响的，并且这种影响是相互穿插显现的，当国际木质林产品价格的影响更加显著，而中国相应产品的贸易量影响较小时，就会使中国木质林产品贸易的大国效应被掩盖；又例如，在胶合板出口贸易中，受生产成本、运输成本、贸易政策等多种因素影响，国际胶合板价格在长期可能会呈现上涨趋势，从而将中国胶合板出口量增加引起国际胶合板价格下跌的事实隐藏起来，导致大国效应不能被完全发现，难以就"买涨卖跌"问题进行解释。基于此，本章首次将大国效应分为显性大国效应与隐性大国效应两类，从显性与隐性两个角度对中国木质林产品贸易的大国效应展开研究。其中，显性大国效应是指中国木质林产品进口（出口）量能够直观引起国际木质林产品价格的上涨（下跌），可以通过 VAR 模型被检验出来，这也是现有文献的研究范式。隐性大国效应是指中国木质林产品进口（出口）量能够引起国际木质林产品价格上涨（下跌）的现象被掩盖起来，不能被直接观测到，需通过 Spearman 等级相关系数分析与加入中国因素的前后国际价格对比分析等方法深入挖掘中国木质林产品贸易量与国际木质林产品价格之间的相关关系，揭示中国木质林产品进口、出口量对国际木质林产品价格的影响，以明确隐性大国效应是否存在。

（2）大国效应的作用区间与影响程度。该问题的研究关键是找到在大国效应发挥作用时，中国木质林产品进口、出口量与国际木质林产品价格的对应关系，从而分段估计出相应的弹性，为中国木质林产品参与国际贸易提供指导，具有重要的现实意义。然而迄今为止，学者们关于该问题的研究极少，仅有的个别文献在处理方法上也过于简单，其假设大国效应的影响是线性的，并且在全样本区间内的大国效应均是显性的，进而通过协整回归进行估计，以确定大国效应的影响程度（王新华等，2017）。但在现实贸易中，这大概率是会存在非线性关系，且中国木质林产品贸易量对国际木质林产品价格的影响与国际木质林产品价格对中国木质林产品贸易量的影响孰强孰弱是不定的，因此，现有的研究方法并不准确。在本章研究中，若大国效应真的存在，则需将国际木质林产品价格对中国木质林产品贸易量的影响剥离出来，仅选取大国效应发挥作用的区间作为研究样本，通过 MATLAB 软件对中国木质林产品进口、出口量与国际木质林产品价格的真实关系进行函数拟合分析，分段估计弹性，以明确在不同区间内，中国木质林产品进口、出口量的变化对国际木质林产品价格的影响程度，并进一步利用边际价格估算大国效应造成的贸易损失。

在本书第 2.2.2 小节"大国效应理论"部分，已经详细阐述了大国国内市场与国际市场之间的传导机制，基于该理论，继续推导中国木质林产品进口、出口量与国际木质林产品价格之间的关系（见图 6.1）。就进口而言，受大国效应的影响，中国木质林产品进口量的增加会引起国际木质林产品价格的攀升，但这种攀升并不是无止境的，而是会受到限制。原因是：一方面，随着中国木质林产品进口量的增加，中国占国际木质林产品进口量的份额越来越高，很可能会拥有一定的市场势力，即具备议价能力，使国际木质林产品价格的增长速度放缓；另一方面，国际木质林产品价格的上涨，会使国际木质林产品的供给增加，从而制约了国际木质林产品价格的上涨幅度，并且其他国家需求减少的部分也会被中国进口所替代。于是，便形成了图 6.1（a）中关系曲线 $P(Q)$，假设中国木质林产品进口量在 $A(P_1，Q_1)$ 开始发挥大国效应，当进口量从 Q_1 增加至 Q_2 时，国际价格由 P_1 增长至 P_2，会造成 P_2P_1BC 区域的贸易损失。就出口而言，中国木质林产品出口量的增加会造成国际木质林产品价格的下跌，同样，这种下跌，也是会受到限制的，原因是：一方面，随着中国木质林产品出口量的增加，中国木质林产品出口贸易很可能会拥有市场势力，即具备讨价还价的能力，使国际价格下跌速度放缓；另一方面，国际木质林产品价格的下跌，会促使国际需求量增加，其他国家的供给减少，当然中国也不会一直增加供给来满足市场需求，从而制约了国际木质林产品价格的进一步下跌，于是，便形成了图 6.1（b）关系曲线 $P^*(Q^*)$，假设中国木质林产品出口量在 $D(P_3，Q_3)$ 开始发挥大国效应，当出口量由 Q_3 增加至 Q_4 时，国际价格由 P_3 下跌至 P_4，会造成 P_4P_3EF 区域的贸易损失。接下来，需要在实证模型分析中对该理论加以验证。

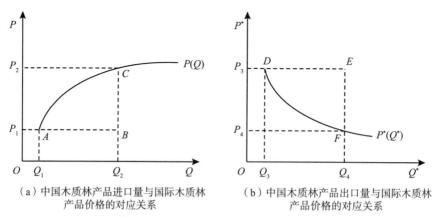

（a）中国木质林产品进口量与国际木质林产品价格的对应关系

（b）中国木质林产品出口量与国际木质林产品价格的对应关系

图 6.1　中国木质林产品进口、出口量与国际木质林产品价格的对应关系

注：根据大国效应理论推导得出。

综上所述，构建本章研究的分析框架，如图 6.2 所示。

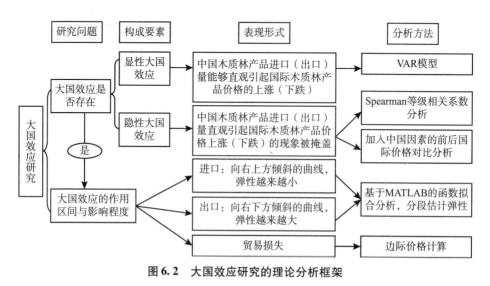

图 6.2　大国效应研究的理论分析框架

6.2 特征事实分析

6.2.1 不同木质林产品中国贸易量占比分析

表 6.1 列出了 2001～2019 年中国与世界原木、锯材、化学木浆历年的进口量、中国进口量占世界总进口量历年的占比，及中国与世界胶合板历年的出口量、中国出口量占世界总出口量历年的占比。可以看出，中国原木、锯材、化学木浆进口量及胶合板出口量分别由 2001 年的 1687 万立方米、402 万立方米、423 万吨、97 万立方米增长至 2019 年的 6378 万立方米、3811 万立方米、2156 万吨、900 万立方米，年均增速分别为 7.67%、13.32%、9.47%、13.21%，均呈现出波动上升趋势，且中国原木、锯材、化学木浆进口量与中国胶合板出口量的年均增速远远大于世界贸易量的年均增速，因此，中国在世界木质林产品贸易中所占的份额不断上升。具体而言，中国原木、锯材、化学木浆进口量占比及胶合板出口量占比分别由 2001 年的 14.33%、3.56%、12.24%、4.96% 增长至 2019 年的 42.50%、25.55%、37.67%、32.11%，年均增速分别为 6.22%、11.57%、6.44%、10.93%。

表 6.1 2001～2019 年中国、世界木质林产品贸易量及中国占比分析

年份	原木进口量			锯材进口量			化学木浆进口量			胶合板出口量		
	中国（万立方米）	世界（万立方米）	占比（%）	中国（万立方米）	世界（万立方米）	占比（%）	中国（万吨）	世界（万吨）	占比（%）	中国（万立方米）	世界（万立方米）	占比（%）
2001	1687	11769	14.33	402	11277	3.56	423	3458	12.24	97	1946	4.96
2002	2434	12054	20.19	540	11779	4.58	453	3568	12.70	179	2018	8.88
2003	2542	12439	20.43	551	12125	4.54	499	3601	13.85	204	1822	11.20
2004	2608	12774	20.42	600	13504	4.44	607	3879	15.64	430	2414	17.82

续表

年份	原木进口量			锯材进口量			化学木浆进口量			胶合板出口量		
	中国（万立方米）	世界（万立方米）	占比（%）	中国（万立方米）	世界（万立方米）	占比（%）	中国（万吨）	世界（万吨）	占比（%）	中国（万立方米）	世界（万立方米）	占比（%）
2005	2937	13665	21.49	597	13583	4.40	630	3965	15.88	554	2580	21.47
2006	3215	13547	23.73	607	13412	4.52	645	4045	15.94	824	2851	28.91
2007	3712	14198	26.15	650	13414	4.85	681	4049	16.83	872	2892	30.14
2008	3211	12276	26.15	726	11180	6.50	785	4122	19.05	719	2435	29.50
2009	2806	9494	29.55	988	9455	10.45	1139	4029	28.27	557	2073	26.85
2010	3434	11493	29.88	1476	10844	13.61	891	4220	21.11	746	2371	31.46
2011	4231	12645	33.46	2155	11626	18.54	1181	4423	26.70	947	2532	37.40
2012	3781	11859	31.89	2063	11285	18.28	1339	4723	28.34	993	2595	38.25
2013	4494	13280	33.84	2402	12225	19.65	1359	4815	28.22	1003	2644	37.93
2014	5121	13964	36.67	2698	13120	20.56	1430	4897	29.20	1130	2825	40.00
2015	4930	13432	36.70	2663	13293	20.03	1582	5045	31.35	1009	2744	36.78
2016	5123	14013	36.56	3215	14353	22.40	1705	5364	31.78	1015	2888	35.13
2017	5526	13640	40.51	3739	15037	24.87	1925	5572	34.55	1090	3065	35.57
2018	5969	14958	39.90	3663	15118	24.23	2004	5722	35.02	1111	3165	35.12
2019	6378	15007	42.50	3811	14917	25.55	2156	5722	37.67	900	2803	32.11
年均增速（%）	7.67	1.36	6.22	13.32	1.57	11.57	9.47	2.84	6.44	13.21	2.05	10.93

资料来源：由 FAO 数据库整理计算所得。

　　中国木质林产品贸易的快速发展，离不开加入世界贸易组织（World Trade Organization，WTO）带来的机遇，更离不开中国木质林产品对外贸易政策的支持。首先，2001 年中国正式加入 WTO 为推动贸易自由化提供了便利，改善了中国木质林产品的对外贸易条件，主要体现在以下四点：一是使中国参与到相对公平的国际木质林产品贸易市场，便于有效、稳定、快速地获取国际市场交易信息，尤其是便于及时了解木质林产品市场价格的变动；二是使中国享受到最惠国待遇，压低了关税税率，也减少了一些非关税的贸易壁垒，促进了木质林产品贸易的自由化，扩大了木质林产品的生产与交换；三是使木质林产品市场进一步得到开放与规范，为中国参与到木质林产品国际大循环提供了途径，从而可以利用国际市场缓解国内木材供给不足的矛盾（陈绍志和李剑泉，2012；陈俊峰等，2020）；四是促使中国根据国际市场的变化调整木质林产品对外贸易政策，利于改善投资环境，吸引外资流入，加强技术与管理经验的交流，倒逼国内林产工业企业进行管理体制改革，提高竞争力，刺激中国林业由"弱林业"向"大林业和强林业"发展（付亦重和程宝栋，2012）。

另外，改革开放以来，中国积极实施木质林产品进口贸易鼓励政策，尤其是 1998 年正式开启"天然林保护工程"以来，中国取消了对原木、锯材进口的关税限制，对进口原木、锯材等木材实行零关税政策；取消了核定公司经营制度，由许可制平稳过渡为登记制，实现了贸易开放经营；不再对原木的进口配额进行许可管制，并配套实行边贸优惠政策、放宽外汇进出管制、完善各类木质林产品的进口检验检疫制度、设立保税区国际木材贸易市场等。在出口方面，主要针对不同类别的木质林产品，采取出口限制政策或以出口退税为主体的鼓励政策。例如，为保障国内木材安全，中国逐渐对原木、锯材等木材资源型产品出口实施严格的配额限制政策，对一次性筷子、实木地板等产品出口实施加征关税政策，对以国产木材或珍贵材为原料的家具、板材、木浆、纸制品等产品实施禁止出口政策。当然，为适应国际贸易环境的变化，优化产品出口结构，促进国内林业产业结构升级，2001 年至今，中国也多次调整木质林产品出口退税政策，在不同时期为不同产品制定差异化的出口退税率，整体上呈现出先上升后下降的趋势。以本书选取的出口对象——胶合板为例，其出口退税率经历了 13%、13% 与 11% 两档，11%、5%、13% 与 9% 与 5% 三档，16% 与 13% 与 6% 三档 6 个阶段。总体而言，国家对胶合板等加工型产品的出口普遍保持鼓励态度，并通过采取减让运输费、按出口金额进行外汇留成、对胶合板产业进行补贴等间接性措施支持其出口，以达到出口创汇目的（田明华等，2008）。

6.2.2　不同木质林产品中国贸易量与国际价格的变化特征分析

通常，贸易小国的贸易行为不足以改变国际市场的供求状态，对国际价格的影响较小，贸易大国的贸易行为则会成为影响国际价格的重要因素，形成大国效应（Rezitis & Sassi，2013；钟钰等，2015）。当大国木质林产品进口量增加时，国际木质林产品市场上需求量增多，打破了原有的供需平衡状态，导致国际木质林产品价格上涨，而国际木质林产品价格的上涨又反过来抑制进口。相反，当大国木质林产品出口量增加时，国际木质林产品市场上供给增多，导致国际木质林产品价格下跌，而国际木质林产品价格的下跌又反过来抑制出口。当然，也可能存在大国效应的扭曲，即国际木质林产品价格上涨并没有抑制大国木质林产品进口，国际木质林产品价格的下跌也没有阻碍大国木质林产品出口。

国际木质林产品价格的数据处理过程详见本书第 4.2.1 小节，需要补充解释的是，关于是否需要考虑通货膨胀对美元现价的影响这一问题，学者们的处理意见并不统一。部分学者使用各国居民消费价格指数（comsumer price index，CPI）对商品现价进行平减（孙焱林和刘垚，2019；周婕，2021），部分学者则认为无须处理（刘春鹏和肖海峰，2018；郑燕和丁存振，2019；张家乐等，2020；郑旭芸等，2020）。CPI 只衡量了消费者的通货膨胀，是按照一篮子消费品价格变动的加权平均数计算的，各消费品的权重反映了它们在某一时期家庭消费中的相对重要性。在本书中，只使用到以美元表示的国际木质林产品价格，而没有使用到其他国家的市场价格，不会因为各国通货膨胀差异导致价格差异，且美国 CPI 计算的统计篮子主要包括食品与饮料等八大类产品，与木质林产品几乎无关，由于美元可以在世界各国（地区）流通，美国的通货膨胀会辐射到全球，使得其国内的通货膨胀并不会过高，对国际木质林产品价格的影响也比较小，因此，本章也不对通货膨胀进行平减，仍旧使用本书第 4.2.1 小节中处理后的数据。

由图 6.3 可以看出，2001 年 1 月 ~ 2020 年 12 月，国际原木价格趋势线与中国原木进口量趋势线整体上均呈现上升趋势，且中国原木进口量趋势线的上升幅度大于国际原木价格趋势线的上升幅度。具体地，国际原木价格与中国原木进口量的变动关系，大致可以分为以下 11 个阶段：

①2001 年 1 月~2002 年 2 月，国际原木价格与中国原木进口量反方向变动，国际原木价格下跌，促进中国原木进口量增加；

②2002 年 3 月~2007 年 5 月，国际原木价格与中国原木进口量同方向变动，中国原木进口量增加，推动国际原木价格攀升；

③2007 年 6 月~2008 年 2 月，国际原木价格与中国原木进口量反方向变动，国际原木价格攀升，导致中国原木进口量减少；

④2008 年 3 月~2008 年 12 月，国际原木价格与中国原木进口量同方向变动，中国原木进口量减少，引起国际原木价格下跌；

⑤2009 年 1 月~2009 年 4 月，国际原木价格与中国原木进口量反方向变动，国际原木价格下跌，促进中国原木进口量增加；

⑥2009 年 5 月~2011 年 8 月，国际原木价格与中国原木进口量同方向变动，中国原木进口量增加，推动国际原木价格攀升；

⑦2011 年 9 月~2014 年 2 月，国际原木价格与中国原木进口量反方向变动，国际原木价格下跌，促进中国原木进口量增加；

⑧2014 年 3 月~2015 年 10 月，国际原木价格与中国原木进口量同方向变动，中国原木进口量减少，引起国际原木价格下跌；

⑨2015 年 11 月~2018 年 1 月，国际原木价格与中国原木进口量同方向变动，中国原木进口量增加，推动国际原木价格攀升；

⑩2018 年 2 月~2020 年 5 月，国际原木价格与中国原木进口量同方向变动，中国原木进口量减少，引起国际原木价格下跌；

⑪2020 年 6 月~2020 年 12 月，国际原木价格与中国原木进口量同方向变动，中国原木进口量增加，推动国际原木价格攀升。

综上所述，国际原木价格与中国原木进口量的变动关系以同向为主，说明中国原木进口贸易很可能存在大国效应，会出现"买涨"现象，从而增加中国原木进口成本，对经济利益造成负面影响。2018 年 2 月之后，中国原木进口量波动幅度较大，国际原木价格基本保持稳定，波动幅度较小，这意味着，在此区间内，中国原木进口量与国际原木价格波动的相关关系减弱，很可能与中美贸易摩擦和新型冠状病毒肺炎疫情的全球暴发有关。并且在其他国际原木价格上涨的区间内，中国原木进口量仅发生了短时期的小幅度减少，说明国际原木价格上涨，对中国原木进口量的影响不大，这与第 5 章研究结果相一致。

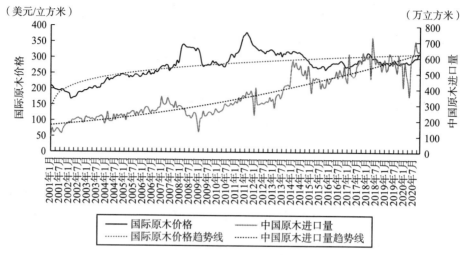

图6.3 2001年1月～2020年12月国际原木价格与中国原木进口量变化趋势

资料来源：国际原木价格根据 IMF Primary Commodity Price System 数据库与 World Bank Commodity Price Data（The Pink Sheet）数据库整理；中国原木进口量根据国研网数据库整理。

由图6.4可以看出，与原木的趋势线变动有所不同，2001年1月～2020年12月，国际锯材价格趋势线呈现出先上升后下降的态势，中国锯材进口量趋势线呈现上升态势。以2012年1月为界，2012年1月之前，国际锯材价格趋势线与中国锯材进口量趋势线同向变动，均呈现上升趋势；2012年1月之后，国际锯材价格趋势线与中国锯材进口量趋势线反向变动，国际锯材价格趋势线呈现下降态势，中国锯材进口量趋势线呈现上升态势。具体地，国际锯材价格与中国锯材进口量的变动关系，大致可以分为以下9个阶段：

①2001年1月～2002年2月，国际锯材价格与中国锯材进口量反方向变动，国际锯材价格下跌，促进中国锯材进口量增加；

②2002年3月～2008年7月，国际锯材价格与中国锯材进口量同方向变动，中国锯材进口量增加，推动国际锯材价格攀升；

③2008年8月～2009年4月，国际锯材价格与中国锯材进口量反方向变动，国际锯材价格下跌，促进中国锯材进口量增加；

④2009年5月～2011年8月，国际锯材价格与中国锯材进口量同方向变动，中国锯材进口量增加，推动国际锯材价格攀升；

⑤2011年9月～2012年1月，国际锯材价格与中国锯材进口量同方向变

动，中国锯材进口量减少，引起国际锯材价格下跌；

⑥2012 年 2 月～2014 年 2 月，国际锯材价格与中国锯材进口量同方向变动，中国锯材进口量增加，推动国际锯材价格攀升；

⑦2014 年 3 月～2017 年 2 月，国际锯材价格与中国锯材进口量反方向变动，国际锯材价格下跌，促进中国锯材进口量增加；

⑧2017 年 3 月～2018 年 2 月，国际锯材价格与中国锯材进口量反方向变动，国际锯材价格攀升，导致中国锯材进口量减少；

⑨2018 年 3 月～2020 年 12 月，国际锯材价格与中国锯材进口量同方向变动，中国锯材进口量减少，引起国际锯材价格下跌。

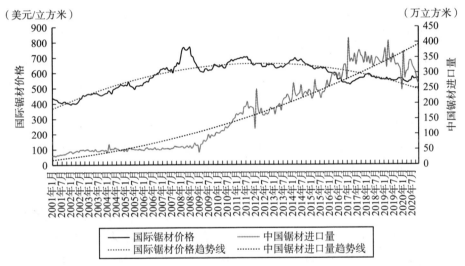

图 6.4 2001 年 1 月～2020 年 12 月国际锯材价格与中国锯材进口量变化趋势

注：国际锯材价格根据 IMF Primary Commodity Price System 数据库与 World Bank Commodity Price Data（The Pink Sheet）数据库整理；中国锯材进口量根据国研网数据库整理。

2018 年 2 月之后，中国锯材进口量波动幅度较大，国际锯材价格基本保持稳定，波动幅度较小，此处的解释与原木相同，不再赘述，并且在其他国际锯材价格上涨的区间内，中国锯材进口量几乎没有减少，但在国际锯材价格下跌的区间内，中国锯材进口量大幅上涨，说明国际锯材价格下跌的影响大于价格上涨的影响，与第 5 章研究结果一致。这种现象与全球锯材市场的供给变动有关，由于俄罗斯、越南、老挝等多国陆续实施原木出口限制政策，加上出口国国内采伐与国际运输成本升高的影响，为抵消原木出口的利益损失，原木出口国会增加锯材的生产与出口，使国际锯材市场上的供给增加，价格下跌，而中国为满足国内木材需求，也会增加锯材进口量（李秋娟等，2018）。如俄罗斯，陆续采取提高原木出口关税、实施木材出口配额、禁止出口针叶类商用木材等措施，以达到帮助森林修复、减少非法采伐、调整木材出口结构的目标，从而使原木出口量减少，而锯材出口市场则表现出强劲增长趋势。根据 FAO 数据库统计，2008～2019 年，世界原木出口量由 11868 万立方米增长至 14583 万立方米，年均增速为 1.89%，而世界锯材出口量由 11799 万立方米增长至 15631 万立方米，年均增速为 2.59%。

由图 6.5 可以看出，2001 年 1 月～2014 年 6 月，国际化学木浆价格趋势线与中国化学木浆进口量趋势线整体上均呈现上升趋势，且中国化学木浆进口量趋势线的上升幅度大于国际化学木浆价格趋势线。具体地，国际化学木浆价格与中国化学木浆进口量的变动关系，大致可以分为以下 9 个阶段：

①2001 年 1 月～2001 年 9 月，国际化学木浆价格与中国化学木浆进口量反方向变动，国际化学木浆价格下跌，促进中国化学木浆进口量增加；

②2001 年 10 月～2008 年 4 月，国际化学木浆价格与中国化学木浆进口量同方向变动，中国化学木浆进口量增加，推动国际化学木浆价格攀升；

③2008 年 5 月～2009 年 5 月，国际化学木浆价格与中国化学木浆进口量反方向变动，国际化学木浆价格下跌，促进中国化学木浆进口量增加；

④2009 年 6 月～2010 年 10 月，国际化学木浆价格与中国化学木浆进口量反方向变动，国际化学木浆价格攀升，导致中国化学木浆进口量减少；

⑤2010 年 11 月～2011 年 1 月，国际化学木浆价格与中国化学木浆进口量同方向变动，中国化学木浆进口量增加，推动国际化学木浆价格攀升；

⑥2011 年 2 月～2011 年 7 月，国际化学木浆价格与中国化学木浆进口量反方向变动，国际化学木浆价格攀升，导致中国化学木浆进口量减少；

⑦2011 年 8 月～2012 年 2 月，国际化学木浆价格与中国化学木浆进口量反方向变动，国际化学木浆价格下跌，促进中国化学木浆进口量增加；

⑧2012 年 3 月～2012 年 8 月，国际化学木浆价格与中国化学木浆进口量同方向变动，中国化学木浆进口量减少，引起国际化学木浆价格下跌；

⑨2012 年 9 月～2014 年 6 月，国际化学木浆价格与中国化学木浆进口量同方向变动，中国化学木浆进口量增加，推动国际化学木浆价格攀升。

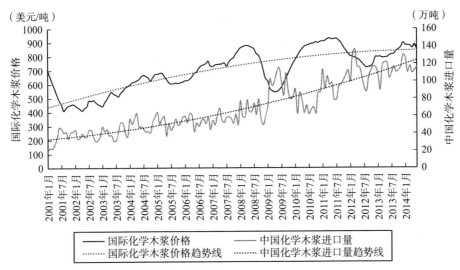

图 6.5　2001 年 1 月～2014 年 6 月国际化学木浆价格与中国化学木浆进口量变化趋势

资料来源：国际化学木浆价格根据 World Bank Commodity Price Data（The Pink Sheet）数据库整理；中国化学木浆进口量根据国研网数据库整理。

综上所述，在国际化学木浆价格与中国化学木浆进口量的变动关系中，同向变动的时间区域较长，说明中国化学木浆进口贸易很可能存在大国效应，中国化学木浆进口也可能存在"买涨"现象，会造成贸易损失。在其他国际化学木浆价格上涨的区间内，中国化学木浆进口量仅在短时期内有小幅下降，但在国际化学木浆价格下跌的区间内，中国化学木浆进口量大幅上涨，说明国际化学木浆价格下跌的影响更大，与第 5 章研究结果一致。

由图 6.6 可以看出，2001 年 1 月～2020 年 12 月，国际胶合板价格趋势线与中国胶合板出口量趋势线整体上均呈现出先上升后下降的趋势。具体地，国际胶合板价格与中国胶合板出口量的变动关系，大致可以分为以下 8 个阶段：

①2001 年 1 月～2002 年 2 月，国际胶合板价格与中国胶合板出口量反方向变动，中国胶合板出口量增加，引起国际胶合板价格下跌；

②2002 年 3 月～2007 年 2 月，国际胶合板价格与中国胶合板出口量同方向变动，国际胶合板价格攀升，促进中国胶合板出口量增加；

③2007 年 3 月～2009 年 2 月，国际胶合板价格与中国胶合板出口量同方向变动，国际胶合板价格下跌，导致中国胶合板出口量减少；

④2009 年 3 月~2012 年 3 月，国际胶合板价格与中国胶合板出口量同方向变动，国际胶合板价格攀升，促进中国胶合板出口量增加；

⑤2012 年 4 月~2015 年 8 月，国际胶合板价格与中国胶合板出口量同方向变动，国际胶合板价格下跌，导致中国胶合板出口量减少；

⑥2015 年 9 月~2018 年 2 月，国际胶合板价格与中国胶合板出口量同方向变动，国际胶合板价格攀升，促进中国胶合板出口量增加；

⑦2018 年 3 月~2020 年 6 月，国际胶合板价格与中国胶合板出口量反方向变动，中国胶合板出口量减少，引起国际胶合板价格攀升；

⑧2020 年 7 月~2020 年 12 月，国际胶合板价格与中国胶合板出口量同方向变动，国际胶合板价格攀升，促进中国胶合板出口量增加。

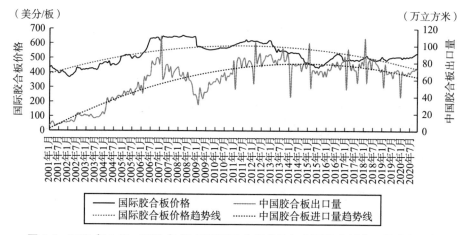

图 6.6　2001 年 1 月~2020 年 12 月国际胶合板价格与中国胶合板出口量变化趋势

注：国际胶合板价格根据 World Bank Commodity Price Data（The Pink Sheet）数据库整理；中国胶合板出口量根据国研网数据库整理。

综上所述，国际胶合板价格与中国胶合板出口量的变动关系以同向为主，国际胶合板价格的波动对中国胶合板出口量的影响大于中国胶合板出口量对国际胶合板价格的影响，尤其是国际胶合板价格上涨的影响大于价格下跌，这与第 5 章研究结果一致。与原木与锯材一样，在 2018 年 2 月之后，中国胶合板出口量波动幅度较大，国际胶合板价格基本保持稳定，波动幅度较小。

6.3　基于 VAR 模型的显性大国效应实证研究

6.3.1　研究方法与数据说明

6.3.1.1　VAR 模型

在研究大国效应时，学者们多采用 VAR 模型展开实证分析（田甜等，2015；赵长和和钟钰，2017；刘晓雪和黄晴晴，2019；方兰和朱荣花，2019）。该模型可以将相互联系的时间序列放入同一系统中进行动态影响关系研究，无须设置约束条件，且能够使预测相互自洽，符合本节研究的需要。在 VAR 模型中，如果设置较多的变量，就需要估计较多的系数，会显得样本量过少，使预测精准度下降，估计的误差增大（刘春鹏和肖海峰，2018）。鉴于此，为了更清晰地反映国际木质林产品价格与中国木质林产品进口、出口量之间的相互关系，本节暂不考虑外生变量问题，具体表达式为：

$$y_t = A_0 + A_1 y_{t-1} + \cdots + A_p y_{t-p} + \varepsilon_t \qquad (6-1)$$

式（6 - 1）中，y_t 包含两个时间序列 $\{y_{1t}, y_{2t}\}$，分别代表中国木质林产品进口、出口量与国际木质林产品价格；ε_t 为随机扰动项，也称为冲击向量，同样包含 $\{\varepsilon_{1t}, \varepsilon_{2t}\}$，其中，$\{\varepsilon_{1t}\}$ 与 $\{\varepsilon_{2t}\}$ 都是白噪声过程，不存在自相关，但可以存在同期相关，A 矩阵均为待估系数矩阵，p 为滞后期。

6.3.1.2　数据说明

本节主要使用国际木质林产品价格与中国木质林产品进口、出口量的对数差分序列，数据整理、来源说明、季节调整、平稳性检验及描述性统计分析等处理过程详见本书第 4.2 节和第 5.2 节，此处不再赘述。

6.3.2 实证结果分析

6.3.2.1 确定最佳滞后阶数

在估计 VAR 模型之前，必须首先确定模型最优的滞后阶数（p），若 p 太小，会导致残差自相关问题，且无法完整反映模型的动态特征，若 p 过大，则会损失较多的自由度，从而影响估计结果的有效性，因此，需综合考虑滞后项的个数与自由度的数目。判定滞后阶数的方法有很多，比如常用的有可以反映真实性约束的似然比检验、对比两个模型拟合优度好坏从而确定阶数的赤池信息准则与施瓦茨信息准则、衡量估计值与真实值是否接近的最终预测误差准则以及汉南 – 奎因提出的定阶准则等，根据经验，一般选用 AIC 与 SC 确定 P 值，判断标准是越小越好，若 AIC 与 SC 无法同时达到最小值，则按照 LR 检验值进行判定，从最大滞后阶数开始，每次减少一个滞后数，直到拒绝原假设（高铁梅等，2016）。由表 6.2 可知，原木进口模型滞后阶数为 3，锯材进口模型滞后阶数为 2，化学木浆进口模型滞后阶数为 4，胶合板出口模型滞后阶数为 2。

表 6.2 最佳滞后阶数估计结果

产品类型	滞后期	对数似然值	LR 统计量	FPE 统计量	AIC 值	SC 值	HQ 值
原木	0	698.19	—	8.27e – 06	– 6.03	– 6.00	– 6.01
	1	719.92	42.89	7.09e – 06	– 6.18	– 6.10 *	– 6.14
	2	728.21	16.23	6.83e – 06	– 6.22	– 6.07	– 6.16 *
	3	734.24	11.68 *	6.71e – 06 *	– 6.24 *	– 6.02	– 6.15
锯材	0	741.46	—	5.68e – 06	– 6.40	– 6.37	– 6.39
	1	782.37	80.76	4.13e – 06	– 6.72	– 6.63 *	– 6.69
	2	792.29	19.41 *	3.92e – 06	– 6.77	– 6.62	– 6.71 *
	3	796.93	8.98	3.90e – 06 *	– 6.78 *	– 6.57	– 6.69

续表

产品类型	滞后期	对数似然值	LR 统计量	FPE 统计量	AIC 值	SC 值	HQ 值
化学木浆	0	377.68	—	2.53e－05	－4.91	－4.877	－4.89
	1	419.65	82.31	1.54e－05	－5.41	－5.29	－5.36
	2	431.93	23.76	1.38e－05	－5.52	－5.32*	－5.44*
	3	434.86	5.58	1.40e－05	－5.50	－5.22	－5.39
	4	440.63	10.86*	1.37e－05*	－5.52*	－5.17	－5.38
胶合板	0	641.40	—	1.35e－05	－5.54	－5.51	－5.52
	1	678.36	72.95	1.02e－05	－5.82	－5.73	－5.79
	2	693.81	30.23*	9.20e－06*	－5.92*	－5.77*	－5.86*
	3	695.49	3.27	9.39e－06	－5.90	－5.69	－5.82

注：＊表示每一列标准中最佳滞后阶数的选择结果。

6.3.2.2 模型回归方程

由于 VAR 模型中的自变量都与当期随机扰动项（ε_t）无关，即 ε_t 服从独立同分布，所以可以直接展开普通最小二乘回归，当然，如果 ε_t 又服从正态分布，那么也可以使用条件极大似然估计，在这种情况下，上述两种方法计算得出的参数应该是一致的，便可以证实 VAR 模型通过普通最小二乘回归得到的结果是无偏的、可靠的。中国原木、锯材、化学木浆进口 VAR 模型，与中国胶合板出口 VAR 模型的最终估计结果如下。

（1）原木进口：

$\mathrm{dln}lp = 0.12 \times \mathrm{dln}lp(-1) + 0.12 \times \mathrm{dln}lp(-2) + 0.03 \times \mathrm{dln}lp(-3) + 0.02 \times \mathrm{dln}li(-1) + 0.03 \times \mathrm{dln}li(-2) + 0.03 \times \mathrm{dln}li(-3) + 0.00$

$\mathrm{dln}li = -0.14 \times \mathrm{dln}lp(-1) - 0.11 \times \mathrm{dln}lp(-2) - 0.17 \times \mathrm{dln}lp(-3) - 0.51 \times \mathrm{dln}li(-1) - 0.32 \times \mathrm{dln}li(-2) - 0.17 \times \mathrm{dln}li(-3) + 0.01$

（2）锯材进口：

$\mathrm{dln}sp = 0.06 \times \mathrm{dln}sp(-1) + 0.15 \times \mathrm{dln}sp(-2) - 0.00 \times \mathrm{dln}si(-1) + 0.01 \times \mathrm{dln}si(-2) + 0.00$

$\mathrm{dln}si = 0.14 \times \mathrm{dln}sp(-1) - 0.15 \times \mathrm{dln}sp(-2) - 0.67 \times \mathrm{dln}si(-1) - 0.23 \times \mathrm{dln}si(-2) + 0.02$

（3）化学木浆进口：

dlnwp = 0. 42 × dlnwp（ - 1）+ 0. 35 × dlnwp（ - 2）- 0. 07 × dlnwp（ - 3）- 0. 15 × dlnwp（ - 4）+ 0. 00 × dlnwi（ - 1）- 0. 00 × dlnwi（ - 2）- 0. 01 × dlnwi（ - 3）- 0. 00 × dlnwi（ - 4）+ 0. 00

dlnwi = 0. 20 × dlnwp（ - 1）- 1. 00 × dlnwp（ - 2）- 1. 10 × dlnwp（ - 3）+ 0. 18 × dlnwp（ - 4）- 0. 48 × dlnwi（ - 1）- 0. 27 × dlnwi（ - 2）- 0. 16 × dlnwi（ - 3）- 0. 21 × dlnwi（ - 4）+ 0. 02

（4）胶合板出口：

dlnpp = 0. 16 × dlnpp（ - 1）+ 0. 14 × dlnpp（ - 2）+ 0. 01 × dlnpe（ - 1）+ 0. 01 × dlnpe（ - 2）+ 0. 00

dlnpe = 1. 01 × dlnpp（ - 1）+ 0. 91 × dlnpp（ - 2）- 0. 62 × dlnpe（ - 1）- 0. 31 × dlnpe（ - 2）+ 0. 02

由于 VAR 模型的构建不以严格的经济理论为基础，计算得出的系数也只能反映出一组相互影响关系，因此，模型并不看重参数本身的估计，在此也不对系数估计值做深入解释和说明，而在下文中基于此结果借助脉冲响应工具和方差分解技术进一步分析系统的动态特征。

6.3.2.3　模型的稳定性检验

稳定性主要是指某个冲击随着时间变化而做出的反应，在 VAR 模型中，如果给会引起模型中某变量发生变化的信号一个冲击，过一段时间之后，这个冲击会消失不见，那么该 VAR 模型就是稳定的，反之，如果这个冲击一直存在，那么该 VAR 模型就是不稳定的。关于平稳序列变量与稳定模型之间的关系，学者们研究发现平稳序列变量可以组成稳定模型，但是稳定模型的各构成序列变量不一定平稳，只不过这些非平稳的序列变量之间存在协整关系，由于本节所用各变量均为平稳序列，所以构成的模型也稳定。目前，检验 VAR 模型稳定性的方法只有一种，就是看所有根模的倒数是不是在单位圆内，如果都在，则模型是稳定的，反之，模型是不稳定的。由图 6. 7 可知，不同木质林产品所设定的模型均稳定，说明脉冲响应与方差分解的结果有效。

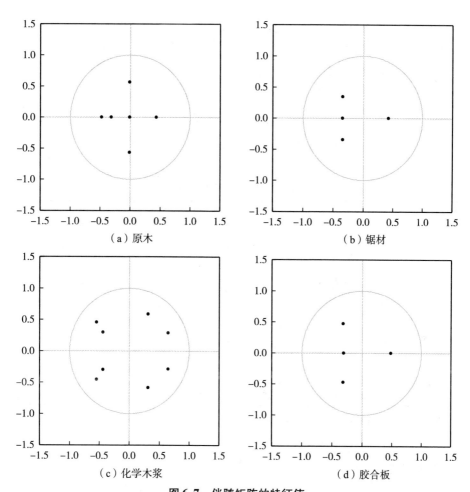

（a）原木 　　　　　　　　　　（b）锯材

（c）化学木浆 　　　　　　　　　（d）胶合板

图 6.7　伴随矩阵的特征值

资料来源：根据 EViews 软件检验结果整理。

6.3.2.4　格兰杰因果关系分析

格兰杰因果并不真的是"你因我果"的关系，只是从统计学角度来讲，A 事件的发生增加了 B 事件发生的概率，其最根本的标志就是 A 事件发生在 B 事件之前。那么，结合本书的研究而言，如果时间序列变量 X 的变化出现在 Y 的变化之前，并且 X 的过去值能够帮助预测 Y 的未来变化，就可以说 X 是 Y 的格兰杰因，这反映了 X 变化对于 Y 变化概率的影响。也可以简单理解为，在包含了变量 X 和 Y 过去值的条件下，对 Y 进行预测的效果要优于单独包含 Y 的过去值的情况（李珍等，2020；刘金全和王国志，2021）。

由表 6.3 可知，在整个样本区间内，中国原木进口量不是国际原木价格变动格兰杰因的原假设在 10% 的显著性水平下被拒绝，即中国原木进口贸易存在显性大国效应，除此之外，中国锯材、化学木浆、胶合板的原假设均被接受，说明其均无显性大国效应。

表 6.3 格兰杰因果关系检验结果

产品类型	原假设	χ^2 统计量	自由度	P 值	结果
原木	dlnli 不是引起 dlnlp 的格兰杰因	6.82	3	0.08	拒绝
	dlnlp 不是引起 dlnli 的格兰杰因	0.84	3	0.84	接受
锯材	dlnsi 不是引起 dlnsp 的格兰杰因	0.65	2	0.72	接受
	dlnsp 不是引起 dlnsi 的格兰杰因	0.35	2	0.84	接受
化学木浆	dlnwi 不是引起 dlnwp 的格兰杰因	0.51	4	0.97	接受
	dlnwp 不是引起 dlnwi 的格兰杰因	17.51	4	0.00	拒绝
胶合板	dlnpe 不是引起 dlnpp 的格兰杰因	2.12	2	0.35	接受
	dlnpp 不是引起 dlnpe 的格兰杰因	7.90	2	0.02	拒绝

资料来源：根据 EViews 软件检验结果整理。

根据图 6.4，在整个时间样本区域内，2008 年 7 月，国际锯材价格最高（768.98 美元/立方米），在 2008 年 7 月之前，国际锯材价格呈波动上升趋势，2008 年 7 月之后，国际锯材价格呈波动下降趋势，因此，需以 2008 年 7 月为界，对中国锯材进口贸易分两阶段进行验证。结果表明，2001 年 1 月 ~ 2008 年 7 月，中国锯材进口量不是引起国际锯材价格变动的格兰杰因的 P 值为 0.09，在 10% 的水平下显著拒绝原假设，确实存在显性大国效应；而 2008 年 8 月 ~ 2020 年 12 月，其 P 值为 0.17，接受原假设，无大国效应，说明大国效应的显现具有阶段性与偶发性，并不是持续的（范建刚，2007；孙致陆和李先德，2015）。这主要是由于：

（1）中国锯材、化学木浆进口量与胶合板出口量占世界锯材、化学木浆进口量与世界胶合板出口量的比重与中国原木相比，仍然较低。2001 ~ 2019

年，中国原木进口量占世界原木进口量的比重由 14.33% 增长至 42.50%，且中国原木进口量的年均增量为 261 万立方米，大于世界原木进口量的年均增量 180 万立方米。而中国锯材、胶合板、化学木浆占比分别由 3.56%、4.96%、12.24% 增长至 25.55%、32.11%、37.67%，且中国锯材、胶合板、化学木浆进口量的年均增量分别为 189 万立方米、45 万立方米、96 万吨，均小于世界锯材、胶合板、化学木浆进口量的年均增量 202 万立方米、48 万立方米、126 万吨。

（2）以 2019 年为例，在世界原木进口贸易中，占比排名前 5 的国家有中国（42.50%）、奥地利（7.26%）、瑞典（5.91%）、德国（5.06%）、芬兰（4.21%），可见中国与后 4 名的国家占比差异较大，在国际原木市场上"一家独大"。而世界锯材进口贸易中，占比排名前 5 的国家有中国（25.55%）、美国（16.98%）、英国（4.72%）、日本（3.83%）、德国（3.48%），世界化学木浆进口贸易中，占比排名前 5 的国家有中国（37.67%）、美国（8.81%）、德国（6.85%）、意大利（6.00%）、韩国（3.31%），世界胶合板出口贸易中，占比排名前 5 的国家有中国（32.11%）、俄罗斯（10.38%）、印度尼西亚（9.74%）、巴西（7.80%）、马来西亚（6.15%），可见中国与后 4 名的国家占比差异较小，存在相互制衡的力量。

（3）大国效应本身就是一种供求调节机制，当供求恢复平衡时，大国效应会减弱，或者被国际价格的反向影响所掩盖。由表 6.3 可知，国际化学木浆价格不是引起中国化学木浆进口量变动的格兰杰因的原假设在 1% 的显著性水平下被拒绝，国际胶合板价格不是引起中国胶合板出口量变动的格兰杰因的原假设在 5% 的显著性水平下被拒绝，这说明中国化学木浆进口量、中国胶合板出口量的变化深受其国际价格的影响，国际化学木浆价格、国际胶合板价格能够提高中国化学木浆进口量、中国胶合板出口量的解释程度，也证实了中国化学木浆进口、胶合板出口的大国效应被掩盖的观点。并且，中国锯材进口的大国效应在 2008 年 7 月之后不再显现，也主要表现为国际锯材价格对中国锯材进口量的影响，当然，这也可能与中国锯材进口方式的转变息息相关，中国尝试在加蓬、澳大利亚、新加坡、新西兰、俄罗斯等森林资源丰富的国家建立木材生产基地与经营网点，就地进行木材采伐与加工，并且推进小批量集装箱运输方式向大轮大批量进口方式转变，不仅有助于稳定锯材的国际贸易价格，也有利于降低运输成本，使大国效应的作用有所减弱。

（4）此外，大国效应是否显现还会受到国际干预、市场势力等因素的制约。例如美国、俄罗斯、加拿大、瑞典等主要木质林产品生产国与出口国会采取各种支持政策来干预本国木质林产品贸易的发展，从而使真实的市场量价发生扭曲，即使中国从国际锯材、化学木浆市场上大量进口，向国际胶合板市场大量出口，对国际市场价格的影响也难以显现（龚谨等，2018；赵峰等，2018）。又例如，在中国锯材、化学木浆进口贸易与中国胶合板出口贸易中，当中国在个别或部分国家交易市场上具有市场势力时，便拥有了讨价还价的能力，即使进口（出口）量不断增加，国际市场价格也不会随之有明显的上涨（下跌），这一观点将在下一章中进行验证。

6.3.2.5 脉冲响应函数分析

脉冲响应函数分析方法反映了系统内所有变量间相互影响的方向、程度及时滞区间，具体呈现了全部信息相互作用的结果，阐明了任何一个扰动在系统中对其他变量产生连锁影响的全部过程，更加突出了变量间相互影响的动态特性。有学者运用蒙特卡洛（Monte Carlo）分解技术模拟脉冲响应的具体形式，以确保设置的响应时期可以呈现所有的影响区间，并进一步通过因子正交化处理来保证模型残差是白噪声，同时调整小样本的自由度使得脉冲响应过程更加符合各变量的实际影响过程（林江彪等，2021；翟志宏等，2021），本章研究同样采用该模式，最终确定的冲击响应时期为 10 期与 15 期。

由图 6.8 可知，对于原木，给 $dlnlp$ 一个正向冲击，其本身会给出一个正向的响应，且该响应在第 1 期的程度最强，之后慢慢下降直至第 7 期消失，表明原木价格的变化具有集聚性、持续性，与第 4 章研究结果一致。当给 $dlnli$ 一个正向冲击后，$dlnlp$ 在第 1~4 期内为正向响应，在第 5 期为负向响应，在第 6~7 期内又恢复正向响应，大约在第 8 期逐渐消失。可见，中国原木进口量增加会引起国际原木价格的上涨，并且持续效应较长，但从数值大小上看，该影响很小，并未超过 0.005，相比之下，$dlnlp$ 受自身影响的程度更大，这说明中国原木进口具有一定的显性大国效应，需合理确定进口规模，避免其负面作用。当给 $dlnlp$ 一个正向冲击后，$dlnli$ 基本处于负向响应阶段，大约在第 6 期逐渐消失，但影响程度极低，几乎为 0。这说明国际原木价格上涨对中国原木进口量有微弱的抑制作用，与贸易事实相符，也与第 5 章研究结果相互佐证，即国际原木价格上涨的长期弹性系数为 -0.07，但并不显著。此外，对 dln*li* 的正向冲击导致 dln*li* 先上升后下降，然后再上升再下降，大约在第 8 期逐渐消失。

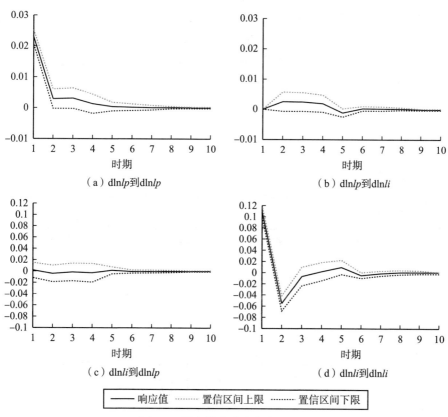

（a）dln*lp*到dln*lp*　　　　　　（b）dln*lp*到dln*li*

（c）dln*li*到dln*lp*　　　　　　（d）dln*li*到dln*li*

——— 响应值　　······ 置信区间上限　　······ 置信区间下限

图 6.8　原木的脉冲响应分析结果

资料来源：根据 EViews 软件估计结果整理。

由图 6.9 可知，对于锯材，给 dln*sp* 一个正向冲击，其本身会给出一个正向的响应，且该响应在第 1 期的程度最强，之后慢慢下降直至第 7 期消失，表明锯材价格的变化同样具有集聚性、持续性。当给 dln*si* 一个正向冲击后，dln*sp* 在第 1 期没有反应，之后一直处于正负向交替状态，且响应程度都较低，具体而言，在第 2 ~ 3 期内为正向响应，数值均未超过 0.001，第 4 期为负向响应，第 5 期又恢复正向响应，大约在第 6 期逐渐消失。可见，中国锯材进口量的增加并不能引起国际锯材价格的上涨，尚不存在显性大国效应，尽管中国锯材进口量占世界锯材进口量的比重不断上升，但与原木相比，中国锯材进口量的变化对国际锯材价格的影响仍然较小。当给 dlnsp 一个正向冲击后，dlnsi 的响应程度极低，基本围绕在 0 附近，大约在第 6 期逐渐消失，这说明国际锯材价格上涨对中国锯材进口量的影响几乎不存在，中国锯材进口量并不取决于国际锯材价格的波动。此外，对 dlnsi 的正向冲击导致 dlnsi 先上升后下降，然后再上升再下降再上升，大约在第 7 期逐渐消失。

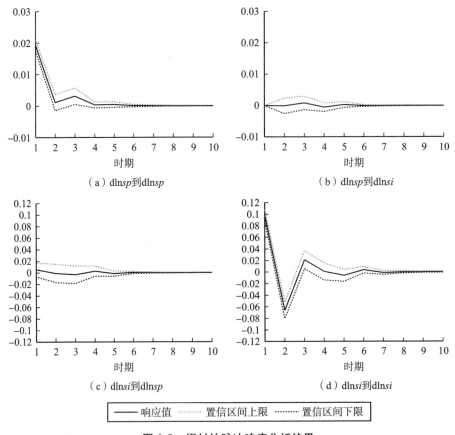

（a）dlnsp到dlnsp

（b）dlnsp到dlnsi

（c）dlnsi到dlnsp

（d）dlnsi到dlnsi

—— 响应值　……… 置信区间上限　……… 置信区间下限

图 6.9　锯材的脉冲响应分析结果

资料来源：根据 EViews 软件估计结果整理。

由图 6.10 可知，对于化学木浆，给 dlnwp 一个正向冲击，其本身刚开始会给出一个正向的响应，且该响应在第 1 期的程度最强，之后慢慢下降直至第7期转为负向响应，并一直持续到第14期消失，表明化学木浆价格的变化同样具有集聚性、且持续性更长。当给 dlnwi 一个正向冲击后，dlnwp 在第1期没有响应，第2期为正向响应，第3~6期为负向响应，在第7期逐渐消失，且响应程度均低，几乎为0。可见，虽然中国化学木浆进口量占世界化学木浆进口量的比重较大，2019年已达37.67%，但中国化学木浆进口量的增加，并没有引起国际化学木浆价格的上涨，说明尚不存在显性大国效应。当给 dlnwp 一个正向冲击后，dlnwi 表现出正负交替的响应直至第8期逐渐消失，具体而言，大约在第1期为正向响应，第2~6期为负向响应，第7期为

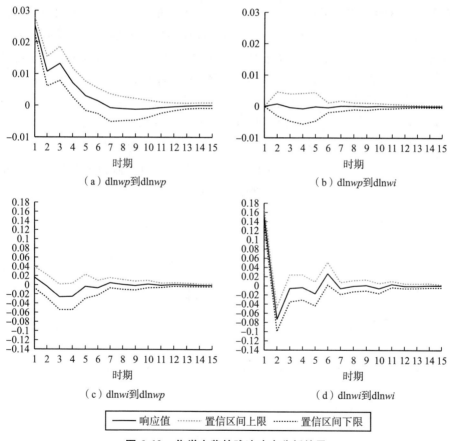

图6.10 化学木浆的脉冲响应分析结果

资料来源：根据 EViews 软件估计结果整理。

正向响应，整体上，负向响应较为强烈，持续时间也较长。可见，国际化学木浆价格的上涨会引起中国化学木浆进口量的下降，具有一定的抑制作用，与第5章研究结果一致。此外，对 dlnpe 的正向冲击导致 dlnpe 先上升后下降，然后再上升再下降再上升再下降，正负向响应相互交替，大约在第9期逐渐消失。

由图6.11可知，对于胶合板，给 dlnpp 一个正向冲击，其本身会给出一个正向的响应，且该响应在第1期的程度最强，之后慢慢下降直至第8期消失，表明胶合板价格的变化同样具有集聚性、持续性。dlnpp 对 dlnpe 的正向冲击在第2期、第5期为正向响应，在第4期为负向响应，且响应数值均低，在第6期逐渐消失。可见，虽然中国胶合板出口量占世界胶合板出口量的比重较大，2019年已达32.11%，但中国胶合板出口量的增加，并没有引起国际胶合板价格的下跌，说明尚不存在显性大国效应。dlnpe 对 dlnpp 的正向冲击在第1~3期表现出持续正向响应，第4期为负向响应，第5期又转回正向响应，大约在第6期逐渐消失。可见，国际胶合板价格的上涨会引起中国胶合板出口量的增加，尤其是在短期内的影响更加强烈，这与第5章研究结果一致，即国际胶合板价格上涨的长期弹性系数显著，为1.86。此外，对 dlnpe 的正向冲击导致 dlnpe 先上升后下降，然后再上升再下降再上升再下降，正负向响应相互交替，大约在第9期逐渐消失。

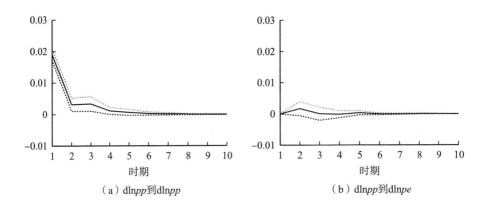

（a）dlnpp到dlnpp　　　　　　　　（b）dlnpp到dlnpe

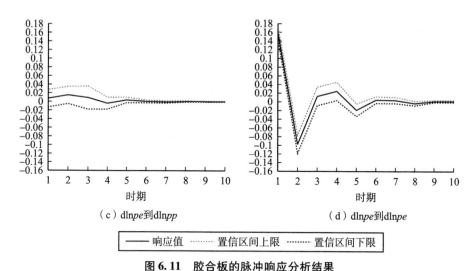

（c）dlnpe到dlnpp   （d）dlnpe到dlnpe

—— 响应值　⋯⋯ 置信区间上限　⋯⋯ 置信区间下限

图6.11　胶合板的脉冲响应分析结果

资料来源：根据 EViews 软件估计结果整理。

6.3.2.6　方差分解分析

该方法运用乔利斯基分解算法进行推导，结果反映了两类冲击对模型变量波动的影响程度，一类是模型自身的冲击，另一类是其他变量的冲击，从而可以判断各类冲击的重要性。由表6.4可知，在这4种不同国际木质林产品的方差分解中，其受自身的影响最大，前10期的贡献率均在96%以上，而中国贸易量冲击的贡献率均在4%以下。相比较而言，中国原木进口量对国际原木价格波动的贡献率最大，为3.02%，其余3个产品的贡献率分别为0.27%、0.77%、0.15%，均在1%以下，所以中国原木进口贸易具有一定的显性大国效应，而其余3个产品贸易的大国效应没有显现。在原木、锯材、化学木浆、胶合板的中国贸易量方差分解中，同样受自身的影响最大，前10期的贡献率均在94%以上，而国际价格冲击的贡献率均在6%以下。相比较而言，国际化学木浆价格对中国化学木浆进口量波动的贡献率最大，为5.36%，其次是胶合板，为1.08%，而原木、锯材仅为0.22%、0.35%，均在1%以下，所以，国际化学木浆价格、国际胶合板价格对中国化学木浆进口量波动、中国胶合板出口量波动具有一定影响，而原木、锯材没有。此外，中国锯材、化学木浆进口量、胶合板出口量对国际锯材、化学木浆、胶合板价格波动的贡献率均低于国际锯材、化学木浆、胶合板价格对中国锯材、化学木浆进口量、胶合板出口量波动的贡献率，因此，这 3 个产品在整个样本区间内的大国效应很可能被掩盖，难以显现。

表 6.4 方差分解结果

项目	变量	滞后期									
		1	2	3	4	5	6	7	8	9	10
dlnlp 方差分解	dlnlp	100.00	98.85	97.84	97.24	97.00	97.00	96.99	96.99	96.98	96.98
	dlnli	0.00	1.15	2.16	2.76	3.00	3.00	3.01	3.01	3.02	3.02
dlnli 方差分解	dlnlp	0.03	0.14	0.15	0.20	0.22	0.22	0.22	0.22	0.22	0.22
	dlnli	99.97	99.86	99.85	99.80	99.78	99.78	99.78	99.78	99.78	99.78
dlnsp 方差分解	dlnsp	100.00	100.00	99.82	99.75	99.73	99.73	99.73	99.73	99.73	99.73
	dlnsi	0.00	0.00	0.18	0.25	0.27	0.27	0.27	0.27	0.27	0.27
dlnsi 方差分解	dlnsp	0.30	0.22	0.29	0.34	0.35	0.35	0.35	0.35	0.35	0.35
	dlnsi	99.70	99.78	99.71	99.66	99.65	99.65	99.65	99.65	99.65	99.65
dlnwp 方差分解	dlnwp	100.00	99.92	99.92	99.86	99.86	99.85	99.85	99.85	99.85	99.85
	dlnwi	0.00	0.08	0.08	0.14	0.14	0.15	0.15	0.15	0.15	0.15
dlnwi 方差分解	dlnwp	1.15	0.96	3.26	5.30	5.27	5.27	5.34	5.35	5.35	5.36
	dlnwi	98.85	99.04	96.73	94.70	94.73	94.73	94.66	94.65	94.65	94.64
dlnpp 方差分解	dlnpp	100.00	99.23	99.25	99.25	99.23	99.23	99.23	99.23	99.23	99.23
	dlnpe	0.00	0.77	0.75	0.75	0.77	0.77	0.77	0.77	0.77	0.77
dlnpe 方差分解	dlnpp	0.20	0.79	1.02	1.04	1.07	1.07	1.07	1.08	1.08	1.08
	dlnpe	99.80	99.21	98.98	98.96	98.93	98.93	98.93	98.92	98.92	98.92

资料来源：根据 EViews 软件计算结果整理所得。

6.4 基于 Spearman 等级相关系数的隐性大国效应实证研究

基于上述研究可知，仅利用 VAR 模型进行大国效应的判定是不全面的，若在国际木质林产品贸易市场上，国际木质林产品价格与中国木质林产品贸易量的相关程度大于与国际木质林产品整体贸易量水平的相关程度，或者加入中国因素后的国际原木、锯材、化学木浆价格明显高于去除中国因素后的价格，或者加入中国因素后的国际胶合板价格明显低于去除中国因素后的价格，又或者中国木质林产品进口、出口贸易价格会传导到国际木质林产品贸易价格上，对国际木质林产品价格产生影响，则可以表明中国木质林产品贸易存在隐性大国效应。因此，需要进一步借助 Spearman 等级相关系数分析与加入中国因素前后的国际木质林产品价格对比分析等方法对隐性大国效应进行全方位挖掘，以突破现有文献仅研究显性大国效应的局限，充分揭示"买涨卖跌"背后的经济学原理。

6.4.1 研究方法与数据说明

该方法是常用的用于评价两变量之间相关程度强弱的非参数检验方法（贾科等，2020），具备无须考察各变量的样本规模与总体分布特征、快捷高效计算、结果客观稳健等优势，符合本节研究所需。具体处理过程为：首先，将维度为 n 的两个变量 X 和 Y 按照降序或者升序的方式进行排列整理，得到各变量中元素相对应的秩次；其次，计算相对应秩次的差，得到差分集合 d_i，$d_i = x_i - y_i$；最后，计算 Spearman 等级相关系数，公式如下：

$$\rho = 1 - \frac{6 \sum_{i=1}^{n} d_i^2}{n \times (n^2 - 1)} \tag{6-2}$$

式（6-2）中，ρ 即 Spearman 等级相关系数，其取值范围为 $[-1, 1]$，若 $\rho > 0$，则两个变量正相关，相反，若 $\rho < 0$，则两个变量负相关；$|\rho|$ 越靠近于 0，表示两个变量关系越疏远，相反，$|\rho|$ 越靠近于 1，表示两个变量关系越紧密。通常，当 $|\rho| = 0$ 时，表示不相关；当 $0 < |\rho| \leq 0.2$ 时，表示极弱相关；当 $0.2 < |\rho| \leq 0.4$ 时，表示弱相关；当 $0.4 < |\rho| \leq 0.6$ 时，表示中等程度相关；当 $0.6 < |\rho| \leq 0.8$ 时，表示强相关；当 $0.8 < |\rho| \leq 1$ 时，表示极强相关；当 $|\rho| = 1$ 时，表示完全相关。d_i 为差分集合，也称为秩次差，分子整体部分表示两变量之间的差异；n 为样本维度，分母整体部分表示与序列长度相关的一个常数（王佃来等，2019）。

由于没有月度的国际木质林产品贸易总量数据，所以此处使用 2001 ~

2019 的年度数据，并按照贸易价格＝贸易额/贸易量的方法计算年度的国际木质林产品价格，分为包含中国在内的贸易量与贸易价格、不包含中国在内的贸易量与贸易价格两类。

6.4.2 Spearman 等级相关系数分析

Spearman 等级相关系数结果如表 6.5 所示。可以看出，2001～2019 年不包含中国在内的 $|\rho|$ 取值范围为 [0.38，0.55]，表明国际木质林产品价格与国际木质林产品贸易量是弱相关关系或者中等程度相关的关系。其中，原木、锯材的相关系数显著为负，分别为 -0.49、-0.55，反映的是国际原木、锯材价格变动对国际原木、锯材进口量的影响，即当国际原木、锯材价格上涨（下跌）时，国际原木、锯材进口量减少（增加）；化学木浆的相关系数显著为正（0.41），表明随着国际化学木浆进口量的增加，国际化学木浆价格上涨；胶合板的相关系数为正，但不显著。

表 6.5 **不同木质林产品国际价格与中国贸易量的**
Spearman 等级相关系数

产品类型	不包含中国的相关系数	包含中国的相关系数	
	国际价格与国际贸易量	国际价格与中国贸易量	国际价格与国际贸易量
原木	-0.49**	0.66***	0.15
锯材	-0.55**	0.64***	-0.02
化学木浆	0.41*	0.63***	0.57**
胶合板	0.38	0.78***	0.42*

注：原木、锯材、化学木浆为进口贸易；胶合板为出口贸易；*** 、** 、* 分别表示1%、5%、10% 的显著性水平。

加入中国贸易之后，国际木质林产品价格与中国木质林产品贸易量的相关系数绝对值处于 0.63～0.78 之间，表明二者是强相关关系，且均大于国际木质林产品价格与国际木质林产品贸易量的相关系数。其中，国际原木、锯材、化学木浆价格与中国原木、锯材、化学木浆进口量的相关系数显著为正，分别为 0.66、0.64、0.63，表明中国原木、锯材、化学木浆进口贸易会显著引起国际原木、锯材、化学木浆价格的上涨，具有隐性大国效应，同时也会明显减轻国际原木、锯材价格对国际原木、锯材进口量的负向影响，并增强国际化学木浆进口量对国际化学木浆价格的正向影响。国际胶合板价格与中国胶合板出口量的相关系数显著为正（0.78），反映的是国际胶合板价格变动对中国胶合板出口量的影响，即当国际胶合板价格上涨（下跌）时，中国胶合板出口量增加（减少）。不过，这一相关性远大于国际胶合板价格与国际胶合板出口量的相关性（0.42），暂且判断中国胶合板出口贸易具有隐性大国效应，接下来，通过对比加入中国因素前后的国际胶合板价格，进一步验证该结论，并以同时具有显性大国效应与隐性大国效应的产品——原木为对照，相互佐证。

6.4.3　加入中国因素前后的不同木质林产品国际价格对比分析

由图 6.12 可知，加入中国因素后的国际胶合板价格处于中国胶合板出口价格与加入中国因素前的国际胶合板价格中间，说明中国胶合板出口价格在整体上拉低了国际胶合板价格水平，即加入中国贸易后的国际胶合板价格明显低于加入中国贸易前的国际胶合板价格。据计算，2001～2019 年，加入中国后的国际胶合板价格年均增速为 2.80%，小于加入中国前的国际胶合板价格年均增速 2.92%，说明中国因素的影响较大，中国胶合板出口贸易会导致国际胶合板价格下跌，存在隐性大国效应，佐证了 Spearman 等级相关系数的结论。以原木为对照，加入中国因素后的国际原木价格大于加入中国因素前的价格，小于中国的进口价格，表明中国的原木进口在整体上提升了国际原木价格水平，即加入中国贸易后的国际原木价格明显高于加入中国贸易前的国际原木价格。2001～2019 年，加入中国后的国际原木价格年均增速为 2.34%，大于加入中国前的国际原木价格年均增速 1.48%，说明中国因素对国际原木价格影响较大，中国原木进口贸易会导致国际原木价格上涨，存在隐性大国效应。

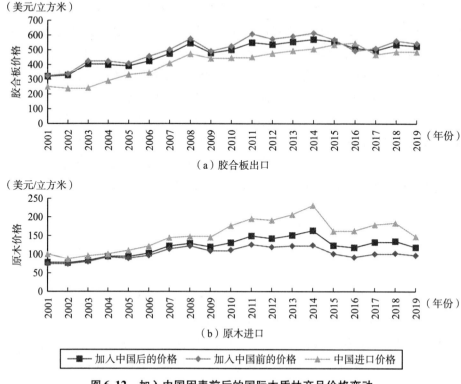

图 6.12　加入中国因素前后的国际木质林产品价格变动

资料来源：由 FAO 数据库整理计算所得。

综上，Spearman 等级相关系数分析与加入中国因素前后的国际木质林产品价格对比分析表明，中国原木、锯材、化学木浆进口贸易与中国胶合板出口贸易均存在隐性大国效应。

6.5　大国效应的作用区间与影响程度估计

基于上述研究可知，中国原木、锯材、化学木浆进口贸易与中国胶合板出口贸易的大国效应均存在，那么，大国效应发挥作用的区间范围，对国际木质林产品价格的影响程度以及造成的贸易损失究竟是多少？还需做进一步研究。本节曾尝试研究中国木质林产品进口（出口）增量对国际木质林产品价格上涨（下跌）的影响，但由于增量与基数有关，在每月进口原木 200 万立方米的基础上增加 50 万立方米，与在每月进口原木 600 万立方米的基础上增加 50 万立方米，如果中国原木进口量与国际原木价格是非线性相关的，则带来的影响肯定不同，研究结果也不准确。因此，本节根据图 6.3 ~ 图 6.6 的分析，将中国进口贸易行为对国际价格影响显著的区间设置为新的研究样本，利用箱型图过滤数据，对个别异常值进行剔除处理，利用 MATLAB 软件就中国木质林产品进口、出口贸易量对国际木质林产品价格的影响关系进行函数拟合，并直观呈现关系图，根据趋势变动分段估计相应的弹性，以明确中国木质林产品进口、出口量在不同区间内对国际木质林产品价格产生的不同影响，进一步利用边际价格估算大国效应造成的贸易损失，为中国木质林产品进口、出口贸易发展策略的制定提供一些参考。

6.5.1　原木进口

6.5.1.1　样本选取

根据图 6.3 所示，中国原木进口量与国际原木价格之间的相关关系可以划分为 11 个区间、两种类型，此处将国际原木价格对中国原木进口贸易行为影响显著的区间定义为价格主导区间；将中国原木进口量对国际原木价格的影响大于国际原木价格对中国原木进口量影响的区间，定义为大国效应区间。通过计算 Spearman 等级相关系数对每个区间的相关关系及显著性进行判定，结果如表 6.6 所示。可知，中国原木进口量在 2002 年 3 月 ~ 2007 年 5 月、2009 年 5 月 ~ 2011 年 8 月、2014 年 3 月 ~ 2015 年 10 月、2015 年 11 月 ~ 2018 年 1 月、2018 年 2 月 ~ 2020 年 5 月、2020 年 6 月 ~ 2020 年 12 月等区间的大国效应显著，故选取以上区间作为新的研究样本。

表 6.6　　　　　中国原木进口贸易大国效应分析的样本区间选择

样本区间	Spearman 等级相关系数	相关关系	是否选取
2001 年 1 月 ~ 2002 年 2 月	− 0.82 ***	价格主导区间，显著极强相关	否
2002 年 3 月 ~ 2007 年 5 月	0.80 ***	大国效应区间，显著强相关	是

样本区间	Spearman 等级相关系数	相关关系	是否选取
2007 年 6 月~2008 年 2 月	−0.72 **	价格主导区间，显著强相关	否
2008 年 3 月~2008 年 12 月	0.18	可能大国效应区间，相关性不显著	否
2009 年 1 月~2009 年 4 月	−0.99 ***	价格主导区间，显著极强相关	否
2009 年 5 月~2011 年 8 月	0.80 ***	大国效应区间，显著强相关	是
2011 年 9 月~2014 年 2 月	−0.22	可能价格主导区间，相关性不显著	否
2014 年 3 月~2015 年 10 月	0.78 ***	大国效应区间，显著强相关	是
2015 年 11 月~2018 年 1 月	0.66 ***	大国效应区间，显著强相关	是
2018 年 2 月~2020 年 5 月	0.53 *	大国效应区间，显著中等程度相关	是
2020 年 6 月~2020 年 12 月	0.68 *	大国效应区间，显著中等程度相关	是

注：***、**、* 分别表示1%、5%、10%的显著性水平。
资料来源：通过 Stata 软件计算所得。

6.5.1.2 函数拟合分析

在确定研究样本区间的基础上，进一步通过箱型图检验数据是否存在异常值。箱形图也叫盒式图，由上限、上四分位数、中位数、下四分位数、下限五大要素构成，当数据值高于上限，或者低于下限时，便被判定为异常值（离群值）。该方法最大的优点就是完全依靠事实数据进行分析，不用事先设定数据的分布特征，计算结果也不受异常值的影响，可以直观展示数据的客观面貌。在剔除异常值之后，对使用到的样本进行描述性统计分析，结果如表 6.7 所示，记国际原木价格为 nlp，中国原木进口量为 nli。

表6.7　　　　　中国原木进口贸易大国效应分析的样本描述性统计

变量	样本数	均值	标准差	最小值	最大值
nlp	167	270.06	32.89	187.49	321.05
nli	167	389.95	147.99	179.15	704.91

通过 MATLAB 拟合发现，中国原木进口量（nli）对国际原木价格（nlp）的影响关系最符合 4 次多项式函数，即 Polynomial（4），拟合优度为

72.53%，具体表达式为：$nlp(nli) = -9.029e-09 \times nli^4 + 1.912e-05 \times nli^3 - 0.01482 \times nli^2 + 5.017 \times nli - 339.30$（由于多项式小数点后的数值对于估计结果的准确度影响较大，所以此处未将小数点统一保留至两位）。拟合关系见图 6.13，为了呈现拟合曲线原本的样子，此处将横纵坐标范围及大小间隔均调整为一致，见图 6.13（a），同时为了更好地观察弹性的变化，也列出对数形式的拟合图，见图 6.13（b）。

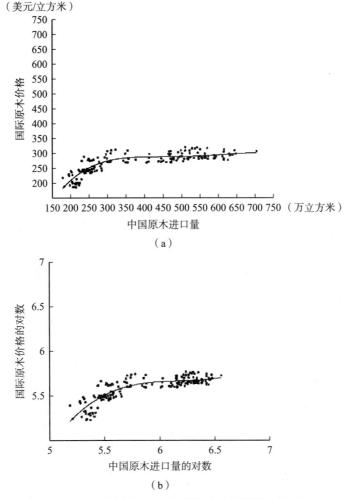

图 6.13　中国原木进口量对国际原木价格的影响关系拟合

可知，随着中国原木进口量的增加，国际原木价格上涨速度经历了由快到慢的转变，大致可以分为以下四个阶段：

（1）中国原木月度进口量在 179.15 万~250 万立方米之间，相应弹性系数大约为 0.81，在 1% 的水平下显著，即中国原木月度进口量每增加 1%，国际原木价格上涨约 0.81%；

（2）中国原木月度进口量在 250 万~300 万立方米之间，相应弹性系数大约为 0.52，在 5% 的水平下显著，即中国原木月度进口量每增加 1%，国际原木价格上涨约 0.52%。

（3）中国原木月度进口量在 300 万~350 万立方米之间，相应弹性系数大约为 0.24，在 5% 的水平下显著，即中国原木月度进口量每增加 1%，国际原木价格上涨约 0.24%。

（4）中国原木月度进口量在 350 万~704.91 万立方米之间，相应弹性系数大约为 0.07，在 1% 的水平下显著，即中国原木月度进口量每增加 1%，国际原木价格上涨约 0.07%。

这主要有两个方面的原因。一方面，在样本区间内，从供给角度来讲，随着国际原木价格上涨，国际原木供给量不断增加，大约由 1.21 亿立方米/年增长至 1.50 亿立方米/年，年均增长速度为 1.58%。从需求角度来讲，随着国际原木价格上涨，除中国外的其他国家原木进口量大约由 0.96 亿立方米/年下降至 0.86 亿立方米/年，年均下降速度为 0.77%，而中国原木进口量则由 0.25 亿立方米/年增长至 0.64 亿立方米/年，年均增长速度为 7.12%。这说明国际原木价格的上涨，使得其他国家愿意进口的原木量有所下降，而下降的部分均由中国进口所替代，那么，在国际原木价格上涨的过程中，由于原木供给量的增加和其他国家进口量的减少，中国每增加一单位的原木进口量，愿意或者需要多支付的价格是逐渐减少的。另一方面，中国原木进口量的增加，使其在国际市场中所占的份额越来越大，发挥的作用也越来越强，从而形成了一定的市场势力，压制了国际原木价格的上涨幅度，使得国际原木价格的上涨速度逐渐放缓，当然，这一观点将在下一章研究中进行验证。需要注意的是，在样本区间内，中国原木进口贸易已经具备大国效应，只不过是在不同的进口量区间内，其对国际原木价格上涨幅度的影响不同。

6.5.1.3 贸易损失估计

根据 $nlp(nli) = -9.029e-09 \times nli^4 + 1.912e-05 \times nli^3 - 0.01482 \times nli^2 + 5.017 \times nli - 339.30$ 可知，在样本区间内，5 个关键的临界点分别为 $A(179.15，184.49)$、$B(250，252.18)$、$C(300，275.11)$、$D(350，285.48)$、$E(704.91，296.62)$。因此，受大国效应影响：当中国原木进口量由 179.15 万立方米/月增长至 250 万立方米/月时，需多支付（252.18 - 184.49）×250 = 16923.41 万美元，即需多支付 36.69%；当中国原木进口量增长至 300 万立方米/月时，需多支付（275.11 - 184.49）×300 = 27185.48 万美元，即需多支付 50.58%；当中国原木进口量增长至 350 万立方米/月时，需多支付（285.48 - 184.49）×350 = 35347.10 万美元，即需多支付 54.74%；当中国原木进口量增长至 704.91 万立方米/月时，需多支付（301.01 - 184.49）×704.91 = 82135.72 万美元，即需多支付 63.16%。

6.5.2 锯材进口

6.5.2.1 样本选取

根据图 6.4 所示，中国锯材进口量与国际锯材价格之间的相关关系可以划分为 9 个区间，与原木类似，包含价格主导区间与大国效应区间两种类型。通过计算 Spearman 等级相关系数对每个区间的相关关系及显著性进行判定，结果如表 6.8 所示。可知，中国锯材进口量在 2002 年 3 月 ~ 2008 年 7 月、2009 年 5 月 ~ 2011 年 8 月、2012 年 2 月 ~ 2014 年 2 月的大国效应显著，故选取以上区间作为研究样本。

表 6.8　　　　　　中国锯材进口贸易大国效应分析的样本区间选择

样本区间	Spearman 等级相关系数	相关关系	是否选取
2001 年 1 月 ~ 2002 年 2 月	-0.91***	价格主导区间，显著极强相关	否
2002 年 3 月 ~ 2008 年 7 月	0.74***	大国效应区间，显著强相关	是
2008 年 8 月 ~ 2009 年 4 月	-0.55	可能价格主导区间，相关性不显著	否

续表

样本区间	Spearman 等级相关系数	相关关系	是否选取
2009 年 5 月 ~ 2011 年 8 月	0.93 ***	大国效应区间，显著极强相关	是
2011 年 9 月 ~ 2012 年 1 月	0.23	可能大国效应区间，相关性不显著	否
2012 年 2 月 ~ 2014 年 2 月	0.45 ***	大国效应区间，显著中等程度相关	是
2014 年 3 月 ~ 2017 年 2 月	− 0.82 ***	价格主导区间，显著极强相关	否
2017 年 3 月 ~ 2018 年 2 月	− 0.12	可能价格主导区间，相关性不显著	否
2018 年 3 月 ~ 2020 年 12 月	0.08	可能大国效应区间，相关性不显著	否

注：*** 、 ** 、 * 分别表示 1% 、5% 、10% 的显著性水平。
资料来源：通过 Stata 软件计算所得。

6.5.2.2 函数拟合分析

同样，在剔除异常值之后，对使用到的样本进行描述性统计分析，结果如表 6.9 所示，记国际锯材价格为 nsp，中国锯材进口量为 nsi。

表 6.9　　　　中国锯材进口贸易大国效应分析的样本描述性统计

变量	样本数	均值	标准差	最小值	最大值
nsp	129	583.15	86.64	399.30	704.73
nsi	129	99.74	64.21	40.32	265.68

通过 MATLAB 拟合发现，中国锯材进口量（nsi）对国际锯材价格（nsp）的影响关系最符合 2 个指数函数的组合，即 Exponential（2），拟合优度为 77.97% ，具体表达式为：$nsp(nsi) = 642.80 \times \exp(1.676e - 04 \times nsi) - 7662 \times \exp(-0.08332 \times nsi)$（由于指数函数小数点后的数值对于估计结果的准确度影响较大，所以此处未将小数点统一保留至两位）。拟合关系见图 6.14，同样，将横纵坐标大小间隔调为一致，见图 6.14（a），也列出对数形式的拟合图以观察弹性的变化，见图 6.14（b）。

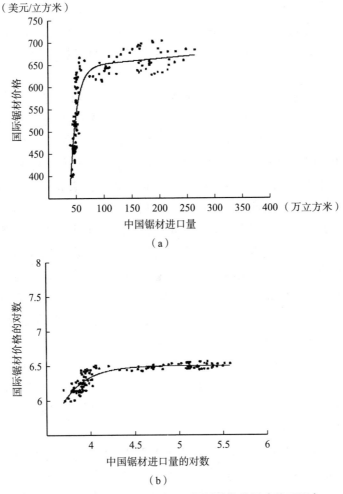

图 6.14　中国锯材进口量对国际锯材价格的影响关系拟合

可知，随着中国锯材进口量的增加，国际锯材价格上涨速度逐渐变缓，大致可以分为以下三个阶段：

（1）中国锯材月度进口量在 40.32 万 ~ 60 万立方米之间，相应弹性系数大约为 1.16，在 1% 的水平下显著，即中国锯材月度进口量每增加 1%，国际锯材价格上涨约 1.16%。

（2）中国锯材月度进口量在 60 万 ~ 100 万立方米之间，相应弹性系数大约为 0.18，在 5% 的水平下显著，即中国锯材月度进口量每增加 1%，国际锯材价格上涨约 0.18%。

（3）中国锯材月度进口量在 100 万～265.68 万立方米之间，相应弹性系数大约为 0.04，在 10% 的水平下显著，即中国锯材月度进口量每增加 1%，国际锯材价格上涨约 0.04%。

此处弹性发生变化的解释与原木类似。一方面，在样本区间内，从供给角度来讲，随着国际锯材价格上涨，国际锯材供给量不断增加，大约由 1.18 亿立方米/年增长至 1.31 亿立方米/年，年均增长速度为 0.90%。从需求角度来讲，随着国际锯材价格上涨，除中国外的其他国家锯材进口量大约由 1.12 亿立方米/年下降至 1.04 亿立方米/年，年均下降速度为 0.63%，而中国锯材进口量则由 539.60 万立方米/年增长至 0.27 亿立方米/年，年均增长速度为 14.35%。这说明国际锯材价格的上涨，使得其他国家愿意进口的锯材量有所下降，而下降的部分均由中国进口所替代，那么同样，在国际锯材价格上涨的过程中，由于锯材供给量的增加和其他国家进口量的减少，中国每增加一单位的锯材进口量，愿意或者需要多支付的价格是逐渐减少的。另一方面，中国锯材进口量的增加，使其在国际市场中所占的份额越来越大，发挥的作用也越来越强，从而形成了一定的市场势力，压制了国际锯材价格的上涨幅度，使得国际锯材价格的上涨速度逐渐放缓，当然，这一观点也将在下一章研究中进行验证。需要注意的是，在样本区间内，中国锯材进口贸易已经具备大国效应，只不过是在不同的进口量区间内，其对国际锯材价格上涨幅度的影响不同。

虽然样本数据有限，仅截止到 2014 年 2 月，但对当前的中国锯材进口贸易仍具有一定的参考价值，以 2020 年为例，中国锯材月度进口量均大于 100 万立方米，因此，在目前的进口状态下，继续增加锯材进口量并不会导致国际锯材价格的大幅度上涨。与原木相比，在最后的平稳阶段，中国锯材进口量对国际锯材价格的影响（0.04%）略低于原木（0.07%），但这并不意味着增加锯材进口量就会比增加原木进口量的贸易损失小，还需观察二者价格的基数。

6.5.2.3 贸易损失估计

根据 $nsp(nsi) = 642.80 \times \exp(1.676e-04 \times nsi) - 7662 \times \exp(-0.08332 \times nsi)$ 可知，在样本区间内，4 个关键的临界点分别为 $A(40.32, 380.87)$、

$B(60，597.63)$、$C(100，651.82)$、$D(265.68，672.07)$。因此，受大国效应影响：当中国锯材进口量由 40.32 万立方米/月增长至 60 万立方米/月时，需多支付 $(597.63 - 380.87) \times 60 = 13005.32$ 万美元，即需多支付 56.91%；当中国锯材进口量增长至 100 万立方米/月时，需多支付 $(651.82 - 380.87) \times 100 = 27094.61$ 万美元，即需多支付 71.14%；当中国锯材进口量增长至 265.68 万立方米/月时，需多支付 $(672.07 - 380.87) \times 265.68 = 77364.83$ 万美元，即需多支付 76.45%。

6.5.3　化学木浆进口

6.5.3.1　样本选取

根据图 6.5 所示，中国化学木浆进口量与国际化学木浆价格之间的相关关系可以划分为 9 个区间，与原木类似，同样也包含价格主导区间与大国效应区间两种类型。通过计算 Spearman 等级相关系数对每个区间的相关关系及显著性进行判定，结果如表 6.10 所示。可知，中国化学木浆进口量在 2001 年 10 月 ~ 2008 年 4 月、2010 年 11 月 ~ 2011 年 1 月、2012 年 3 月 ~ 2012 年 8 月、2012 年 9 月 ~ 2014 年 6 月的大国效应显著，故选取以上区间作为研究样本进行函数拟合分析。

表 6.10　　　中国化学木浆进口贸易大国效应分析的样本区间选择

样本区间	Spearman 等级相关系数	相关关系	是否选取
2001 年 1 月 ~ 2001 年 9 月	− 0.82 ***	价格主导区间，显著极强相关	否
2001 年 10 月 ~ 2008 年 4 月	0.70 ***	大国效应区间，显著强相关	是
2008 年 5 月 ~ 2009 年 5 月	− 0.64 **	价格主导区间，显著强相关	否
2009 年 6 月 ~ 2010 年 10 月	− 0.81 ***	价格主导区间，显著极强相关	否
2010 年 11 月 ~ 2011 年 1 月	0.50 **	大国效应区间，显著中等程度相关	是
2011 年 2 月 ~ 2011 年 7 月	− 0.31	可能价格主导区间，相关性不显著	否
2011 年 8 月 ~ 2012 年 2 月	− 0.79 **	价格主导区间，显著强相关	否
2012 年 3 月 ~ 2012 年 8 月	1.00 ***	大国效应区间，显著完全相关	是

续表

样本区间	Spearman 等级相关系数	相关关系	是否选取
2012 年 9 月 ~2014 年 6 月	0.28 *	大国效应区间，显著弱相关	是

注：*** 、 ** 、 * 分别表示1%、5%、10%的显著性水平。
资料来源：通过 Stata 软件计算所得。

6.5.3.2 函数拟合分析

同样，在剔除异常值后，对使用到的样本进行描述性统计分析，结果如表 6.11 所示，记国际化学木浆价格为 nwp，中国化学木浆进口量为 nwi。

表 6.11 　　　中国化学木浆进口贸易大国效应分析的样本描述性统计

变量	样本数	均值	标准差	最小值	最大值
nwp	110	677.82	136.35	412.31	910.06
nwi	110	66.86	30.165	30.68	129.88

通过 MATLAB 拟合发现，中国化学木浆进口量（nwi）对国际化学木浆价格（nwp）的影响关系最符合 3 次多项式函数，即 Polynomial（3），拟合优度为 73.18%，具体表达式为：$nwp(nwi) = 6.554e - 04nwi^3 - 0.2216nwi^2 + 25.19nwi - 144$（由于多项式函数小数点后的数值对于估计结果的准确度影响较大，所以此处未将小数点统一保留至两位）。拟合关系见图 6.15，同样，将横纵坐标大小间隔调为一致，见图 6.15（a），也列出对数形式的拟合图以观察弹性的变化，见图 6.15（b）。

可知，随着中国化学木浆进口量的增加，国际化学木浆价格上涨速度逐渐减缓，大致可以分为以下三个阶段：

（1）中国化学木浆月度进口量在 30.68 万 ~70 万吨之间，相应弹性系数大约为 0.67，在 1% 的水平下显著，即中国化学木浆月度进口量每增加 1%，国际化学木浆价格上涨约 0.67%。

（2）中国化学木浆月度进口量在 70 万 ~90 万吨之间，相应弹性系数大约为 0.28，在 1% 的水平下显著，即中国化学木浆月度进口量每增加 1%，国际化学木浆价格上涨约 0.28%。

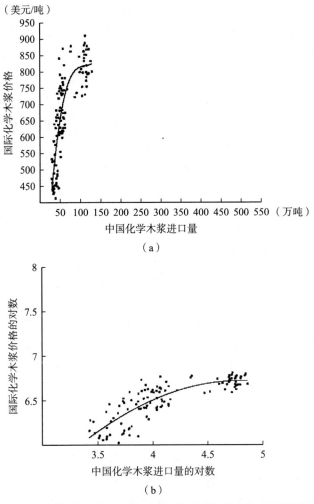

图6.15 中国化学木浆进口量对国际化学木浆价格的影响关系拟合

（3）中国化学木浆月度进口量在90万～129.88万吨之间，相应弹性系数大约为0.01，在5%的水平下显著，即中国化学木浆月度进口量每增加1%，国际化学木浆价格上涨约0.01%。

此处弹性发生变化的解释与原木、锯材类似。一方面，在样本区间内，从供给角度来讲，随着国际化学木浆价格上涨，国际化学木浆供给量不断增加，大约由0.36亿吨/年增长至0.48亿吨/年，年均增长速度为4.38%。从需求角度来讲，随着国际化学木浆价格上涨，除中国外的其他国家化学木浆进口量大约由 0.31 亿吨/年增长至 0.35 亿吨/年，年均增长速度为 1.50%，基本保持平稳，而中国化学木浆进口量则由 453 万吨/年增长至 0.14 亿吨/年，年均增长速度为 16.99%。这说明国际化学木浆价格的上涨，使得其他国家愿意进口的化学木浆量基本保持不变，而国际供给增加的部分均被中国进口，那么同样，在国际化学木浆价格上涨的过程中，由于化学木浆供给量的增加和其他国家进口量的基本保持不变，中国每增加一单位的化学木浆进口量，愿意或者需要多支付的价格是逐渐减少的。另一方面，中国化学木浆进口量的增加，使其在国际市场中所占的份额越来越大，发挥的作用也越来越强，从而形成了一定的市场势力，压制了国际化学木浆价格的上涨幅度，使得国际化学木浆价格的上涨速度逐渐放缓，当然，这一观点也将在下一章研究中进行验证。需要注意的是，在样本区间内，中国化学木浆进口贸易已经具备大国效应，只不过是在不同的进口量区间内，其对国际化学木浆价格上涨幅度的影响不同。

虽然样本数据有限，仅截止到 2014 年 6 月，但对当前的中国化学木浆进口贸易仍具有一定的参考价值，以 2020 年为例，中国化学木浆月度进口量均大于 150 万吨，因此，在目前的进口状态下，继续增加化学木浆进口量并不会导致国际化学木浆价格的大幅度上涨。

6.5.3.3 贸易损失估计

根据 $nwp(nwi) = 6.554\mathrm{e}-04nwi^3 - 0.2216nwi^2 + 25.19nwi - 144$ 可知，在样本区间内，4 个关键的临界点分别为 $A(30.68, 439.17)$、$B(70, 758.26)$、$C(90, 805.93)$、$D(129.88, 825.48)$。因此，受大国效应影响，当中国化学木浆进口量由 30.68 万吨/月增长至 70 万吨/月时，需多支付 $(758.26 - 439.17) \times 70 = 22336.31$ 万美元，即需多支付 72.66%；当中国化学木浆进口量增长至 90 万吨/月时，需多支付 $(805.93 - 439.17) \times 90 = 33007.91$ 万美元，即需多支付 83.51%；当中国化学木浆进口量增长至 129.88 万吨/月时，需多支付 $(825.48 - 439.17) \times 129.88 = 50173.41$ 万美元，即需多支付 87.96%，可见，造成了巨大的贸易损失。

6.5.4 胶合板出口

6.5.4.1 样本选取

根据图 6.6 所示，中国胶合板出口量与国际胶合板价格之间的相关关系可以划分为 8 个区间，与原木类似，包含价格主导区间与大国效应区间两种类型。通过计算 Spearman 等级相关系数对每个区间的相关关系及显著性进行判定，结果如表 6.12 所示。可知，中国胶合板出口量在 2018 年 3 月 ~2020 年 6 月的大国效应显著，故选取以上区间作为研究样本。

表 6.12　　　中国胶合板出口贸易大国效应分析的样本区间选择

样本区间	Spearman 等级相关系数	相关关系	是否选取
2001 年 1 月 ~2002 年 2 月	− 0.33	可能大国效应区间，相关性不显著	否
2002 年 3 月 ~2007 年 2 月	0.94***	价格主导区间，显著极强相关	否
2007 年 3 月 ~2009 年 2 月	0.04	可能价格主导区间，相关性不显著	否
2009 年 3 月 ~2012 年 3 月	0.70***	价格主导区间，显著强相关	否
2012 年 4 月 ~2015 年 8 月	0.64***	价格主导区间，显著强相关	否
2015 年 9 月 ~2018 年 2 月	0.46***	价格主导区间，显著中等程度相关	否
2018 年 3 月 ~2020 年 6 月	− 0.54***	大国效应区间，显著中等程度相关	是
2020 年 7 月 ~2020 年 12 月	0.52	可能价格主导区间，相关性不显著	否

注：***、**、* 分别表示 1%、5%、10% 的显著性水平。
资料来源：通过 Stata 软件计算所得。

6.5.4.2 函数拟合分析

同样，在剔除异常值后，对使用到的样本进行描述性统计分析，结果如表 6.13 所示，记国际胶合板价格为 npp，中国胶合板出口量为 npe。

表 6.13　　　　中国胶合板出口贸易大国效应分析的样本描述性统计

变量	样本数	均值	标准差	最小值	最大值
npp	26	498.57	9.41	482.97	516.05
npe	26	72.03	6.73	57.20	84.75

通过 MATLAB 拟合发现，中国胶合板出口量（npe）对国际胶合板价格（npp）的影响关系最符合 3 次多项式函数，即 Polynomial（3），拟合优度为 72.89%，具体表达式为：$npp(npe) = 8.359e - 04npe^3 - 0.1645npe^2 + 9.579npe + 348.60$（由于多项式函数小数点后的数值对于估计结果的准确度影响较大，所以此处未将小数点统一保留至两位）。拟合关系见图 6.16（a），同样，也列出对数形式的拟合图以观察弹性的变化，见图 6.16（b）。可知，在样本区间内，相应弹性系数大约为 − 0.14，在 1% 的水平下显著，即中国胶合板出口量每增加 1%，国际胶合板价格下跌约 0.14%，由于样本数据有限，拟合曲线尚未表现出下降趋势变缓的现象，这说明中国胶合板出口贸易不能依靠量大优势来取胜。

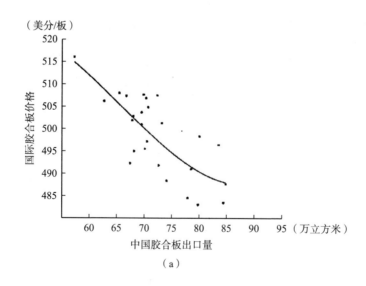

（a）

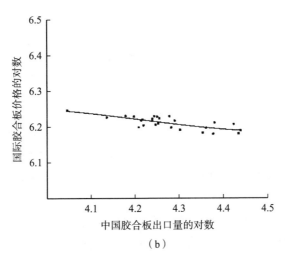

（b）

图 6.16 中国胶合板出口量对国际胶合板价格的影响关系拟合

6.5.4.3 贸易损失估计

根据 $npp(npe) = 8.359e - 04npe^3 - 0.1645npe^2 + 9.579npe + 348.60$ 可知，在样本区间内，2 个关键的临界点分别为 $A(57.20, 514.74)$、$B(84.75, 487.72)$，其中，国际胶合板价格的单位为美分/板。遗憾的是目前并没有胶合板立方米与板之间的换算公式，为保证结果的客观与准确，在上文的研究中并没有对二者的单位进行转换，通常国际贸易中胶合板的长宽标准是比较固定的（长 2.44m、宽 1.22m），厚度的规格较多，有 3 毫米、5 毫米、9 毫米、12 毫米、15 毫米、18 毫米等，通过与年度胶合板价格的对比发现，此处的换算最接近于厚度为 3 毫米的胶合板，即 1 立方米 = 1/(2.44 × 1.22 × 0.003) 板 ≈ 112 板，同时 1 美元 = 100 美分，所以 1 美元/立方米 = 1/1.12 美分/板。因此，A、B 两点可转换为 $A'(57.20, 576.51)$、$B'(84.75, 546.25)$，其中，国际胶合板价格的单位为美元/立方米。可知，受大国效应影响，当中国胶合板出口量由 57.20 万立方米/月增长至 84.75 万立方米/月时，会少收取（576.51 – 546.25）× 84.75 = 2564.70 万美元，即少收取 5.25%。

6.6 结 果 讨 论

大国效应的显现具有条件性、阶段性与偶发性，并非持续的，在显性大国效应研究中，整体样本区间内，中国原木贸易存在显性大国效应，而锯材、化学木浆、胶合板贸易不存在显性大国效应。根据中国木质林产品进口、出口贸易量与国际木质林产品价格的变化趋势图，可以将中国锯材进口贸易划分为 2001 年 1 月~2008 年 7 月与 2008 年 8 月~2020 年 12 月两个阶段，研究结果表明在第一个阶段，中国锯材进口贸易存在阶段性显性大国效应。这不仅与中国木质林产品进口、出口量占世界木质林产品进口、出口量的绝对比重有关，还与中国与其他国家木质林产品进口、出口量占木质林产品进口、出口量的相对比重有关。就绝对比重而言，以 2019 年为例，中国原木进口量占比 42.50%，大于中国锯材进口量占比 25.55%、化学木浆进口量占比 37.67%、胶合板出口量占比 32.11%；就相对比重而言，同样以 2019 年为例，在世界木质林产品进口、出口量占比排名前 5 位的国家中，中国原木进口量占比远大于奥地利（7.26%）、瑞典（5.91%）、德国（5.06%）、芬兰（4.21%），具备"一家独大"的优势。而中国锯材、化学木浆进口量、胶合板出口量占比与排名后 4 位的国家相比，差距较小，存在相互制衡的力量，具体，锯材进口排名后 4 位的国家有美国（16.98%）、英国（4.72%）、日本（3.83%）、德国（3.48%）；化学木浆进口排名后 4 位的国家有美国（8.81%）、德国（6.85%）、意大利（6.00%）、韩国（3.31%）；胶合板出口排名后 4 位的国家有俄罗斯（10.38%）、印度尼西亚（9.74%）、巴西（7.80%）、马来西亚（6.15%）。

当然，大国效应本身是一种供求调节机制，是否显现还会受到国际价格对贸易量影响大小、贸易方式、国际干预、市场势力等因素的制约。首先，若国际木质林产品价格对中国木质林产品进口、出口量的影响大于中国木质林产品进口、出口量对国际木质林产品价格的影响，则中国木质林产品进口、出口贸易的大国效应会被掩盖。事实证明，在整个样本区间，中国原木、锯材、化学木浆进口贸易，与胶合板出口贸易的隐性大国效应均存在，且格兰杰因果检验与方差分解的结果也表明，国际锯材、化学木浆、胶合板价格对中国锯材、化学木浆进口与胶合板出口的影响更大。其次，中国锯材在森林资源丰富的国家建立木材生产基地与经营网点，就地进行木材采伐与加工，使锯材进口由国际市场贸易行为转为国内市场贸易行为，也会使显性大国效应逐渐减弱。此外，美国、俄罗斯、加拿大、瑞典等主要木质林产品生产国与出口国采取各种支持政策来干预本国木质林产品贸易的发展，使真实的市场量价发生扭曲，即使中国从国际锯材、化学木浆市场上大量进口，向国际胶合板市场大量出口，对国际市场价格的影响也难以显现（龚谨等，2018；赵峰等，2018）。并且，若中国木质林产品贸易在个别或部分国家交易市场上具有市场势力，也会具备讨价还价的能力，即使进口、出口量不断增加，国际市场价格也不会随之有明显的上涨、下跌，而这些隐性大国效应是不能通过显性大国效应的研究方式被发现。

结果显示中国木质林产品贸易量与国际木质林产品价格受自身冲击的影响程度最大，因此，无论是中国原木、锯材、化学木浆进口还是胶合板出口，仍需依赖国际市场，无法在短时期内实现向国内市场的转移（田明华，2021）。正如第 4.4 节和第 5.4 节中所论述的，应继续完善国际木质林产品价格监测体系，密切关注国际木质林产品价格变动，并搭建权威的沟通交流渠道，及时有效获取信息。

结果显示中国原木、锯材、化学木浆的大量进口引起了国际原木、锯材、化学木浆价格的攀升，且在不同的进口量区间，价格上涨的速度不同，随着中国原木、锯材、化学木浆进口量的增加，国际原木、锯材、化学木浆价格的上涨速度逐渐放缓。在目前的进口量水平下，中国原木、锯材、化学木浆月度进口量每增加 1%，国际原木、锯材、化学木浆价格分别上涨 0.07%、0.04%、0.01%。这主要是由于国际原木、锯材、化学木浆价格的上涨促使国际原木、锯材、化学木浆的供给量增加，而其他国家的原木、锯材进口量减少，化学木浆进口量保持平稳，此时，中国每增加一单位的原木、锯材、化学木浆进口量，愿意或需要多支付的价格是逐渐减少的，并且，中国原木、锯材、化学木浆进口量的增加，也使其在国际市场上所占份额继续变大，可能会形成一定的市场势力，拥有讨价还价的能力，从而压制了国际原木、锯材、化学木浆价格的上涨幅度。中国胶合板出口贸易由于数据样本有限，尚未发现有随着中国胶合板出口量的增加，国际胶合板下降趋势逐渐变缓的现象，这说明中国胶合板出口贸易不能依靠量大优势来取胜。

结果显示受大国效应影响，中国原木进口量由 179.15 万立方米/月增长至 704.91 万立方米/月时，会造成大约 8.21 亿美元的损失，需多支付 63.16%；中国锯材进口量由 40.32 万立方米/月增长至 265.68 万立方米/月时，会造成大约 7.74 亿美元的损失，需多支付 76.45%；中国化学木浆进口量由 30.68 万吨/月增长至 129.88 万吨/月时，会造成约 3.30 亿美元的损失，需多支付 87.96%；中国胶合板出口量由 57.20 万立方米/月增长至 84.75 万立方米/月时，会造成大约 2564.70 万美元的损失，少收取 5.25%。因此，就原木、锯材、化学木浆进口而言，应保持适当的进口规模，避免突然间大量增加进口的行为；考虑到国内供需的稳定，也应尽可能与贸易国签订长期合同，以较平稳的价格进行采购；做好全国供求信息的及时发布工作，建立必要的调节储备机制，以平滑国际采购价格的波动，达到合理利用国际市场的目的（赵长和和钟钰，2017）；同时，也可积极培育大型跨国企业，以减弱大国效应的负面影响。就胶合板出口而言，重点是要合理利用出口大国优势，提升胶合板的附加值，降低产品的可替代性，因此，应重视科研技术团队的建设，重视自主创新人才的培养，以优质的木材原料为基础，以先进的生产工艺为支撑，以雄厚的资金力量为保障，以严格的绿色环保标准为要求，利用产业集群效应，实现资源共享与效率提升，以全面增强产品的竞争力，促使产品结构优化升级。同时，也可根据国际细分市场的特色，针对不同的消费群体，打造区域性的自主品牌，加强国际市场对中国胶合板产品的认可。

本章可能的学术边际贡献在于：第一，首次尝试从显性与隐性两个角度验证大国效应是否存在，能够使中国木质林产品进口、出口贸易的大国效应得到充分挖掘；第二，打破了现有文献中关于大国效应的影响是线性的假设，以非线性拟合图的形式直观展现了中国木质林产品贸易量对国际木质林产品价格的影响，估计了在不同区间内的弹性，使得结果更加准确，能够为中国木质林产品进口、出口贸易政策的制定提供参考；第三，通过边际价格计算，首次将大国效应带来的贸易损失进行了量化，更为直观地反映大国效应的负面影响，当然，由于数据样本有限，无法对样本点以外的推断是否正确加以验证。本章研究发现中国 4 种木质林产品贸易的大国效应均存在，有些显现出来了，而有些没有显现，这与大国效应本身的调节机制、研究发现的方式方法、样本区间的选择、中国木质林产品贸易在国际市场中所处的相对地位等都有关系，也很好地解释了为什么在已有的大宗商品贸易中，关于大国效应是否存在的研究结论尚未达成一致的问题。那么，随着中国原木、锯材、化学木浆进口量的增加，相应国际价格的上涨速度逐渐放缓，是否受到中国木质林产品贸易的市场势力影响？中国木质林产品贸易是否在个别国家的木质林产品贸易市场上具备讨价还价的能力？可否利用在个别市场上的市场势力来应对大国效应带来的负面影响？将在下一章的研究中予以回答。

6.7 本章小结

本章首先构建了大国效应研究的理论分析框架，阐述了 4 种木质林产品的贸易现状，初步分析了中国木质林产品进口、出口量与国际木质林产品价格的变化趋势；其次，综合运用了 VAR 模型、格兰杰分析、脉冲响应函数分析、方差分解分析从动态视角探究了中国不同木质林产品进口、出口贸易显性大国效应的存在性，并进一步通过 Spearman 等级相关系数分析、加入中国因素前后的国际木质林产品价格对比分析对隐性大国效应进行充分挖掘；最后，借助 MATLAB 软件就中国木质林产品进口、出口贸易量对国际木质林产品价格的影响关系进行函数拟合，分段估计相应的弹性，以明确中国木质林产品进口、出口量在不同区间内对国际木质林产品价格产生的不同影响，并进一步通过边际价格估算了大国效应带来的贸易损失。得出如下主要结论：

（1）就显性大国效应而言，在整个样本区间内，中国原木进口贸易存在显性大国效应；在分阶段研究区间内，2001 年 1 月 ~2008 年 7 月，中国锯材进口贸易存在显性大国效应；两种区间内，中国化学木浆进口贸易、中国胶合板出口贸易均不存在显性大国效应。可见，大国效应的显现具有偶发性、阶段性与条件性，并不是持续不变的，这与中国木质林产品贸易量占世界木质林产品贸易量的绝对比重与相对比重、贸易方式、国际干预、市场势力、国际木质林产品价格对中国木质林产品贸易量影响的大小等因素有关，使得中国木质林产品贸易量对国际木质林产品价格的影响被掩盖起来，难以用显性大国效应的研究方法被发现。相应的，国际原木、锯材价格的上涨不会对中国原木、锯材的进口产生显著的抑制作用，而国际化学木浆、胶合板价格则是中国化学木浆进口量、胶合板出口量变化的格兰杰因。此外，无论是中国木质林产品贸易量变化，还是国际木质林产品价格变化，其受自身冲击的影响程度最大。

（2）就隐性大国效应而言，通过计算 Spearman 等级相关系数，发现 4 种国际木质林产品价格与中国木质林产品贸易量的相关程度均大于与国际木质林产品整体贸易量水平的相关程度，并且中国原木、锯材、化学木浆进口贸易会显著引起国际原木、锯材、化学木浆价格的上涨，同时也会明显减轻国际原木、锯材价格对国际原木、锯材进口量的负向影响，并增强国际化学木浆进口量对国际化学木浆价格的正向影响。此外，加入中国贸易后的国际胶合板价格明显低于加入中国贸易前的国际胶合板价格，说明中国胶合板出口贸易在整体上拉低了国际胶合板价格。因此，中国原木、锯材、化学木浆进口贸易与中国胶合板出口贸易均存在隐性大国效应。

（3）在样本区间内，随着中国原木、锯材、化学木浆进口量的增加，国际原木、锯材、化学木浆价格的上涨速度逐渐放缓。其中，中国原木月度进口量在 150 万～250 万立方米、250 万～300 万立方米、300 万～350 万立方米、350 万～750 万立方米之间的弹性系数分别为 0.81、0.52、0.24、0.07，说明在不同区间范围内，中国原木月度进口量每增加 1%，国际原木价格分别上涨约 0.81%、0.52%、0.24%、0.07%；类似地，中国锯材月度进口量在 40 万～60 万立方米、60 万～100 万立方米、100 万～300 万立方米之间的弹性系数分别为 1.16、0.18、0.04；中国化学木浆月度进口量在 30 万～70 万吨、70 万～90 万吨、90 万～150 万吨之间的弹性系数分别为 0.67、0.28、0.01；中国胶合板月度出口量在 55 万～85 万立方米之间的弹性系数为 0.14。

（4）受大国效应影响，中国原木进口量由 179.15 万立方米/月增长至 704.91 万立方米/月时，会造成大约 8.21 亿美元的损失，需多支付 63.16%；中国锯材进口量由 40.32 万立方米/月增长至 265.68 万立方米/月时，会造成大约 7.74 亿美元的损失，需多支付 76.45%；中国化学木浆进口量由 30.68 万吨/月增长至 129.88 万吨/月时，会造成约 3.30 亿美元的损失，多支付 87.96%；中国胶合板出口量由 57.20 万立方米/月增长至 84.75 万立方米/月时，会造成大约 2564.70 万美元的损失，会少收取 5.25%。

综上所述，中国原木、锯材、化学木浆进口贸易与胶合板出口贸易均具有大国效应，如果继续增加对原木、锯材、化学木浆的进口量或增加对胶合板的出口量，则需考虑相应国际木质林产品价格的上涨或下跌幅度，以及带来的贸易损失是否可以被接受。同时也可采取脉冲式进口与出口模式，在低价时大量进口，引起价格升高后停止进口，待价格下降后再大量进口；在高价时大量出口，引起价格下降后停止出口，待价格上涨后再大量出口。

第 7 章

中国木质林产品贸易市场势力研究

上一章探究了中国木质林产品进口、出口量对国际木质林产品价格的影响，那么，中国木质林产品进口、出口贸易是否在某个或多个国家的市场上具有一定的市场势力？能否利用市场势力来应对国际市场价格波动与大国效应带来的负面影响？将在本章中做进一步研究。在文献综述已经提到，学者们关于国际市场势力测度的方法主要集中在以下两种：第一，结构主义模型，包括勒纳指数、赫芬达尔－赫希曼指数等指标测算（Bain，1951；Cowling & Waterson，1976），用于衡量市场结构与市场绩效，但由于缺乏市场份额与市场势力之间关系的理论基础，市场份额高并不代表就具有市场势力，且在实际应用过程中，边际成本也难以量化，因此，该类模型的使用频率比较低；第二，新经验产业组织模型，包括PCM 模型（Hall，1988；Klette，1999；Loecker，2011）、RDE 模型（Landes & Posner，1981；Poosiripinyo & Reed，2005）、基于汇率传递的PTM 模型（Antzoulatos & Yang，1997；Kikuchi & Summer，2002；Garcia & Torrejon，2010；Garetto，2012）。其中，PCM 模型以索洛余值理论为基础，建立在统计参数的基础上，测算结果比较准确，但由于该模型的使用前提需满足规模报酬不变、希克斯中性技术进步等严格假设，且对数据质量的要求较高，因此在实证操作过程中比较难实现（Kim & Moon，2017）。相比较而言，RDE 模型与 PTM 模型具有坚实的理论基础与易于实证操作的优势，在实际研究中被广泛采用（Sung et al.，2015；孙致陆，2019），并且在 RDE 模型的基础上，有学者推出反剩余需求函数、反剩余供给函数、供需均衡条件，构建了 SMR 模型（Song et al.，2009），可以基于买卖双方视角同时进行测度，被认为是目前测算国际市场势力最为科学的模型之一（宋益等，2018；吴学君和张媛，2021）。但该模型聚焦于少数主要贸易国的分析，研究范围较窄，最主要的是木质林产品缺乏生产成本相关数据，不满足模型构建条件，无法在本章中加以应用。而 PTM 模型综合考虑了市场结构、消费者效用等的影响，可以用于检验进口方或出口方在所有贸易国中的市场势力，更符合本章节的研究需求（田甜，2017；Dizgah et al.，2019）。

因此，本章首先利用固定效应变系数的 PTM 面板模型对中国木质林产品进口、出口市场势力进行测算，并以原木为例，基于弹性视角分析各来源国在中国原木进口中的市场行为特征，验证市场势力的作用机理，并结合市场势力存在与缺失的原因，借鉴拥有市场势力国家的发展经验，得出中国木质林产品进口、出口贸易的启示。

7.1 理论分析框架

结合本书第 2.1.4 小节"市场势力"的概念界定可知，在产业组织理论中，国际市场势力是一国某产业在国际市场上的综合控制能力（占明珍，2011），从本质上讲，是开放经济条件下，全球产业在生产率与技术水平上的竞争结果。此处将中国木质林产品的国际市场势力定义为卖方市场势力与买方市场势力两个方面，其中，卖方国际市场势力是指中国在出口木质林产品时将价格制定在边际成本以上的能力，即价格加成的能力；买方国际市场势力是指中国在进口木质林产品时借助自身优势以低于竞争均衡价格进行购买的能力，即价格抗衡能力（黄先海等，2010；石秀华和万瑒，2014）。本章关于市场势力的研究主要探讨以下 2 个问题：

（1）是否拥有市场势力。本书前文图 2.1 展示了市场势力的作用机制，有学者将汇率因素与该作用机制相结合，提出了依市定价理论（Krugman，1986）；有学者基于依市定价理论构建了一个非常具有代表性的出口定价策略模型（Goldberg & Knetter，1999）；有学者进一步在出口定价模型的基础上推导出了进口 PTM 模型用于测度进口市场势力（Manitra & Shapouri，2001）。以上均基于不完全竞争市场的利润最大化原则（$MR = MC$）展开计算，如图 7.1 所示，利润最大化时的产出为 Q_m，交易价格为 P^m，高于完全竞争时的价格 MC^m，且高出的部分（$P^m - MC^m$）与需求弹性（ε）相关，具体关系式为 $(P^m - MC^m)/P^m = -1/\varepsilon$，等式左边即价格的成本加成。由于具体的推导过程、依市定价理论等与 PTM 模型的构建密切相关，因此该部分理论的完整阐述以及需求弹性（ε）与市场势力之间的关联性详见本书第 7.3.1.1 小节和第 7.3.1.2 小节。目前，国内学者主要借助指标测度方法与模型测度方法对农产品、矿产资源以及一些特定产业领域的国际市场势力展开实证研究，在本书第 2.3.4 小节"市场势力相关研究"与第 7 章开篇也已论述到 PTM 模型更加符合本章节的研究需求，因此，不再赘述。

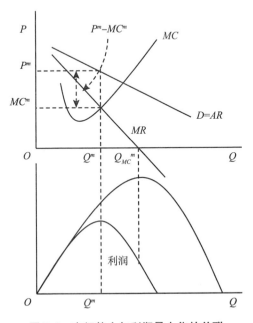

图 7.1　市场势力与利润最大化的关联

（2）基于弹性视角的验证——以原木为例。中国原木进口是否拥有市场势力，不仅与中国和贸易伙伴国的贸易现实有关，而且与贸易伙伴国彼此之间的竞争关系有关（李光泗和韩冬，2020），因此，在分析完中国原木进口贸易的市场势力之后，需进一步分析：当中国原木进口支出增加时，各来源国的受益顺序及中国原木进口市场结构是如何变化的？各来源国的原木产品是正常商品还是低档商品？各来源国的原木出口对于自身价格变化的敏感程度如何？各来源国的产品彼此之间是替代品还是互补品？等等，以便基于弹性视角对市场势力的机理展开验证。

目前，学者们关于差异化进口需求（即不同来源国不同产品的需求）的研究主要使用到 Rotterdam 模型、AIDS 模型、General 模型等工具，其中，AIDS 模型相比其他模型而言，函数的设置更加灵活，也可以同时分析消费者的消费行为特征与消费市场特点，具有很强的经济学意义，在研究国际贸易问题时被广泛应用（张石芬和田志宏，2012；田聪颖和肖海峰，2018；王志烩和宁卓，2020；余洁等，2021）。因此，本章同样借助 AIDS 模型对中国原木进口来源国市场进行分析，该模型具体的推导过程详见本书第7.4.1 小节。

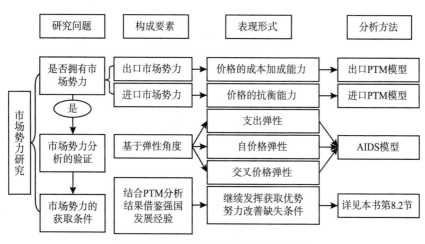

图 7.2 市场势力研究的理论分析框架

当然，中国原木进口贸易中的市场势力是相对的，中国市场势力强意味着来源国市场势力弱，同理，中国市场势力弱意味着来源国市场势力强，根据 PTM 模型的结论与 AIDS 模型的结论，可以发现中国原木进口贸易中存在的问题及具备的优势，故需扬长避短，借鉴市场势力强国的发展经验，改善中国木质林产品的贸易条件，具体意见详见本书第 8.2 节。

7.2　特征事实分析

木材是支持国家经济发展、保障国民经济安全重要的战略性资源，中国是木材生产、消费与贸易大国，受森林资源禀赋、天然林禁伐政策全面实施等因素的影响，中国木材供需失衡问题突出，需大量进口木材以满足国内市场需求。表 7.1 列出了 2001 年、2020 年中国原木进口国别结构。可以看出，2001 年，中国从来源国进口原木的贸易量占中国原木总进口贸易量的比重超过 1% 的国家有 10 个，满足了中国原木总进口贸易量的 94.94%，其中，俄罗斯是中国原木进口来源第一大国，占比高达 51.98%。2020 年，中国从来源国进口原木的贸易量占中国原木总进口贸易量的比重超过 1% 的国家增加至 13 个，满足了中国原木总进口贸易量的 89.17%，其中，占比最高的国家是新西兰（25.59%）。相比较而言，进口市场结构正朝着多元化趋势发展，进口集中度有所分散，尤其是俄罗斯占比下降幅度较大，这主要是由于俄罗斯为追求更高的出口利润，通过提高原木出口关税等措施，将以原木出口为主的贸易形式向以为以板材出口为主的贸易形式转变。新西兰、德国、澳大利亚等国家的占比有所上升，巴布亚新几内亚的占比变化较为稳定，基本维持在 5% 左右，同时，也可以看出，中国原木进口的多元化发展较为缓慢（苏蕾和袁辰，2018），尽管新西兰成为中国原木进口第一来源国，但其木材结构比较单一，以针叶材为主，中国原木的进口仍需向多元化方向发展。

表 7.1　　　　　　　　　　　中国原木进口国别结构

时间	来源国	进口量（万立方米）	占比（%）
2001 年	俄罗斯	876.57	51.98
	马来西亚	151.19	8.97
	印度尼西亚	113.79	6.75
	加蓬	112.47	6.67
	巴布亚新几内亚	91.02	5.40
	新西兰	81.98	4.86
	缅甸	55.75	3.31
	赤道几内亚	46.82	2.78
	德国	39.73	2.36
	利比里亚	31.34	1.86
	总量	1600.66	94.94
2020 年	新西兰	1712.29	25.59
	德国	1007.09	15.05
	俄罗斯	760.11	11.36
	澳大利亚	574.41	8.58
	美国	412.98	6.17
	巴布亚新几内亚	336.57	5.03
	捷克	319.07	4.77
	所罗门群岛	212.19	3.17
	日本	136.29	2.04
	乌拉圭	133.79	2.00
	巴西	123.68	1.85
	加拿大	121.70	1.82
	法国	116.97	1.75
	总量	5967.13	89.17

注：根据国研网数据库计算所得，表中仅列出占比 1% 以上的国家，不包括中国香港、澳门、台湾地区。

　　中国锯材贸易属于单项补缺型贸易，近年来，为满足国内房地产发展、室内装修等对木材的需求，也为向木质家具的生产提供原材料，实现出口创汇，中国锯材进口需求量大幅度上升。表 7.2 列出了 2001 年、2020 年中国锯材进口来源国结构，可以看出，中国锯材进口贸易对国际市场的依赖性较强，来源国也比较集中，2001 年，中国锯材产品进口量中，有 88.66% 的来自以印度尼西亚为首的 11 个国家，至 2020 年，中国锯材产品进口量中，有 90.21% 的来自以俄罗斯为首的 13 个国家，集中度并没有发生太大变化。表 7.2 中，俄罗斯和加拿大是中国主要的针叶材进口来源国，美国和泰国是中国主要的阔叶材进口来源国，从 2001 年至 2020 年，中国进口俄罗斯锯材量增加了 1722.43 万立方米，俄罗斯成为中国锯材进口来源第一大国，这主要是受俄罗斯原木出口限制政策的影响，使得中国从其进口锯材增多。相比，印度尼西亚和马来西亚的占比下降幅度较大，这一方面是由于热带雨林破坏严重，阔叶材资源减少，另一方面，是由于禁止非法采伐政策的实施，导致阔叶材单价增长幅度较大（田刚等，2021）。

表 7.2　　　　　　　　　　　中国锯材进口国别结构

时间	来源国	进口量（万立方米）	占比（%）
	印度尼西亚	121.76	30.01
	马来西亚	42.79	10.54
	美国	39.30	9.68
	泰国	33.30	8.21
	俄罗斯	32.32	7.96
2001 年	加拿大	19.22	4.74
	德国	18.64	4.59
	新西兰	16.96	4.18
	缅甸	16.42	4.05
	巴西	11.16	2.75
	罗马尼亚	7.93	1.95
	总量	359.80	88.66

续表

时间	来源国	进口量（万立方米）	占比（%）
2020 年	俄罗斯	1754.75	48.02
	泰国	460.16	12.59
	加拿大	265.24	7.26
	美国	180.68	4.94
	乌克兰	109.11	2.99
	德国	100.67	2.75
	芬兰	80.39	2.20
	加蓬	77.32	2.12
	瑞典	76.73	2.10
	白俄罗斯	66.34	1.82
	智利	50.39	1.38
	罗马尼亚	38.13	1.04
	巴西	36.61	1.00
	总量	3296.51	90.21

注：根据国研网数据库计算所得，表中仅列出占比 1% 以上的国家，不包括中国香港、澳门、台湾地区。

随着中国纸品行业的迅速发展，国内企业对于优质木浆等造纸原材料的需求显著上升，受中国森林资源相对匮乏、林纸一体化发展落后的影响，中国木浆产量十分有限，国内供应存在严重的结构性缺货问题，需依靠进口满足生产需要（何畅和缪东玲，2018）。2001～2020 年，中国化学木浆进口量持续增长，表 7.3 列出了 2001 年、2020 年中国化学木浆进口国别结构，可以看出，中国化学木浆进口来源国比较单一，进口市场高度集中，这不仅降低了中国在进口贸易中讨价还价的能力，而且增加了国际贸易风险，更容易受到来源国政策变化的影响。2001 年，中国化学木浆主要从印度尼西亚等 10 个国家进口，占中国化学木浆总进口量的 97.90%，2020 年，中国化学木浆的主要进口来源国有巴西、印度尼西亚、加拿大、智利、美国等 9 个国家，占中国化学木浆总进口量的 94.25%。其中，巴西成为中国化学木浆进口来源第一大国，地位上升，相比较而言，印度尼西亚、加拿大、智利、美国地位保持稳定，俄罗斯、新西兰地位下降明显。

表 7.3   **中国化学木浆进口国别结构**

时间	来源国	进口量（万吨）	占比（%）
2001 年	印度尼西亚	101.75	24.40
	俄罗斯	83.53	20.03
	加拿大	68.51	16.43
	智利	61.81	14.83
	巴西	36.04	8.64
	美国	24.29	5.83
	新西兰	11.74	2.81
	泰国	11.42	2.74
	葡萄牙	4.70	1.13
	芬兰	4.43	1.06
	总量	408.22	97.90
2020 年	巴西	715.20	30.19
	印度尼西亚	354.24	14.95
	加拿大	289.52	12.22
	智利	256.16	10.81
	美国	172.29	7.27
	芬兰	163.52	6.90
	俄罗斯	149.49	6.31
	乌拉圭	84.88	3.58
	瑞典	47.56	2.01
	总量	2232.86	94.25

注：根据国研网数据库计算所得，表中仅列出占比 1% 以上的国家，不包括中国香港、澳门、台湾地区。

胶合板是中国木质林产品对外贸易中的传统优势产品，也是中国林产工业最重要的出口商品之一。2001~2020 年，中国胶合板出口贸易经历了由超高速发展阶段向理性发展阶段的转变，表7.4 列出了2001 年、2020 年中国胶合板出口国别结构，可以看出，中国胶合板出口贸易主要集中在亚洲、北美洲、西欧地区。2001 年，中国胶合板主要出口目的国有韩国、日本、美国、以色列、新加坡等 10 个国家，占中国胶合板总出口量的 62.91%，2020 年，中国胶合板主要出口目的国有菲律宾、越南、英国、日本、美国等 23 个国家，占中国胶合板总出口量的 75.80%，其中，2020 年第一大出口目的国菲律宾占比 9.10%，远远小于 2001 年时第一大出口目的国韩国占比 21.23%，说明中国胶合板出口市场集中度有所降低，正在朝着多元化方向发展（卢兵情等，2017）。此外，为应对中美贸易摩擦，并规避发达国家的贸易壁垒，中国正在加强与阿联酋、沙特阿拉伯、以色列、伊拉克、卡塔尔、阿尔及利亚、埃及等中东地区与非洲地区新兴国家间的贸易合作，以开拓其巨大的市场需求潜力。

表 7.4   中国胶合板出口国别结构

时间	目的国	出口量（万立方米）	占比（%）
2001 年	韩国	20.58	21.23
	日本	12.07	12.45
	美国	9.24	9.54
	以色列	5.21	5.37
	新加坡	3.22	3.33
	沙特阿拉伯	2.64	2.72
	伊拉克	2.48	2.56
	阿联酋	2.19	2.26
	英国	1.71	1.76
	也门	1.62	1.68
	总量	60.96	62.91
2020 年	菲律宾	72.39	9.10
	越南	53.93	6.78
	英国	51.78	6.51
	日本	44.55	5.60
	美国	39.44	4.96

续表

时间	目的国	出口量（万立方米）	占比（%）
2020 年	阿联酋	31.21	3.92
	沙特阿拉伯	30.23	3.80
	马来西亚	29.78	3.74
	泰国	27.76	3.49
	以色列	27.36	3.44
	加拿大	22.56	2.84
	比利时	20.38	2.56
	澳大利亚	18.67	2.35
	墨西哥	17.54	2.21
	伊拉克	17.40	2.19
	尼日利亚	16.96	2.13
	韩国	16.37	2.06
	德国	16.11	2.03
	卡塔尔	13.06	1.64
	秘鲁	9.68	1.22
	阿尔及利亚	8.94	1.12
	埃及	8.45	1.06
	法国	8.29	1.04
	总量	602.85	75.80

注：根据国研网数据库计算所得，表中仅列出占比 1% 以上的国家，不包括中国香港、澳门、台湾地区。

7.3 基于 PTM 模型的市场势力测度实证研究

7.3.1 研究方法与数据说明

由于进口 PTM 模型是基于出口 PTM 模型理论构建的，所以，此处先进行胶合板出口 PTM 模型的构建，再进行原木、锯材、化学木浆进口 PTM 模型的构建，具体内容如下。

7.3.1.1 胶合板出口的 PTM 模型

依市定价理论的基本思想是：如果汇率发生波动，则出口国会将汇率波动带来的不利影响在本国与贸易国之间进行分摊，以维持其在目的国的市场份额或市场竞争力，也可以看作是控制目标市场的能力（Krugman，1986；潘长春，2017）。后来，有学者基于此理论，按照利润最大化原则，构建了一个代表性的出口定价策略模型（Goldberg & Knetter，1999）。假设一个出口国向 N 个目的国出口商品，每个目的国的需求为：

$$q_{it} = f(p_{it}e_{it})z_{it}, \quad (\forall i = 1, \cdots, N; \ \forall t = 1, \cdots, T) \qquad (7-1)$$

式（7-1）中，q_{it} 为目的国 i 在 t 时期的需求量；p_{it} 为出口国在 t 时期以出口国本币表示的对 i 的出口价格；e_{it} 为汇率，以 1 单位的出口国货币（即人民币）兑换多少单位的目的国货币表示；z_{it} 为需求变动，是一个会导致需求曲线位移的随机变量。出口国的生产成本为：

$$C_t = C(\sum_{i=1}^{N} q_{it})\delta_t, \quad (\forall i = 1, \cdots, N; \ \forall t = 1, \cdots, T) \qquad (7-2)$$

式（7-2）中，C_t 为以出口国本国货币表示的对所有目的地市场 i 成本的求和；δ_t 为一个会导致成本函数发生改变的随机变量，如 t 时期投入价格的变化。则出口国利润最大化问题可转化为：

$$\max \pi = \sum_{i=1}^{N} \left[p_{it} f(p_{it}e_{it})z_{it} \right] - C\left\{ \sum_{i=1}^{N} \left[f(p_{it}e_{it})z_{it} \right] \right\} \delta_t \qquad (7-3)$$

将方程（7-3）对 p_{it} 求导，并用弹性表示，则一阶条件为：

$$p_{it} = c_t \left(\frac{\varepsilon_t^i}{\varepsilon_t^i - 1} \right), \quad (\forall i = 1, \cdots, N; \ \forall t = 1, \cdots, T) \qquad (7-4)$$

式（7-4）中，c_t 是出口国 t 时期的共同边际成本，ε_t^i 是出口国 t 时期在目的国 i 所面临的价格需求弹性的绝对值。因此，以出口国货币计价的价格应该等于边际成本加成，而加成数取决于出口国在目的国市场 i 中所面临的需求弹性（Varma & Issar，2016）。如果目的国 i 的需求弹性不是恒定的，那么出口国与目的国之间的汇率变化会通过影响边际成本或需求弹性来影响交易价格，边际成本的改变会对其他目的国产生影响，而需求弹性的改变只会对汇率发生变化的目的国产生影响（Dawson et al.，2017）。对式（7-4）取自然对数并求全微分可以得出 PTM 的最终形式：

$$\ln p_{it} = \alpha + \beta_i \ln e_{it} + \lambda_i + \theta_t + \mu_{it}, \quad (\forall i = 1, \cdots, N; \ \forall t = 1, \cdots, T)$$

$$(7-5)$$

结合本章节的研究内容，式（7-5）中，p_{it} 为 t 时期中国出口至 i 国的以人民币计价的胶合板价格，单位是元/立方米；e_{it} 为中国与目的国 i 之间的双边汇率，以人民币汇率的间接标价法表示，即 1 元人民币 = 多少单位的 i 国货币；β_i 为待估系数，反映胶合板出口价格对于汇率波动的弹性，用于衡量目的国 i 的汇率传递效应；λ_i 为国家个体效应；θ_t 为时间效应，是月度虚拟变量，用以控制季节性影响，因此，无需对价格序列与汇率序列进行季节调整；μ_{it} 为误差项。有学者尝试将此模型进行拓展，在式（7-5）的基础上加入 GDP 等其他控制变量，结果发现原有的出口定价策略模型得出的结果更加可靠，这主要是由于从多边贸易角度来讲，PTM 模型设置了个体效应与时间效应，已经将无法观测到的异质性因素纳入其中，而且经过检验，本章节使用的 PTM 模型是变系数模型，再加入其他控制变量，会降低自由度，影响模型结果的准确性（Knetter，1993，1995；Griffith & Mullen，2001；Pall et al.，2013；Wang et al.，2017）。

为方便表述，此处参照陈学彬等（2007）、毕玉江和朱钟棣（2007）、曹伟（2016）作出如下定义：汇率传递效应（Exchange Rate Pass Through，ERPT）为以人民币表示的胶合板价格与汇率之间的弹性关系，即 β_i；依市定价能力（PTM）为以目的国货币表示的胶合板价格与汇率之间的弹性关系，且 PTM = ERPT + 1。假设成本不变，当人民币升值时，根据 ERPT 与 PTM 的取值范围，可以将研究结果分为以下 7 种情形（见表7.5）。

①ERPT < -1，PTM < 0，汇率的过度传递。此时，目的国面临无穷大的价格需求弹性，对价格的变动十分敏感，当本币升值时，以本币表示的出口价格下跌幅度大于本币升值的幅度，以外币表示的出口价格也会出现下跌现象，说明中国胶合板出口贸易在此类市场中毫无市场势力。

②ERPT = -1，PTM = 0，汇率的完全传递。此时，与①相同，目的国面临无穷大的价格需求弹性，以外币表示的价格稍有提升，便会导致市场份额的大幅缩减，甚至完全丧失，因此，中国胶合板出口需通过改变自身的成本加成，完全承担本币升值带来的不利影响，无法实现成本的转嫁，说明其在

此类市场上不具有市场势力。

③ $-1 < \text{ERPT} < -\frac{1}{2}$，$0 < \text{PTM} < \frac{1}{2}$，汇率的不完全传递。此时，目的国面临的需求弹性大于 1，对价格的变动比较敏感，中国胶合板出口需靠自己来吸收和消化大部分的本币升值成本，仅将剩余的小部分转嫁到目的国市场，以稳定外币表示的胶合板价格，维持其在目的国的市场份额，说明中国胶合板出口在此类市场上的市场势力较弱，而买方力量更强。

④ $\text{ERPT} = -\frac{1}{2}$，$\text{PTM} = \frac{1}{2}$，汇率的不完全传递。此时，目的国市场面临的需求弹性为 1，中国与目的国各需承担一半的汇率波动冲击，力量均衡，说明中国胶合板出口在此类市场上具有对等市场势力。

⑤ $-\frac{1}{2} < \text{ERPT} < 0$，$\frac{1}{2} < \text{PTM} < 1$，汇率的不完全传递。此时，目的国市场面临的需求是缺乏弹性的，对价格的变动不敏感，当本币升值时，中国胶合板出口可以将大部分的成本转嫁给目的国，仅需小幅降低本币表示的出口价格，说明其在此类市场具有较强的市场势力。

⑥ $\text{ERPT} = 0$，$\text{PTM} = 1$，汇率的完全不传递。此时，目的国市场面临的需求是完全无弹性的，中国胶合板出口将汇率波动带来的成本全部转嫁到目的国，而自身无须承担，说明其在此类市场具有很强的市场势力。

⑦ $\text{ERPT} > 0$，$\text{PTM} > 1$，汇率的逆向传递。此时，与⑥一样，目的国市场面临的需求是完全无弹性的，出口国不仅能够将汇率波动带来的成本全部转嫁到目的国市场，还可以借机提高成本加成，通过放大汇率波动的效应来获得超额利润，说明其在此类市场中具有超强的市场势力。

表 7.5　　需求弹性、ERPT、PTM 与市场势力之间的关系（中国出口）

ε_t^i	ERPT(β_i)	本币表示的出口价格	PTM	外币表示的出口价格	汇率传递与市场势力（中国出口）
无穷弹性（$\varepsilon_t^i \to \infty$）	< -1	下跌幅度 > 汇率波动幅度	< 0	下跌	汇率的过度传递，无市场势力
无穷弹性（$\varepsilon_t^i \to \infty$）	$= -1$	下跌幅度 = 汇率波动幅度	$= 0$	不变	汇率的完全传递，无市场势力

续表

ε_t^i	ERPT(β_i)	本币表示的出口价格	PTM	外币表示的出口价格	汇率传递与市场势力（中国出口）
富有弹性 ($\varepsilon_t^i>1$)	$\left(-1,\ -\dfrac{1}{2}\right)$	汇率波动幅度的 $\dfrac{1}{2}$<下跌幅度<汇率波动幅度	$\left(0,\ \dfrac{1}{2}\right)$	0<上涨幅度<汇率波动幅度的 $\dfrac{1}{2}$	汇率的不完全传递，较弱市场势力
单位弹性 ($\varepsilon_t^i=1$)	$=-\dfrac{1}{2}$	下跌幅度=汇率波动幅度的 $\dfrac{1}{2}$	$=\dfrac{1}{2}$	上涨幅度=汇率波动幅度的 $\dfrac{1}{2}$	汇率的不完全传递，对等市场势力
缺乏弹性 ($0<\varepsilon_t^i<1$)	$\left(-\dfrac{1}{2},\ 0\right)$	0<下跌幅度<汇率波动幅度的 $\dfrac{1}{2}$	$\left(\dfrac{1}{2},\ 1\right)$	汇率波动幅度的 $\dfrac{1}{2}$<上涨幅度<汇率波动幅度	汇率的不完全传递，较强市场势力
完全无弹性 ($\varepsilon_t^i=0$)	$=0$	不变	$=1$	上涨幅度=汇率波动幅度	汇率的完全不传递，很强市场势力
完全无弹性 ($\varepsilon_t^i=0$)	>0	上涨	>1	上涨幅度>汇率波动幅度	汇率的逆向传递，超强市场势力

注：根据 PTM 理论整理；ε_t^i 为中国在目的国 i 面临的价格需求弹性的绝对值；本币指人民币；外币指目的国 i 的货币；汇率波动是以人民币升值为例；汇率的传递分析均为 ERPT 值的解释；市场势力均指中国在目的国的出口市场势力，市场势力是相对的，中国在目的国的市场势力强，意味着目的国进口的市场势力弱。

综上所述，PTM 值越大，市场势力越强。显然，PTM 不可能出现在完全竞争无摩擦的贸易环境中（张成思等，2015；Wibowo et al.，2018；张明志和季克佳，2018；张灵科，2019）。

7.3.1.2 原木、锯材、化学木浆进口的 PTM 模型

利用相同的处理方式，有学者建立了进口 PTM 模型（Manitra & Shapouri，2001），具体形式为：

$$\ln r_{jt} = \phi + \varphi_j \ln e_{jt} + \lambda_j + \theta_t + \mu_{jt},\ (\forall j=1,\ \cdots,\ N;\ \forall t=1,\ \cdots,\ T)$$

$$(7-6)$$

式（7-6）中，r_{jt} 为 t 时期中国进口 j 国的以人民币计价的原木（锯材、

化学木浆）价格，单位是元/立方米（吨）；e_{jt} 为中国与来源国 j 之间的双边汇率，以人民币汇率的直接标价法表示，即 1 单位 j 国货币可以兑换多少人民币；φ_j 为待估系数，反映原木（锯材、化学木浆）进口价格对于汇率波动的弹性，用于衡量来源国 j 的汇率传递效应；λ_j 为国家个体效应；θ_t 为时间效应；μ_{jt} 为误差项。

与胶合板出口模型的含义不同，此处的汇率传递效应（ERPT*）是站在原木、锯材、化学木浆出口国的角度来分析，反映的是汇率波动对以外币表示的原木、锯材、化学木浆价格的影响，即代表原木、锯材、化学木浆出口国的市场势力。依市定价能力（PTM*）是站在中国进口原木、锯材、化学木浆的角度来分析，反映的是汇率波动对以人民币表示的原木、锯材、化学木浆价格的影响（φ_j），即代表中国进口原木、锯材、化学木浆的市场势力，且 PTM* = ERPT* + 1。假设成本不变，当外币升值时，根据 ERPT* 与 PTM* 的取值范围，可以将研究结果分为以下 7 种情形（见表 7.6）：

①ERPT* > 0，PTM* > 1，汇率的逆向传递。此时，来源国在中国市场面临的需求是完全无弹性的，外币升值带来的成本全部由中国进口承担，并且可以借机提高成本加成，放大汇率波动的效应，说明来源国在中国市场具有超强的市场势力，而中国进口毫无市场势力。

②ERPT* = 0，PTM* = 1，汇率的完全不传递。此时，与①类似，来源国在中国市场面临的需求是完全无弹性的，当外币升值 1% 时，以外币表示的价格没有变动，以人民币表示的价格同等幅度上涨 1%，说明中国进口毫无市场势力。

③$-\dfrac{1}{2}$ < ERPT* < 0，$\dfrac{1}{2}$ < PTM* < 1，汇率的不完全传递。此时，来源国在中国市场面临的需求是缺乏弹性的，对价格的变动不敏感，当外币升值时，来源国仅需承担小幅的汇率变动成本，即小幅降价，而将大部分的成本转嫁给中国，使得以人民币表示的价格大幅上涨，说明来源国在中国市场具有较强的市场势力，而中国具有较弱的市场势力。

④ERPT* = $-\dfrac{1}{2}$，PTM* = $\dfrac{1}{2}$，汇率的不完全传递。此时，来源国在中国市场面临的需求弹性为 1，即来源国与中国各承担一半的汇率波动冲击，说明来源国与中国力量均衡，具有对等的市场势力。

⑤$-1 <$ ERPT$^* < -\dfrac{1}{2}$，$0 <$ PTM$^* < \dfrac{1}{2}$，汇率的不完全传递。此时，来源国在中国市场面临的需求弹性大于1，是富有弹性的，来源国需自己承担大部分的汇率波动成本，仅有能力将小部分成本转嫁到中国市场，以维持其在中国市场的份额，说明中国在此来源国市场具有较强的市场势力。

⑥ERPT$^* = -1$，PTM$^* = 0$，汇率的完全传递。此时，汇率波动的负担全部由来源国承担，而以人民币表示的价格没有任何变动，说明中国在此类来源国市场具有很强的市场势力。

⑦ERPT$^* < -1$，PTM$^* < 0$，汇率的过度传递。此时，来源国在中国市场上面临无穷大的需求弹性，对价格的微小变动都特别敏感，当外币升值时，以外币表示的价格下跌幅度大于外币升值的幅度，而以人民币表示的进口价格也有所下跌，说明中国在此类来源国市场具有超强的市场势力。

表 7.6　　需求弹性、ERPT、PTM 与市场势力之间的关系（中国进口）

ε_t^j	ERPT*	外币表示的进口价格	PTM*（φ_j）	本币表示的进口价格	汇率传递与市场势力（中国进口）
完全无弹性（$\varepsilon_t^j = 0$）	>0	上涨	>1	上涨幅度 > 汇率波动幅度	汇率的逆向传递，无市场势力
完全无弹性（$\varepsilon_t^j = 0$）	$=0$	不变	$=1$	上涨幅度 = 汇率波动幅度	汇率的完全不传递，无市场势力
缺乏弹性（$0 < \varepsilon_t^j < 1$）	$\left(-\dfrac{1}{2}, 0\right)$	$0 <$ 下跌幅度 < 汇率波动幅度的$\dfrac{1}{2}$	$\left(\dfrac{1}{2}, 1\right)$	$\dfrac{1}{2} <$ 上涨幅度 < 汇率波动幅度	汇率的不完全传递，较弱市场势力
单位弹性（$\varepsilon_t^j = 1$）	$= -\dfrac{1}{2}$	下跌幅度 = 汇率波动幅度的$\dfrac{1}{2}$	$= \dfrac{1}{2}$	上涨幅度 = 汇率波动幅度的$\dfrac{1}{2}$	汇率的不完全传递，对等市场势力
富有弹性（$\varepsilon_t^j > 1$）	$\left(-1, -\dfrac{1}{2}\right)$	$\dfrac{1}{2} <$ 下跌幅度 < 汇率波动幅度	$\left(0, \dfrac{1}{2}\right)$	$0 <$ 上涨幅度 < 汇率波动幅度的$\dfrac{1}{2}$	汇率的不完全传递，较强市场势力
无穷弹性（$\varepsilon_t^j \to \infty$）	$= -1$	下跌幅度 = 汇率波动幅度	$=0$	不变	汇率的完全传递，很强市场势力

续表

ε_t^j	ERPT*	外币表示的进口价格	PTM* (φ_j)	本币表示的进口价格	汇率传递与市场势力（中国进口）
无穷弹性 ($\varepsilon_t^j \to \infty$)	< -1	下跌幅度 > 汇率波动幅度	<0	下跌	汇率的过度传递，超强市场势力

注：根据 PTM 理论整理；ε_t^j 为来源国 j 在中国面临的价格需求弹性的绝对值；本币指人民币；外币指来源国 j 的货币；汇率波动是以外币升值为例；汇率的传递分析均为 ERPT* 值的解释；市场势力均指中国在来源国的进口市场势力，市场势力是相对的，中国在来源国的进口市场势力强，意味着来源国出口的市场势力弱。

7.3.1.3　数据说明

与本书第 5.3.2 小节数据样本对象国的选择相同，同样选取 2001 年 1 月 ~ 2020 年 12 月时期 4 种国际木质林产品进口、出口量分别占中国木质林产品总进口、出口量 1% 以上的国家作为研究样本区域。其中：①各国贸易价格数据，按照贸易额/贸易量的方式计算，中国进口、出口至各国的贸易额、贸易量数据均来自国研网统计数据库；②各国名义汇率数据均来自 EPS 统计数据库；③各国实际汇率 = 名义汇率 × 中国月度 CPI/贸易国月度 CPI，由于没有特定的木质林产品价格指数，因此，通过 CPI 计算得来的结果并没有名义汇率计算结果准确（Yumkella et al.，1994；Wang et al.，2017）。当然，作为稳健性对比，本章也列出实际汇率的计算结果，各国 CPI 数据均来自 BVD-EIU 国家数据。

7.3.2　模型诊断性检验

7.3.2.1　平稳性检验

为避免出现"伪回归"现象，本小节借助费雪式（Fisher-type）检验与 Levin-Lin-Chu（LLC）检验来判定面板数据的平稳性，前者适用于不同根情形，后者适用于相同根情形，只有当这两种检验同时拒绝 H₀ 时，才可以说明面板数据既不包含异质单位根，也不包含同质单位根，也就是面板数据平稳。记 rlp 为中国原木进口价格，elp 为中国与原木进口来源国的双边汇率；

记 *rsp* 为中国锯材进口价格，*esp* 为中国与锯材进口来源国的双边汇率；记 *rwp* 为中国化学木浆进口价格，*ewp* 为中国与化学木浆进口来源国的双边汇率；记 *rpp* 为中国胶合板出口价格，*epp* 为中国与胶合板出口目的国的双边汇率。使用 Fisher-type 检验与 LLC 检验对各变量的对数形式展开平稳性检验，结果见表 7.7，可知，各序列均平稳，且原木（个体 = 19、时期 = 240）、锯材（个体 = 21、时期 = 240）、化学木浆（个体 = 12、时期 = 240）、胶合板（个体 = 25、时期 = 240）均为长面板数据。

表 7.7 各序列的平稳性检验

细分产品	变量	Fisher-type				Levin-Lin-Chu t 值	结果
		P 值	Z 值	L* 值	Pm 值		
原木	ln*rlp*	494.94 ***	−18.03 ***	−31.37 ***	52.41 ***	−6.60 ***	平稳
	ln*elp*	−78.91 ***	−4.67 ***	−4.55 ***	4.69 ***	−1.65 ***	平稳
锯材	ln*rsp*	458.32 ***	−16.52 ***	−27.47 ***	45.42 ***	−4.80 ***	平稳
	ln*esp*	73.21 ***	−3.73 ***	−3.61 ***	3.41 ***	−2.17 ***	平稳
化学木浆	ln*rwp*	154.90 ***	−7.39 ***	−12.14 ***	18.89 ***	−1.93 **	平稳
	ln*ewp*	93.81 ***	−6.52 ***	−7.32 ***	10.08 ***	−3.25 ***	平稳
胶合板	ln*rpp*	859.62 ***	−24.15 ***	−47.49 ***	80.96 ***	−9.17 ***	平稳
	ln*epp*	124.91 ***	−6.04 ***	−6.21 ***	7.49 ***	−5.10 ***	平稳

注：*** 、** 、* 分别表示 1%、5%、10% 的显著性水平。
资料来源：通过 Stata 软件计算所得。

7.3.2.2 协整检验

本小节借助 Pedroni Residual 协整检验与 Kao Residual 协整检验来判定各变量之间的协整关系，前者用于考察异质面板的协整，后者用于考察同质面板的协整，只有当这两种检验同时拒绝 H_0 时，才可以说明各变量协整。结果如表 7.8 所示，可知，ln*rlp* 与 ln*elp*、ln*rsp* 与 ln*esp*、ln*rwp* 与 ln*ewp*、ln*rpp* 与 ln*epp* 均存在长期协整关系。

表7.8 各变量的协整检验

细分产品	变量	Pedroni Residual			Kao Residual t 值	结果
		rho 值	PP 值	ADF 值		
原木	lnrlp 与 lnelp	− 57. 67 ***	− 25. 97 ***	− 13. 57 ***	− 2. 85 ***	存在协整关系
锯材	lnrsp 与 lnesp	− 45. 93 ***	− 20. 66 ***	− 9. 81 ***	− 4. 50 ***	存在协整关系
化学木浆	lnrwp 与 lnewp	− 20. 96 ***	− 10. 09 ***	− 7. 60 ***	− 5. 62 ***	存在协整关系
胶合板	lnrpp 与 lnepp	− 80. 55 ***	− 33. 60 ***	− 18. 83 ***	− 3. 28 ***	存在协整关系

注：***、**、* 分别表示1%、5%、10%的显著性水平。
资料来源：通过 Stata 软件计算所得。

7.3.2.3 Hausman 检验

Hausman 检验用于判定面板模型究竟是固定效应模型还是随机效应模型，前者假设模型中不随着时间变动的非观测效应与扰动项相关，后者则假设二者不相关，该检验的原假设（H_0）为：虽然随机效应模型与固定效应模型得出的估计量趋于一致，但是随机效应模型的效果更好。可见，如果接受 H_0，则说明随机效应模型更合适；如果拒绝 H_0，则说明固定效应模型更合适。中国原木、锯材、化学木浆进口模型、胶合板出口模型的 Hausman 检验结果如表7.9 所示，可见，对应的卡方（χ^2）统计量分别为3.55、2.92、26.56、556.65，且分别在 5%、10%、1%、1% 的水平下显著拒绝原假设，表明固定效应估计与随机效应估计的结果之间存在显著差异，因此，均应选择固定效应模型。

表7.9 各模型的 Hausman 检验

细分产品	Fixed（b）	Random（B）	Different（$b - B$）	SE	χ^2
原木	0. 16	0. 16	0. 00	0. 00	3. 55 **
锯材	− 0. 02	− 0. 02	− 0. 00	0. 00	2. 92 *
化学木浆	− 0. 10	− 0. 02	− 0. 08	0. 02	26. 56 ***
胶合板	0. 55	0. 28	0. 27	0. 01	556. 65 ***

注：***、**、* 分别表示1%、5%、10%的显著性水平。
资料来源：通过 Stata 软件计算所得。

7.3.2.4 双固定效应检验

在确定构建固定效应模型之后，还需针对个体、时间是否均固定继续展开检验，前者假定扰动项与各期的解释变量均不相关，这解决了模型中不随时间变化、但随个体差异的遗漏变量问题，同理可知，时间固定效应自然假定各个时期的时间效应均相同。由表 7.10 可知，4 种木质林产品面板模型中的个体与时间固定效应检验的 F 值均在不同显著性水平下拒绝原假设，因此应构建个体与时间均固定的"双向固定效应"模型。

表 7.10　　　　　　　　模型的个体与时间固定效应检验

细分产品	个体固定效应检验 F 值	时间固定效应检验 F 值	结果
原木	233.76 ***	1.12 *	均固定
锯材	447.42 ***	29.99 **	均固定
化学木浆	24.15 ***	19.85 ***	均固定
胶合板	289.63 ***	7.37 ***	均固定

注：***、**、*分别表示1%、5%、10%的显著性水平。
资料来源：通过 Stata 软件计算所得。

7.3.2.5 变系数模型检验

变系数模型也称为"变参数模型"，通俗讲，就是根据每一个个体构建的回归方程，它们的斜率都不一样，类似地，可将斜率视为随机变量，其原假设 H_0 为：$\beta_1 = \cdots = \beta_n$，若拒绝该假设，则认为应该使用变系数模型，这更符合现实中的经济行为。在 Stata 命令中，提供了一个检验参数稳定性的 χ^2 统计量及其 P 值，结果如表 7.11 所示，可见，各模型的 H_0 均在 1% 的显著性水平下被拒绝，因此，这 4 种木质林产品都应该构建变系数模型。

表 7.11　　　　　　　　　变系数模型检验

细分产品	χ^2	结果
原木	3.3e + 05 ***	变系数

续表

细分产品	χ^2	结果
锯材	4.6e + 05 ***	变系数
化学木浆	4.5e + 04 ***	变系数
胶合板	1.2e + 06 ***	变系数

注：***、**、*分别表示 1%、5%、10% 的显著性水平。
资料来源：通过 Stata 软件计算所得。

综合第 7.3.2.1 ~ 第 7.3.2.5 小节的检验，最终应构建个体与时间效应双向固定的变系数模型。

7.3.2.6 Wald 异方差检验

此处借助 Wald 检验来考察面板模型的异方差，其原假设为 H_0：不同个体的扰动项方差均相等，即 $\sigma_1^2 = \cdots = \sigma_n^2 = \sigma^2$。结果如表 7.12 所示，可见，各模型均拒绝 H_0，认为均存在异方差。

表 7.12　　　　　　　　　　**Wald 异方差检验**

细分产品	χ^2	结果
原木	7435.87 ***	存在异方差
锯材	13715.73 ***	存在异方差
化学木浆	256.46 ***	存在异方差
胶合板	13545.85 ***	存在异方差

注：***、**、*分别表示 1%、5%、10% 的显著性水平。
资料来源：通过 Stata 软件计算所得。

7.3.2.7 Wooldridge 自相关检验

此处借助 Wooldridge 检验来考察面板模型的自相关，结果如表 7.13 所示，可知各模型均拒绝 H_0，认为均存在自相关。

表 7.13　　　　　　　　　　**Wooldrige 自相关检验**

细分产品	F 值	结果
原木	17.32***	存在自相关
锯材	7.60**	存在自相关
化学木浆	7.25***	存在自相关
胶合板	22.02***	存在自相关

注：***、**、*分别表示 1%、5%、10% 的显著性水平。
资料来源：通过 Stata 软件计算所得。

7.3.2.8　多重共线性检验

多重共线的情况在现实数据中很少出现，一般通过计算方差膨胀因子（VIF）值来判断多重共线是否存在，由表 7.14 可知，4 种木质林产品模型变量的 VIF 值均为 1，故不用担心会存在多重共线的问题。

表 7.14　　　　　　　　　　**多重共线检验**

细分产品	VIF 值	结果
原木	1.00	不存在多重共线
锯材	1.00	不存在多重共线
化学木浆	1.00	不存在多重共线
胶合板	1.00	不存在多重共线

资料来源：通过 Stata 软件计算所得。

综合第 7.3.2.6 ~ 第 7.3.2.8 小节的检验，在模型估计中，应使用全面的广义最小二乘估计（feasible generalized least squares，FGLS），经过不断地迭代，直至收敛，该估计方法克服了模型中存在的异方差等缺陷，估计结果最为可靠。

7.3.3 实证结果分析

7.3.3.1 原木估计结果

基于第 7.3.1 小节的分析，此处以名义汇率的估计结果为基准进行分析，将实际汇率估计结果作为稳健性检验进行对照，结果如表 7.15 所示，可见，虽然 φ_j 的具体数值有所差异，但最终市场势力的判定结果基本一致，这说明在中国原木进口贸易中，通货膨胀对市场势力的影响较小，并没有带来实质性的变化，也反映出构建的 PTM 模型可靠，结果比较稳健。

表 7.15 　　　　　　　　　　原木进口市场势力估计结果

进口来源国	名义汇率			实际汇率		
	ERPT*	PTM*(φ_j)	市场势力	ERPT*	PTM*(φ_j)	市场势力
印度尼西亚	−2.94	−1.94***	超强	−2.51	−1.51***	超强
马来西亚	−2.40	−1.40***	超强	−2.41	−1.41***	超强
缅甸	−1.20	−0.20***	超强	−1.21	−0.21***	超强
俄罗斯	−0.95	0.05**	较强	−0.94	0.06***	较强
刚果	−0.88	0.12***	较强	−0.88	0.12***	较强
莫桑比克	−0.57	0.43***	较强	−0.51	0.49***	较强
巴布亚新几内亚	−0.43	0.57***	较弱	−0.34	0.66***	较弱
赤道几内亚	−0.19	0.81***	较弱	−0.09	0.91***	较弱
法国	−0.18	0.82***	较弱	−0.30	0.70***	较弱
德国	−0.08	0.92***	较弱	−0.09	0.91***	较弱
澳大利亚	−0.07	0.93***	较弱	−0.14	0.86***	较弱
新西兰	−0.01	0.99***	较弱	−0.21	0.79***	较弱
日本	0.19	1.19***	无	0.14	1.14***	无
喀麦隆	0.47	1.47***	无	0.38	1.38***	无
美国	3.14	4.14***	无	2.46	3.46***	无
老挝	−2.19	−1.19	不显著	−2.87	−1.87	不显著

续表

进口来源国	名义汇率			实际汇率		
	ERPT*	PTM*(φ_j)	市场势力	ERPT*	PTM*(φ_j)	市场势力
所罗门群岛	-1.36	-0.36	不显著	-1.25	-0.25	不显著
加蓬	-1.21	-0.21	不显著	-1.47	-0.47	不显著
加拿大	-1.05	-0.05	不显著	-1.23	-0.23	不显著

注：***、**、*分别表示1%、5%、10%的显著性水平。
资料来源：通过Stata软件计算所得。

由表7.15可知，中国原木进口贸易在各来源国的市场势力存在很大差异，按照市场势力大小排序，可以将中国原木进口来源国划分为以下四类：

（1）第一类市场：印度尼西亚、马来西亚、缅甸，当这3个国家的货币升值1%时，以这3个国家货币表示的原木价格分别下跌2.94%、2.40%、1.20%，均大于货币升值的幅度，以人民币表示的原木价格分别下跌1.94%、1.40%、0.20%，说明中国在此类市场上进口原木具有超强的市场势力，外币升值带来的成本全部由来源国承担。

此类国家均为东南亚的中低、中高等收入国家，森林资源丰富，中国主要从其进口菠萝格、芸香木、柚木等阔叶材，用于制造码头、桥梁建筑及家具地板等产品。其在中国原木进口贸易中缺乏市场势力，主要是因为：第一，此类国家的森林经营管理质量较差，缺乏长期的采伐与培育规划，在经历了大幅采伐之后，森林资源的自我循环与生长能力遭到破坏，难以继续高强度的出口采伐。为保护本国资源，这类国家纷纷出台原木出口禁令，为刚果等非洲国家、德国等欧洲国家、新西兰等大洋洲国家、加拿大等北美洲国家、乌拉圭等南美洲国家提高在中国原木进口贸易中的市场份额提供了契机。第二，截至2020年，印度尼西亚、马来西亚、缅甸分别拥有森林面积88.50万平方公里、19.52万平方公里、43.06万平方公里，在世界各国森林面积排名中分别位于第9、第35、第19位。从木材质量来看，东南亚木材与南美洲木材相比，纹理较粗、油性较轻、综合性能较差，而乌拉圭苏木、南美红檀香等高品质木材，更为稀有名贵，也更耐腐防虫。从木材价格来看，东南亚木材价格远远高于非洲国家，且树种也没有非洲国家多元。因此，东南亚原木出口市场不断受到冲击，使得印度尼西亚、马来西亚、缅甸占中国原木总进口额的比重逐渐缩小，分别由 2001 年的 10.09%、9.01%、3.42%，下降为 2019 年的 0.04%、0.02%、0.03%。第三，此类国家与中国地理位置邻近，原木出口禁令的实施效果不佳，"边民互市"现象无法完全杜绝，原木非法采伐及走私活动难以管制（潘瑶等，2016），市场管理的混乱也使得此类市场的竞争力不断下降。

（2）第二类市场：俄罗斯、刚果、莫桑比克，当这 3 个国家的货币升值 1% 时，以这 3 个国家货币表示的原木价格分别下跌 0.95%、0.88%、0.57%，均大于货币升值幅度的 1/2，以人民币表示的原木价格分别上涨 0.05%、0.12%、0.43%，均小于货币升值幅度的 1/2，说明中国在此类市场上进口原木具有较强的市场势力，外币升值带来的成本大部分由来源国承担，仅有小部分成本转嫁至中国。

此类国家中，俄罗斯为中高等收入国家，刚果和莫桑比克分别属于非洲中低等收入国家、低收入国家。这些国家森林资源丰富，中国主要从俄罗斯进口落叶松、樟子松等针叶材及水曲柳等阔叶材，用于制造船舶用板材、包装箱、木地板、屋面、家具等产品，以充分发挥此类木材强度大、耐腐性强的优势；从刚果和莫桑比克进口沙比利木、崖豆木、黑黄檀等阔叶材，用于制造木地板、雕刻工艺品、室内装修、高档家具等产品，以充分发挥此类木材光泽度好、油性强、弯曲性能佳的优势。截至 2020 年，俄罗斯、刚果、莫桑比克分别拥有森林面积 776.26 万平方公里、22.47 万平方公里、62.00 万平方公里，在世界各国森林面积排名中分别位于第 1、第 32、第 14 位，虽然这些大径优质木材正是中国进口所需，但是此类国家原木出口在中国的市场势力较弱，这主要是由于：第一，中国是此类国家原木出口的第一大国，2019 年，中国分别占俄罗斯、刚果、莫桑比克原木出口的 70.03%、89.91%、98.40%，具有绝对的市场份额优势，但俄罗斯、刚果、莫桑比克却只占中国原木进口的 9.64%、2.27%、2.52%，相比较而言，中国市场对此类国家更为重要。第二，此类国家的森林工业产业落后，资金投入不足，导致林业机械现代化难以实现，森林资源开采、加工长期缺乏足够的技术与设备支持，主要出口原木及简单的加工锯材，产品附加值低（封安全，2012）。第三，此类国家中，俄罗斯关于木材采伐加工的政策法规不断变化，刚果和莫桑比克的社会治安及传染病等问题严重，使得当地林业投资环境较差、投资风险较高，加上当地森林基础设施建设不足、林道网络不发达、森林开采难度大等现状，导致国外企业投资进入较少（翟东群等，2020）。第四，俄罗斯、刚果、莫桑比克的森林经营管理较为混乱，没有准确翔实的森林生产与经营数据，成熟林与过熟林蓄积量大，需要及时开采以避免出现病虫害问题、树木腐烂问题，且这些地区存在较多的木材非法采伐与非法流通，经常通过改变木材等级等方式以低价出口珍贵木材。第五，全球气候变暖、当地居民烧荒等都增加了当地发生森林火灾的概率，严重影响了天然林和人工林的更新、生长，此外，对俄罗斯而言，气候变暖不仅使喜寒针叶林的树种数量减少，而且缩短了木材采伐期，导致衰弱木、风倒木、风折木更易受病虫害侵袭。这些因素均降低了此类国家原木的国际竞争力。

（3）第三类市场：巴布亚新几内亚、赤道几内亚、法国、德国、澳大利亚、新西兰，当这6个国家的货币升值1%时，以这6个国家货币表示的原木价格分别下跌0.43%、0.19%、0.18%、0.08%、0.07%、0.01%，均小于货币升值幅度的1/2，以人民币表示的原木价格分别上涨0.57%、0.81%、0.82%、0.92%、0.93%、0.99%，均大于货币升值幅度的1/2，说明中国在此类市场上进口原木具有较弱的市场势力，外币升值带来的成本大部分转嫁至中国，仅有小部分由来源国承担。

此类国家主要为大洋洲的中低等收入国家（巴布亚新几内亚）及高收入国家（澳大利亚与新西兰）、非洲的中高等收入国家（赤道几内亚）、欧洲的高收入国家（法国与德国），除赤道几内亚外，森林资源丰富，截至2020年，巴布亚新几内亚、赤道几内亚、法国、德国、澳大利亚、新西兰分别拥有森林面积29.44万平方公里、1.63万平方公里、24.66万平方公里、11.32万平方公里、147.08万平方公里、8.54万平方公里，在世界各国森林面积排名中分别位于第24、第115、第28、第49、第6、第63位。其在中国原木进口贸易中的市场势力较强，主要是由于：第一，就巴布亚新几内亚而言，木材与马来西亚类似，中国主要从其进口金丝柚木、红坚、菠萝格等木材，用于制造单板、胶合板、木地板、高级家具等产品。2019年，巴布亚新几内亚占中国原木进口总额的6.42%，是中国原木第4位进口来源国，地位十分重要，且该地区的森林资源仅有5%属于政府所有，其余95%均由宗族、部落所有，木材工业也大部分由澳大利亚、日本、马来西亚等外国投资者垄断，在木材出口前需完善采伐许可证审批、树种价格审批、出口定额审批等一系列手续，管理相当规范，因此议价能力较强。第二，就澳大利亚与新西兰而言，中国主要从其进口辐射松等针叶材，用于制造人造板、家具、纸制品、铁路枕木等产品。2019 年，澳大利亚、新西兰分别占中国原木进口总额的 6.22%、24.14%，是中国原木第 5 大、第 1 大进口来源国，地位十分重要。尽管中国市场占到澳大利亚、新西兰原木出口总额的 94.39%、79.95%，具有绝对的市场份额优势，但是由于辐射松的生长地域非常集中，同类成材的针叶树种在其他国家极为罕见，使得该产品难以被替代，于是国际竞争力增强。并且，澳大利亚与新西兰均为林业发达国家，重视森林可持续经营与天然林保护，通过实施加强对森林火灾、森林病虫害的政策支持，提高对树种胚胎繁育、林地经营管理、木材加工利用的技术投入，积极建立林业认证体系，积极鼓励国外资金参与等措施不断提高森林资源的质量。此外，受当地打击非法采伐活动的影响，合法木材来源市场的范围逐渐缩小，合法木材供给量不断减少，而中国对辐射松的需求量大，应用范围广泛，又难以找到替代产品，因此澳大利亚与新西兰议价能力较强。第三，就赤道几内亚而言，中国主要从其进口奥克榄、红花梨、奥坎、黑檀木等高贵木材，用于制作高档家具、细木工、手模、乐器、收藏品等产品，2019 年，赤道几内亚占中国原木进口总额的 2.01%，是中国原木第 12 大进口来源国。该国家在中国原木进口中的议价能力较强，主要取决于当地木材资源的品质高、经济价值高，且随着当地逐步限制原木出口，导致木材供给更为紧缺。第四，就法国与德国而言，中国主要从其进口橡木、榉木、胡桃木、栎树等阔叶材及冷杉、黄杉、云杉、赤松等针叶材，用于制造高档家具、室内细木工制品、胶合板、包装箱等产品，2019 年，法国、德国分别占中国原木进口总额的 1.79%、5.93%，是中国原木第 13 位、第 6 位进口来源国。二者均是世界上木工机械与林工机械发达的国家，在林木种植、木材加工等方面都具备先进的技术优势。而且，二者的森林经营严格按照森林管理委员会（Forest Stewardship Council，FSC）认证标准执行，在造林、抚育、伐木、林区道路建设等方面都有一套详细的标准化管理制度，同时注意保护生物多样性与森林生态平衡，重视发挥森林的社会属性与培养专业化、职业化的森林经营人才，并不断完善林区主干道、支线路、机械通行道路、人员行走道路等基础设施建设，使得森林木材产出率水平不断提高，在国际上的竞争力也稳步上升。

（4）第四类市场：日本、喀麦隆、美国，当这 3 个国家的货币升值 1% 时，以这 3 个国家货币表示的原木价格分别上涨 0.19%、0.47%、3.14%，以人民币表示的原木价格分别上涨 1.19%、1.47%、4.14%，说明中国在此类市场上进口原木不具有市场势力，外币升值带来的成本全部由中国承担。此外，老挝、所罗门群岛、加蓬、加拿大的估计系数不显著，不做特殊分析，可视为无市场势力。

此类国家中，日本为亚洲高收入国家、喀麦隆为非洲中低等收入国家、美国为北美洲高收入国家，森林资源丰富，截至 2020 年，日本、喀麦隆、美国分别拥有森林面积 25.32 万平方公里、21.25 万平方公里、303.09 万平方公里，在世界各国森林面积排名中分别位于第 27、第 33、第 4 位。其在中国原木进口贸易中议价能力超强，主要是由于：第一，就喀麦隆而言，中国主要从其进口紫檀、乌木、铁木等珍贵树种，用于制造高级家具、高级细木工、乐器、工艺品等产品，2019 年，喀麦隆占中国原木进口的 1.52%，是中国第十五大进口来源国。与赤道几内亚类似，当地木材品种珍贵，难以被替代，并且为保护当地森林资源与增加本国就业，政府不断提高原木出口关税，甚至禁止原木出口，鼓励加工产品的出口，使得原木供给量减少。第二，就日本与美国而言，中国主要从其进口柳杉、扁柏、落叶松等人工林木材与橡木、山胡桃木、榉木等阔叶材，用于制造桥梁、家具、纸制品、蒸笼器具、胶合板等产品，2019 年，日本和美国分别占中国原木进口总额的 1.35%、7.82%，是中国第 17、第 3 位进口来源国。与法国、德国类似，二者均走木材加工业集约化、规模化、高效化发展模式，在森林经营管理过程中持续发挥林业科技的作用，促进采伐造林一体化，推广速生优良树种改良技术与鸟兽害防治技术，开发智能化、高效率林业机械，完善流通体系信息通信技术建设，为林地生产、经营、采伐和流通信息的实时传递提供平台，并在与国外企业商讨谈判中给予财政支持（李东坡和黄凤，2018）。尤其是美国，森林资源权属划归非常清晰，实行谁所有、谁经营、谁获利，毫无产权纠纷，充分调动了私有林主的积极性，使其可以安心做好长期规划与大额投资建设工作，加上公有林与私有林的作用规定非常明确，发挥社会效益与生态效益的林地与发挥经济效益的林地各司其职，均提升了美国原木在中国进口贸易中的国际竞争力（王林龙等，2021）。

综上所述，可以看出，若原木进口来源国市场具备以下特点，则市场势力较小的概率会更高：当地收入水平较低；森林经营管理质量较差、缺乏长期采伐与培育规划；木材品质较低；同品质下木材价格较高；市场管理混乱、非法采伐与非法流通问题严重；中国市场对来源国市场更加重要；资金投入较少、林业生产技术与设备落后、森林工业产业不发达；当地林区道路等森林基础设施建设不足；当地投资环境差、投资风险高、国外资金进入较少；森林火灾、病虫害易发；专业化、职业化森林经营人才短缺。

相反，如果中国原木进口来源国市场具备以下特点，则市场势力较大的概率会更高：当地收入水平较高；森林经营管理质量较好、主伐和造林一体化作业；木材品种珍贵、供给量少、难以被替代；同品质下木材价格较低；市场管理规范、审批手续完善；中国市场对其依赖性较高；资金投入充足、重视林业生产与加工技术创新、推动林业机械现代化、森林工业产业智能高效；当地林区道路等基础设施建设完善、信息交流平台畅通；当地引进外资政策稳定、注重保护森林环境、禁止原木出口、坚持木材合法化贸易；当地森林资源权属划归清晰、无产权利益纠纷；专业化、职业化森林经营人才充足。

7.3.3.2 锯材估计结果

同样，以名义汇率的估计结果为基准进行分析，将实际汇率的估计结果作为稳健性检验进行对照，结果如表 7.16 所示。

表 7.16　　　　　　　　　锯材进口市场势力估计结果

进口来源国	名义汇率			实际汇率		
	ERPT*	PTM*（φ_j）	市场势力	ERPT*	PTM*（φ_j）	市场势力
菲律宾	−3.07	−2.07***	超强	−0.13	−0.87***	超强
印度尼西亚	−1.87	−0.87***	超强	−1.93	−0.93***	超强
美国	−1.49	−0.49***	超强	−1.46	−0.46***	超强
智利	−1.29	−0.29***	超强	−1.32	−0.32***	超强
加蓬	−1.15	−0.15*	超强	−1.16	−0.16**	超强
缅甸	−1.02	−0.02*	超强	−1.01	−0.01*	超强
俄罗斯	−0.86	0.14***	较强	−0.60	0.40***	较强
马来西亚	−0.84	0.16*	较强	−0.93	0.07*	较强
新西兰	−0.66	0.34***	较强	−0.77	0.23***	较强

进口来源国	名义汇率			实际汇率		
	ERPT*	PTM*(φ_j)	市场势力	ERPT*	PTM*(φ_j)	市场势力
罗马尼亚	-0.51	0.49 ***	较强	-0.77	0.23 ***	较强
泰国	-0.40	0.60 ***	较弱	-0.34	0.66	较弱
德国	-0.29	0.71 ***	较弱	-0.40	0.60 ***	较弱
巴西	-0.08	0.92 ***	较弱	-0.18	0.82 ***	较弱
澳大利亚	-0.05	0.95 ***	较弱	-0.10	0.90 ***	较弱
老挝	0.50	1.50 **	无	0.61	1.61	无
芬兰	-1.07	-0.07	不显著	-1.11	-0.11	不显著
瑞典	-1.02	-0.02	不显著	-1.02	-0.02	不显著
越南	-1.01	-0.01	不显著	-0.43	0.57	不显著
阿根廷	-1.00	0.00	不显著	-0.87	0.13	不显著
加拿大	-0.95	0.05	不显著	-0.87	0.13	不显著
乌克兰	-0.63	0.37	不显著	-0.05	0.95	不显著

注：***、**、*分别表示 1%、5%、10%的显著性水平。
资料来源：通过 Stata 软件计算所得。

由表 7.16 可知，中国锯材进口贸易在各来源国的市场势力存在很大差异，按照市场势力大小排序，可以将中国锯材进口来源国划分为以下四类。由于锯材与原木同属原料密集型产品的范畴，因此，在分析内容上有很多相似之处。

（1）第一类市场：菲律宾、印度尼西亚、美国、智利、加蓬、缅甸，当这 6 个国家的货币升值 1%时，以这 6 个国家货币表示的锯材价格分别下跌 3.07%、1.87%、1.49%、1.29%、1.15%、1.02%，均大于货币升值的幅度，以人民币表示的锯材价格分别下跌 2.07%、0.87%、0.49%、0.29%、0.15%、0.02%，说明中国在此类市场上进口锯材具有超强的市场势力，外币升值带来的成本全部由来源国承担。

此类国家中，菲律宾、印度尼西亚、缅甸均为东南亚中低等收入国家，美国为北美洲高收入国家，智利为南美洲高收入国家，加蓬为非洲中高等收入国家，其在中国锯材进口贸易中缺乏市场势力，主要是因为：第一，中国是此类国家重要的锯材出口市场，2019 年，中国分别占菲律宾、印度尼西亚、美国、智利、加蓬、缅甸锯材出口额的 13.11%、49.36%、29.81%、17.42%、42.35%、23.62%，分别是以上各国的第 2、第 1、第 1、第 2、第 1、第 1 位出口目的国，而以上各国分别占中国锯材进口额的 0.54%、1.51%、9.59%、1.72%、3.07%、0.31%，分别是中国第 20、第 11、第 4、第 10、第 6、第 32 位进口来源国，相比较而言，中国市场对其更为重要。第二，就菲律宾、印度尼西亚、缅甸而言，当地森工产业发展落后，随着本国需求量的增加，其在满足中国巨大的锯材需求时便显得力不从心，尤其是德国等森林资源丰富、锯材加工技术先进的国家不断涌入锯材出口行业中来，使得东南亚国家锯材的国际市场竞争力不断下降。就美国而言，其既是锯材出口大国，也是锯材进口大国，本土生产的锯材与国内锯材需求不匹配，主要用于出口，需通过锯材的产业内贸易来改善国内消费者的福利，尤其是依赖中国市场，美国与智利受其他锯材出口大国市场竞争的影响，在中国市场上无市场势力。就加蓬而言，中国积极与加蓬就林业领域开展投资合作，将加蓬作为中国林业企业"走出去"的重点对象国之一，并主动参与当地的林区道路建设，加蓬政府也不断出台招商政策吸引中国企业资金的流入，截至2018 年，中国已有 3 家企业进入加蓬恩科经济特区，享受到当地木材加工的优惠政策（宿海颖等，2018），这有利于提升中国在加蓬锯材进口的市场势力。

（2）第二类市场：俄罗斯、马来西亚、新西兰、罗马尼亚，当这 4 个国家的货币升值 1% 时，以这 4 个国家货币表示的锯材价格分别下跌 0.86%、0.84%、0.66%、0.51%，均大于货币升值幅度的 1/2，以人民币表示的锯材价格分别上涨 0.14%、0.16%、0.34%、0.49%，均小于货币升值幅度的1/2，说明中国在此类市场上进口锯材具有较强的市场势力，外币升值带来的成本大部分由来源国承担，仅有小部分成本转嫁至中国。

此类国家中，俄罗斯为欧洲中高等收入国家，马来西亚为东南亚中高等收入国家，新西兰为大洋洲高收入国家，罗马尼亚为欧洲中高等收入国家，其在中国锯材进口贸易中的市场势力较弱，主要是因为：就俄罗斯而言，其成为锯材出口大国与国内实施的限制原木出口的政策有关，以提高木材出口收入、增加当地就业，但俄罗斯本身的锯材加工基础薄弱，木材资源主要集中在西伯利亚、远东等边远地区，依靠铁路货运明显存在运力不足、成本过高、时间周期过长等问题，此外，与加蓬类似，中国也在加快推进在俄罗斯境内的森林资源开发，积极建设林产工业基地与工业园区，以稳定和扩展中国锯材进口的供给渠道,据统计,2019 年,俄罗斯向中国出口的锯材额达到 25.10 亿美元,占俄罗斯锯材总出口的 55.68%。就马来西亚而言,与原木类似,当地森林资源遭到破坏使得锯材生产的原材料更加紧缺,木材企业的生产能力已经超过木材供应能力,从而限制了初级加工企业的生产,影响了锯材的出口供给量。并且,中国是马来西亚锯材出口第一大国,占到马来西亚锯材总出口的 14.38%。就新西兰而言,原木出口在中国的市场势力较强,出口价格较高,当地更乐意向中国出口原木,但受原木大量出口至中国、当地木材需求量高涨的影响,新西兰出现了木材资源短缺的问题,严重制约了木材加工业的发展,致使增值木材产品出口停滞不前。此外,新西兰木材加工业在生产成本高、建材等待周期长、海运负担重等现实困难面前,不少木材加工厂、小型舱位运输出口商的经营难以为继、大量倒闭,这都从侧面反映出新西兰木材加工行业在国际市场中缺乏竞争力。就罗马尼亚而言,受干旱天气与频繁发生的森林虫害影响,当地立木枯死严重、森林面积不断减少,严重影响了锯材加工生产的原材料供给。并且,罗马尼亚的锯材工业主体由中小企业构成,大企业仅占到 2% 左右,面临生产技术落后、生产效率低、产品价格不高等问题,这都降低了罗马尼亚锯材在中国进口贸易中的市场势力。

(3) 第三类市场:泰国、德国、巴西、澳大利亚,当这 4 个国家的货币升值 1% 时,以这 4 个国家货币表示的锯材价格分别下跌 0.40%、0.29%、0.08%、0.05%,均小于货币升值幅度的 1/2,以人民币表示的锯材价格分别上涨 0.60%、0.71%、0.92%、0.95%,均大于货币升值幅度的 1/2,说明中国在此类市场上进口锯材具有较弱的市场势力,外币升值带来的成本大部分转嫁至中国,仅有小部分由来源国承担。

此类国家中,泰国为东南亚中高等收入国家,德国为欧洲高收入国家,巴西为南美洲中高等收入国家,澳大利亚为大洋洲高收入国家。其在中国锯材进口贸易中的市场势力较强,主要是因为:第一,当地森林资源丰富,占据森林资源禀赋优势。截至 2020 年,以上各国分别拥有森林面积 14.76 万平方公里、11.32 万平方公里、477.70 万平方公里、147.08 万平方公里,在世界各国森林面积排名中分别位于第 42、第 49、第 3、第 6 位,且 2019 年,以上各国分别占中国锯材进口额的 12.08%、2.22%、0.85%、0.16%,是中国锯材进口第 2、第 7、第 16、第 39 位进口来源国。与原木类似,中国主要从泰国进口柚木、橡胶木等锯材，从德国进口榉木、冷杉、云杉等锯材，从巴西进口桉木、松木、红檀木等锯材，从澳大利亚进口辐射松等锯材，树种珍贵、木材品质好、经济价值高，且产品难以替代。第二，当地锯材产业基础良好，木材加工业发达，均属木材加工强国。其中，泰国为解决本国就业，在出口中赚取更高利润，积极发展本国的锯材加工业，从而具有较强的锯材生产加工能力，既能满足国内市场需求，又能保持出口稳定增长。德国更是知名的木工机械产业发达国家，为锯材加工产业发展奠定了坚实的基础，并且其不依靠加工锯材来赚取加工利润，因此也不会以低价售卖锯材。近年来，巴西木材机械加工协会不断要求政府对木材公司给予财政支持，以减轻木材工业的税收负担，尤其是推动人工用林材的机械化集约经营（蒋云安等，2018）。澳大利亚则将可持续经营理念应用于木材种植、采伐与加工的各个环节，先进的锯解技术与全自动的锯解设备系统都为提高木材利用率、改善锯解效率做出了巨大贡献。第三，当地禁止非法采伐与非法交易，锯材交易市场管理规范。其中，泰国将木材认证作为木材合法性证据，在出口贸易中需提供许可证等相关材料。德国一直都注重做好长期生态林业发展规划，以保护森林生态平衡，坚持多功能近自然的可持续森林经营理念，严格按照 FSC 的认证标准开展木材采伐，有完备的、标准化的管理制度（谢阳生等，2021）。巴西通过关闭与整合国内锯材加工厂商、采用森林特许经营、制定限制森林采伐的一系列法律等方式严格管控本地的非法采伐行为，并设置林务局和农业部两类森林经营管理和政策实施机构，维持森林保护和木材采伐的平衡（Felipe et al.，2016；Juliana et al.，2018）。澳大利亚则陆续出台打击非法采伐、鼓励合法买卖木材的相关法律，并建立澳大利亚森林认证体系，用正规的、标准的认证程序来保护林业资源，规范交易市场，以获得国际竞争力。

（4）第四类市场：老挝，当该国货币升值 1% 时，以该国货币表示的锯材价格上涨 0.50%，以人民币表示的原木价格上涨 1.50%，说明中国在此类市场上进口锯材不具有市场势力，外币升值带来的成本全部由中国承担。此外，芬兰、瑞典、越南、阿根廷、加拿大、乌克兰的估计系数不显著，不做特殊分析，可视为无市场势力。

老挝为东南亚中低等收入国家，2019 年，占中国锯材进口额的 0.69%，是中国第 17 位进口来源国，其在中国锯材进口贸易中的市场势力超强，主要是因为：锯材仍属木材原料层面的产品，老挝地理位置优越，占据森林资源禀赋优势，截至 2020 年，老挝拥有森林面积 17 万平方公里，在世界各国森林面积排名中位于第 37 位，森林覆盖率为 71.60%，尤其是拥有柚木、红木、檀香木、乌木、花梨木等珍贵优质树种，这为提高老挝锯材产品的国际竞争力提供了根本保障（曹玉昆等，2021）。并且，随着国际市场对热带雨林珍贵木材的需求量逐渐增加，中国锯材的进口市场也受到冲击，在供不应求的整体市场状态下，老挝锯材显得更加稀有和珍贵。

综上所述，可以看出，由于锯材与原木同属资源密集型产品的范畴，因此，中国锯材进口市场势力的分析与中国原木进口市场势力的分析有很多相似之处，影响原木贸易市场势力的因素均会影响到锯材贸易的市场势力，相同特点在此不再赘述。需要说明的是：在研究对象中，如印度尼西亚、缅甸、俄罗斯、马来西亚的原木、锯材市场势力均小于中国，德国、澳大利亚的原木、锯材市场势力均大于中国，但美国与新西兰两个国家比较特殊，二者原木的市场势力均大于中国，但锯材的市场势力均小于中国。美国虽然是锯材生产大国，但锯材生产与国内市场需求不匹配，需要通过锯材产业内贸易来改善国内消费者的福利，于是既在国际市场上大量进口锯材，也向国际市场大量出口锯材，尤其是依赖中国市场；新西兰则是一方面受到原木出口的制约，另一方面也受本国木材加工行业发展落后的影响。当然，如果中国在森林资源丰富的进口来源国投资建厂，加工生产成锯材后再进口，也会大幅提升中国在锯材进口贸易中的市场势力。另外，通过与原木对比可以发现，中国锯材进口在来源国中更具市场势力，这与上一章大国效应的研究结论一致。

7.3.3.3 化学木浆估计结果

同样，以名义汇率的估计结果为基准进行分析，将实际汇率的估计结果作为稳健性检验进行对照，结果如表 7.17 所示。

表 7.17　　　　　　　　化学木浆进口市场势力估计结果

进口来源国	名义汇率			实际汇率		
	ERPT*	PTM* (φ_j)	市场势力	ERPT*	PTM* (φ_j)	市场势力
泰国	-1.78	-0.78***	超强	-1.37	-0.37	超强

续表

进口来源国	名义汇率			实际汇率		
	ERPT*	PTM*(φ_j)	市场势力	ERPT*	PTM*(φ_j)	市场势力
日本	-1.12	-0.12**	超强	-1.13	-0.13	超强
俄罗斯	-1.03	-0.03**	超强	-1.03	-0.03	超强
印度尼西亚	-0.92	0.08	较强	-0.82	0.18	较强
新西兰	-0.78	0.22	较强	-0.82	0.18	较强
智利	-0.98	0.02	不显著	-0.96	0.04	不显著
美国	-0.98	0.02	不显著	-0.92	0.08	不显著
德国	-0.96	0.04	不显著	-0.95	0.05	不显著
瑞典	-0.96	0.04	不显著	-0.96	0.04	不显著
芬兰	-0.95	0.05	不显著	-0.97	0.03	不显著
加拿大	-0.94	0.06	不显著	-0.98	0.02	不显著
巴西	-0.93	0.07	不显著	-0.98	0.02	不显著

注：***、**、*分别表示 1%、5%、10%的显著性水平。
资料来源：通过 Stata 软件计算所得。

可知，中国化学木浆进口贸易在各来源国的市场势力存在很大差异，按照市场势力的大小排序，可以将中国化学木浆进口来源国划分为以下三类：

（1）第一类市场：泰国、日本、俄罗斯，当这 3 个国家的货币升值 1%时，以这 3 个国家货币表示的化学木浆价格分别下跌 1.78%、1.12%、1.03%，均大于货币升值的幅度，以人民币表示的化学木浆价格分别下跌 0.78%、0.12%、0.03%，说明中国在此类市场上进口化学木浆具有超强的市场势力，外币升值带来的成本全部由来源国承担，并可以趁机压低进价。

此类国家中，泰国为东南亚的中高等收入国家，日本为亚洲的高收入国家，俄罗斯为欧洲的中高等收入国家。其在中国化学木浆进口贸易中缺乏市场势力，主要是因为：第一，2019 年，以上各国分别占全球化学木浆出口总额的 0.09%、0.36%、3.17%，分别占中国化学木浆进口总额的 0.07%、0.64%、6.35%，可见，对全球化学木浆市场或中国化学木浆市场的重要性较低。相反，中国分别占到以上各国化学木浆出口总额的 32.86%、67.96%、69.77%，均为以上各国的第一大化学木浆进口国，相比较而言，中国市场对其更加重要。第二，就泰国而言，当地化学木浆含水量高，与欧美国家相比，质量较差，使得储存时间较短，竞争力较低。并且，中国先进的大型跨国造纸企业，例如，理文造纸有限公司、荣成纸业股份有限公司、太阳纸业股份有限公司、玖龙纸业（控股）有限公司等纷纷响应"走出去"的号召，在泰国直接建设智能化的林浆纸一体化基地，以拓展国际化的资源配置。因此，也提升了中国在泰国进口化学木浆的议价能力。第三，就日本而言，虽然依靠先进的生产技术，通过提高对废纸的回收利用率，扩大对阔叶材的使用范围，解决了木材资源短缺问题，满足了国内的木浆需求，并逐渐发展为中国化学木浆的进口国之一，但与欧美国家相比，仍存在原材料供给困难问题，且其从国外进口木片的价格不断上涨，也使得木浆生产的成本升高。另外，日本主要的木浆生产工厂位于地震频发的东北部沿海地区，受地震和海啸的影响，木浆出口价格会下行。第四，就俄罗斯而言，其在地域上虽属于欧洲国家，但并不在欧美化学木浆出口国家的统一体系中，受化学木浆生产设备与技术落后的影响，无论是产品质量还是价格的稳定性都与智利、美国、德国、瑞典、芬兰、加拿大、巴西等欧美国家有很大差距，因此，在交易过程中会充分考虑中国购买商对于价格的提议，使得中国市场势力超强。

（2）第二类市场：印度尼西亚、新西兰，当这 2 个国家的货币升值 1% 时，以这 2 个国家货币表示的化学木浆价格分别下跌 0.92%、0.78%，均大于货币升值幅度的 1/2，以人民币表示的化学木浆价格分别上涨 0.08%、0.22%，均小于货币升值幅度的 1/2，说明中国在此类市场上进口化学木浆具有较强的市场势力，外币升值带来的成本大部分由来源国承担，仅有小部分成本转嫁至中国。

此类国家中，印度尼西亚为东南亚中低等收入国家，新西兰为大洋洲高收入国家。其在中国化学木浆进口贸易中市场势力较弱，主要是因为：第一，就印度尼西亚而言，与泰国类似，一方面，受自身化学木浆生产技术与设备落后的制约，与欧美国家相比，木浆生产质量较差、生产效率较低；另一方面，中国民间资本借助"一带一路"规划的发展契机，在印度尼西亚成立中商（印尼）投资公司，建设高端、高效的全系列木材生产、加工链，直接开发当地经济林木，利于化学木浆进口。此外，印度尼西亚由于森林破坏严重，对木材加工生产的每个环节征收的增值税税率较高，使得当地化学木浆生产的成本大幅提升，导致大量企业倒闭，产品出口缺乏竞争力。据统计，2019年，印度尼西亚占全球化学木浆出口总额的33.70%，占中国化学木浆进口总额的12.48%，相比泰国而言，印度尼西亚更为重要。当然，中国是印度尼西亚化学木浆出口的第一大目的国，占比高达68.49%，可见，中国市场对印度尼西亚更为重要。第二，就新西兰而言，2019年，新西兰占全球化学木浆出口总额的3.89%，占中国化学木浆进口总额的0.82%，无论是在世界化学木浆市场还是在中国化学木浆市场，都不是特别重要，但是相反，中国占新西兰化学木浆出口总额的37.24%，是新西兰化学木浆出口第一大目的国，可见，中国市场对新西兰更为重要。并且，在锯材市场势力的分析中有提到，新西兰更乐意出口以辐射松为代表的原木产品，导致化学木浆生产的原料短缺，加上，新西兰木材加工业发展落后、化学木浆生产与运输成本高的现状，新西兰化学木浆出口的竞争力不强。

（3）第三类市场：智利、美国、德国、瑞典、芬兰、加拿大、巴西，这7个国家的估计系数不显著，可视为无市场势力。

此类国家中，智利与巴西分别为南美洲的高收入、中高等收入国家，美国与加拿大均为北美洲的高收入国家，德国、瑞典与芬兰均为欧洲的高收入国家。中国从其进口化学木浆缺乏市场势力，主要是因为：第一，受木材资源限制，中国化学木浆非常依赖进口，2019年，中国针叶木浆接近100%的依赖进口，阔叶木浆也有超50%以上的依赖进口，而全球化学木浆的生产供应地区又非常集中，2019年，智利、美国、德国、瑞典、芬兰、加拿大、巴西的化学木浆出口额分别占全球化学木浆出口总额的8.55%、14.53%、2.03%、6.84%、7.65%、13.44%、2.42%，共计75.46%。此外，以上7个国家分别占中国化学木浆进口总额的11.92%、8.23%、0.59%、2.52%、8.08%、14.93%、27.00%，共计73.27%，可见，其具有卖方市场势力也不难理解。第二，以上7个国家均为欧美国家，整体上对国际化学木浆市场的控制能力较强，在价格操作方面，尤其是在中国市场上的价格操作上，已经形成了很强的默契，无论是在价格上涨时候的相互配合，还是在价格下跌时候的控量保价，几乎会同时采取一致的行动，从而牢牢控制市场价格。第三，中国在与以上7国进行化学木浆交易时，通常会采取与供应商签订长期协议直接采购、通过国内贸易商进行采购的两种模式，前者的价格由供应商依据市场变化而定，后者由于中国化学木浆行业集中度差，进口企业形不成谈判合力，购买价格也由供应商来定，因此，中国在进口化学木浆的过程中处于无市场势力的地位。

综上所述，可以看出，中国化学木浆进口来源国中，亚洲（包括东南亚、日本）、大洋洲（主要是新西兰）的市场势力较低，欧美国家（除俄罗斯外）的市场势力较高。通过观察发现，若化学木浆进口来源国市场具备以下特点，则市场势力较小的概率会更高：在世界和中国化学木浆市场中所占份额较低，中国市场对其特别重要；木材加工业发展落后，化学木浆含水量高，质量较差；中国在当地有林浆纸一体化基地；存在原料短缺问题；生产成本较高；地震、海啸等自然灾害频发；与其他国家没有形成默契的价格操作行为。

相反，若化学木浆进口来源国市场具备以下特点，则市场势力较大的概率会更高：在世界和中国化学木浆市场中所占份额较高，中国市场对其比较依赖；拥有先进的木材加工技术与设备，化学木浆产品质量较好；原料供给充足；对国际化学木浆市场的价格操作，尤其是对中国市场的价格操作，拥有很强的默契，几乎会同时采取一致的行动；行业集中度高，容易形成谈判合力，使得中国无论是以与供应商签订长期协议的方式直接进口，还是通过贸易商间接采购，都没有议价能力。

7.3.3.4 胶合板估计结果

同样，以名义汇率的估计结果为基准进行分析，将实际汇率的估计结果作为稳健性检验进行对照，结果如表 7.18 所示。

表 7.18 胶合板出口市场势力估计结果

出口目的国	名义汇率			实际汇率		
	ERPT(β_i)	PTM	市场势力	ERPT(β_i)	PTM	市场势力
越南	0.48 ***	1.48	超强	0.48 ***	1.48	超强
以色列	0.12 ***	1.12	超强	0.09 ***	1.09	超强
阿联酋	0.09 ***	1.09	超强	0.27 ***	1.27	超强
美国	− 0.23 ***	0.77	较强	− 0.36 **	0.64	较强
印度尼西亚	− 0.25 ***	0.75	较强	− 0.38 ***	0.62	较强
沙特阿拉伯	− 0.38 ***	0.62	较强	− 0.32 ***	0.68	较强

续表

出口目的国	名义汇率			实际汇率		
	ERPT(β_i)	PTM	市场势力	ERPT(β_i)	PTM	市场势力
加拿大	− 0.39 ***	0.61	较强	− 0.12 ***	0.88	较强
科威特	− 0.41 ***	0.59	较强	− 0.35 ***	0.65	较强
英国	− 0.44 **	0.56	较强	− 0.48 ***	0.52	较强
新加坡	− 0.53 **	0.47	较弱	− 0.68 **	0.32	较弱
墨西哥	− 0.72 ***	0.28	较弱	− 0.66 ***	0.34	较弱
尼日利亚	− 0.89 **	0.11	较弱	− 0.84 *	0.16	较弱
韩国	− 1.05 **	− 0.05	无	− 1.04 **	− 0.04	无
日本	− 1.08 *	− 0.08	无	− 1.09 ***	− 0.09	无
马来西亚	− 1.19 *	− 0.19	无	− 1.19 *	− 0.19	无
埃及	− 1.20 ***	− 0.20	无	− 1.01 *	− 0.01	无
比利时	− 1.25 ***	− 0.25	无	− 1.17 ***	− 0.17	无
意大利	− 1.29 ***	− 0.29	无	− 1.61 ***	− 0.61	无
约旦	− 1.59 ***	− 0.59	无	− 1.58 ***	− 0.58	无
爱尔兰	− 1.76 ***	− 0.76	无	− 1.69 ***	− 0.69	无
法国	− 1.99 ***	− 0.99	无	− 1.78 ***	− 0.78	无
卡塔尔	− 2.32 ***	− 1.32	无	− 1.76 ***	− 0.76	无
泰国	− 0.38	0.62	不显著	− 0.41	0.59	不显著
荷兰	− 0.88	0.12	不显著	− 0.78	0.22	不显著
德国	− 1.09	− 0.09	不显著	− 1.65	− 0.65	不显著

注：***、**、*分别表示1%、5%、10%的显著性水平。

资料来源：通过 Stata 软件计算所得。

由表 7.18 可知，中国胶合板出口贸易在各目的国的市场势力存在很大差异，按照市场势力的大小排序，可以将中国胶合板出口目的国划分为以下四类：

（1）第一类市场：越南、以色列、阿拉伯联合酋长国（简称阿联酋），当人民币升值 1% 时，以当地货币表示的胶合板价格分别上涨 1.48%、1.12%、1.09%，均大于货币升值的幅度，以人民币表示的胶合板价格分别上涨 0.48%、0.12%、0.09%，说明中国在此类市场上出口胶合板具有超强的市场势力，人民币升值带来的成本全部由目的国承担，此外，还可以放大汇率波动的效应。

此类国家中，越南为东南亚中低等收入国家，以色列、阿联酋为西亚高收入国家。2019 年，以上 3 国分别占中国胶合板出口总额的 5.18%、2.67%、3.42%，分别是中国第 5、第 12、第 8 位出口目的国，而中国占到以上各国胶合板进口总额的 88.47%、72.67%、75.25%，均为其第一大胶合板进口来源国，可见，中国在其胶合板进口市场上占据绝对市场份额优势，并且这 3 个国家均位于亚洲，与中国地理位置邻近，运费较低。

（2）第二类市场：美国、印度尼西亚、沙特阿拉伯、加拿大、科威特、英国，当人民币升值 1% 时，以当地货币表示的胶合板价格分别上涨 0.77%、0.75%、0.62%、0.61%、0.59%、0.56%，均大于货币升值幅度的 1/2，以人民币表示的胶合板价格分别下跌 0.23%、0.25%、0.38%、0.39%、0.41%、0.44%，均小于货币升值幅度的 1/2，说明中国在此类市场上出口胶合板具有较强的市场势力，人民币升值带来的成本大部分由目的国承担，仅有小部分成本由中国承担。

此类国家中，美国、加拿大为北美洲高收入国家，印度尼西亚为东南亚中低等收入国家，沙特阿拉伯、科威特为西亚高收入国家，英国为欧洲高收入国家。其在进口中国胶合板的贸易中市场势力较弱，主要是因为：第一，2019 年，美国、印度尼西亚、沙特阿拉伯、加拿大、科威特、英国分别占中国胶合板出口总额的 9.80%、0.85%、2.36%、4.75%、0.60%、6.38%，分别是中国第 1、第 28、第 14、第 6、第 31、第 3 位出口目的国，而中国占到以上各国胶合板进口总额的 17.07%、83.03%、43.88%、53.77%、52.64%、34.50%，均为其第一大胶合板进口来源国，可见，中国在其胶合板进口市场中占据相对重要的市场地位，与第一类市场相比，除印度尼西亚外，中国所占的市场份额均有所下降，因此，中国在目的国当地的市场势力也有所减弱。第二，就美国而言，虽然其实施的贸易战、反倾销与反补贴调查、雷斯法案等贸易壁垒减弱了中国在美国的市场势力，但由于美国市场对胶合板的需求量巨大，中国在生产胶合板等劳动密集型产品上又具有明显的比较优势，使得中美两国在胶合板贸易上的互补性很强。潘欣磊等（2015）、王志烩和宁卓（2020）的研究结果也证实了这一结论，其研究显示中国在美国市场上的胶合板出口行为，很显著地影响了美国对其他国家的胶合板需求，这表明中国胶合板出口在美国市场上具有很强的影响力。第三，就印度尼西亚而言，虽然中国所占的份额极高，但与第一类市场相比，中国胶合板出口在印度尼西亚的市场势力有所下降，这主要与印度尼西亚实施的引进外资政策有关。为了发展当地经济，印度尼西亚政府积极改善与日本等发达国家的合作关系，大力吸引资本与先进技术流入当地以支持胶合板工业的发展，对规范胶合板贸易的商业行为起到了积极作用。但是，印度尼西亚的胶合板生产依旧存在效率较低、木材综合利用水平较低、产品结构不合理等问题，短时期内难以摆脱对中国胶合板的依赖。

（3）第三类市场：新加坡、墨西哥、尼日利亚，当人民币升值 1% 时，以当地货币表示的胶合板价格分别上涨 0.47%、0.28%、0.11%，均小于货币升值幅度的 1/2，以人民币表示的价格分别下跌 0.53%、0.72%、0.89%，均大于货币升值幅度的 1/2，说明中国在此类市场上出口胶合板具有较弱的市场势力，本币升值带来的成本大部分由中国承担，仅有小部分转嫁到目的国。

此类国家中，新加坡为东南亚高收入国家，墨西哥为北美洲中高等收入国家，尼日利亚为非洲中低等收入国家。其在进口中国胶合板的贸易中市场势力较强，主要是因为：第一，2019 年，以上 3 国分别占中国胶合板出口的 0.90%、2.02%、2.02%，分别是中国第 27、第 17、第 16 位出口目的国，而中国占到以上各国胶合板进口总额的 39.56%、32.47%、75.24%，均为其第一大胶合板进口来源国。第二，就新加坡而言，当地胶合板的进口来源市场比较集中，有将近 97% 的胶合板来自中国、印度尼西亚、越南、马来西亚这 4 个国家，尤其是印度尼西亚占比高达 38.58%，与中国几乎不相上下。根据卢兵倩等（2017）的研究，印度尼西亚、马来西亚的显性竞争优势极强，越南胶合板的质量也在不断升级，并且，越南胶合板更符合国际标准化组织（internation standard organization，ISO）标准和欧洲标准，能减轻在出口贸易中的障碍，这些都对中国胶合板出口的市场势力产生了威胁。第三，墨西哥市场与新加坡类似，中国胶合板在墨西哥市场上也需与巴西、智利、美国等胶合板出口国展开激烈角逐，与这些竞争对手相比，中国并不具备地缘政治优势。此外，墨西哥还不时针对中国胶合板出口实施贸易救济调查，影响了中国胶合板在墨西哥市场的议价能力。第四，就尼日利亚而言，虽然中国在其胶合板进口市场中占据绝对份额优势，但是中国胶合板出口至尼日利亚需提供估价与原产地联合证明证书（Combined Certificate of Value and Origin，CCVO），审核通过之后才能顺利出口到当地市场。这一政策利于尼日利亚提前对胶合板品种、来源进行核实，从而针对不同的产品征收不同的税率，当然，也便于其提前掌握各出口商的报价信息。作为中低等收入国家，尼日利亚的消费者对于胶合板产品质量的要求不高，更偏向于选择价格低的供货商，在此操作模式下，中国胶合板出口商为了争夺尼日利亚市场，会想尽办法降低价格，彼此之间形成恶性的低价竞争，因此，在尼日利亚的市场势力较弱。

（4）第四类市场：韩国、日本、马来西亚、埃及、比利时、意大利、约旦、爱尔兰、法国、卡塔尔，当人民币升值 1% 时，以当地货币表示的胶合板价格分别下跌 0.05%、0.08%、0.19%、0.20%、0.25%、0.29%、0.59%、0.76%、0.99%、1.32%，以人民币表示的胶合板价格分别下跌 1.05%、1.08%、1.19%、1.20%、1.25%、1.29%、1.59%、1.76%、1.99%、2.32%，说明中国在此类市场上出口胶合板不具有市场势力，人民币升值带来的成本全部由中国承担。此外，泰国、荷兰、德国的估计系数不显著，不做特殊分析，可视为无市场势力。

此类国家中，韩国、日本、卡塔尔为亚洲高收入国家，马来西亚、约旦为亚洲中高等收入国家，埃及为非洲中低等收入国家，比利时、意大利、爱尔兰、法国为欧洲高收入国家。其在进口中国胶合板的贸易中市场势力超强，主要是因为：第一，2019 年，韩国、日本、马来西亚、埃及、比利时、意大利、约旦、爱尔兰、法国、卡塔尔分别占中国胶合板出口总额的 2.15%、6.09%、2.72%、0.67%、3.09%、1.10%、0.41%、0.32%、1.33%、0.78%，分别是中国第 15、第 4、第 11、第 30、第 9、第 24、第 38、第 42、第 23、第 29 位出口目的国，而中国占到以上各国胶合板进口总额的 12.00%、18.72%、26.76%、10.46%、24.87%、1.03%、27.61%、24.60%、11.69%、2.03%，分别是以上各国的第 3、第 3、第 2、第 2、第 1、第 21、第 2、第 2、第 2、第 4 位胶合板进口来源国。第二，与新加坡类似，此类市场的共同特点就是，中国在此类市场上出口胶合板，会受到印度尼西亚、马来西亚、俄罗斯、巴西、越南、奥地利等国家胶合板的激烈竞争，很容易被替代。其中，韩国、比利时、意大利、爱尔兰、法国胶合板市场的进口来源国比较多元化，中国所占份额较小，以韩国为例，印度尼西亚、越南分别占韩国胶合板进口总额的 32.76%、29.83%，是韩国胶合板进口的第 1、第 2 位来源国，市场份额大于中国，并且马来西亚（10.28%）、俄罗斯（5.34%）紧跟其后，中国需稳定当地胶合板价格来维持在韩国的市场份额。意大利更是如此，进口占比在 1% 以上的来源国有 21 个，俄罗斯（17.56%）、巴西（12.62%）、奥地利（8.40%）分别位列前 3 名，相比之下，中国毫无竞争力。除此之外，欧盟也经常对中国胶合板发起反倾销与木材合法性调查。第三，日本、马来西亚、埃及、约旦、卡塔尔的进口来源国比较集中，虽然中国所占份额不小，但与其他国家相比，仍无竞争力可言。印度尼西亚是日本、马来西亚、约旦的第一大胶合板进口来源国，俄罗斯是埃及的第一大胶合板进口来源国，奥地利是卡塔尔的第一大胶合板进口来源国，占比分别为 38.48%、47.68%、61.13%、81.94%、82.36%，远大于中国。并且，埃及本土也生产胶合板，与中国相比，还具备木材资源丰富、劳动力充足且价格低廉的优势。而奥地利，不仅森林资源丰富，而且胶合板生产的设备先进、技术创新实力强、企业管理竞争能力强、产品质量也高档。因此，中国在此类市场上出口胶合板毫无议价能力。

综上所述，通过归纳可以发现，若中国胶合板出口目的国市场具备以下特点，则中国市场势力较大的概率会更高：当地收入水平低，消费者更关注产品价格；中国所占市场份额较大，具有绝对的市场份额优势；与中国具备地缘政治优势；其他国家产品的竞争力差，中国胶合板产品很难被替代。

相反，若中国胶合板出口目的国市场具备以下特点，则中国市场势力较小的概率会更高：当地收入水平高，消费者更关注产品质量；中国所占市场份额较小，受到其他国家的激烈竞争；与中国地理距离较远、政治体制不同；经常对中国胶合板实施贸易壁垒，如反倾销与反补贴调查、木材合法性调查等；当地注重在胶合板生产领域引进外资，规范胶合板贸易的商业行为；中国胶合板出口的质量检验标准与 ISO 标准或欧盟标准有差异；中国胶合板出口商在面对尼日利亚实施的 CCVO 审核政策时，采取低价竞争方式，难以形成谈判合力；当地具备森林资源禀赋优势、劳动力充足且价格低廉优势；当地其他国家的出口商具备技术创新先进优势、企业管理竞争优势、产品质量高档优势。

当然，从整体上看，中国胶合板出口市场集中度过高的问题有所改善，出口贸易市场格局正在朝着多元化方向发展，即使是第一大出口目的国（美国）也仅占到中国胶合板出口总额的 9.80%，这使得中国胶合板出口的市场势力有所提升（吕真真，2018）。从对世界胶合板市场的重要性来讲，以2019 年为例，中国是世界胶合板出口第一大国，占世界胶合板出口总额的30.73%，但并没有拥有绝对的市场份额优势，印度尼西亚（11.58%）、俄罗斯（7.82%）、马来西亚（5.63%）、越南（4.63%）、芬兰（3.86%）、巴西（3.77%）、加拿大（2.50%）、智利（2.42%）、西班牙（2.11%）、德国（2.04%）、美国（1.77%）等都是重要的胶合板出口国家，会与中国胶合板出口市场形成竞争关系，对中国胶合板市场势力的获取造成冲击。

从中国原木、锯材、化学木浆进口市场势力分析与胶合板出口市场势力的研究结果来看，中国占贸易国的市场份额高，是获取市场势力的条件之一，但并非拥有较高的市场份额，就一定会具备较高的市场势力。还会受到各国收入水平、森林经营管理质量、木材品质高低、市场规范化管理、森工产业发展基础、林区道路等基础设施、当地吸引外资政策、专业化人才培养、贸易壁垒政策、权属划分、自然灾害、彼此间价格操作的默契程度、中国行业集中度、采购或出口等贸易方式、地缘政治、产品替代国的激烈竞争、检验质量标准、产品质量高低等因素的影响。而这些因素的综合影响最终都会反映在价格的需求弹性上，并且各国原木在中国市场上究竟是互补关系还是竞争关系，也会反映在二者的价格交叉弹性上。因此，接下来，本章从弹性视角对市场势力的分析进行验证，以证实分析的准确性与严谨性，受篇幅所限，此处仅以原木为例进行论述，锯材、化学木浆、胶合板的分析与此类似。结合中国原木、锯材、化学木浆进口与胶合板出口市场势力存在与缺失的原因，借鉴拥有市场势力国家的发展经验，提出获取市场势力的政策建议，详见第八章。

7.4 基于 AIDS 模型的来源国市场行为研究——以原木为例

7.4.1 研究方法

AIDS 模型是最常用的差异化需求理论模型的一种，由消费者支出函数推导而来（Deaton & Muellbauer，1980）。其基本思想是：在给定的价格与效用水平前提下，实现消费者支出的最小化（程宝栋等，2014；胡振华和李力培，2019）。由于该模型对函数形式的要求比较灵活，非常易于估计，并且可以根据参数进一步计算出消费者的支出弹性、自价格弹性与交叉价格弹性，同时分析消费者的消费行为特征与消费市场特点，具有很强的经济学意义，因此，在研究国际贸易问题时被广泛应用（张石芬和田志宏，2012；田聪颖和肖海峰，2018；王志烩和宁卓，2020；余洁等，2021）。本章中该模型的具体表达式为：

$$w_{it} = \alpha_i + \beta_i \ln\left(\frac{E_t}{P_t^*}\right) + \sum_{j=1}^n \gamma_{ij} \ln p_{jt} + u_{it} \tag{7-7}$$

$$\ln p_t^* = \sum_{i=1}^n w_{it} \ln(p_{it}) \tag{7-8}$$

式（7-7）中，w_{it} 为中国 t 年进口 i 国原木的金额占 t 年中国原木进口总额的比例；E_t 为 t 年中国原木的进口总额；P_t^* 是根据式（7-8）计算而来的原木综合进口价格指数，也可以称为总体原木进口价格水平；p 为 t 年进口 i 国原木的单位价格；α_i、β_i、r_{ij} 都是待估参数；u_{it} 为随机误差项。该模型需满足加总性、齐次性、对称性这 3 个约束性条件，即式（7-9）、式（7-10）、式（7-11）均成立（王佳友等，2017；裴璐和王济民，2019；胡友等，2021）。

$$\sum_{i=1}^n \alpha_i = 1 \ , \ \sum_{i=1}^n \beta_i = 0 \tag{7-9}$$

$$\sum_{i=1}^n r_{ij} = \sum_{j=1}^n r_{ij} = 0 \tag{7-10}$$

$$r_{ij} = r_{ji} \tag{7-11}$$

根据各参数的估计结果，可进一步计算得出中国原木进口的支出弹性（η_i）：

$$\eta_i = 1 + \frac{\beta_i}{w_i} \tag{7-12}$$

马歇尔（Marshall）未补偿的价格弹性：

$$\varepsilon_{ij}^m = -\delta_{ij} + \frac{r_{ij}}{w_i} - \beta_i \frac{\bar{w}_j}{w_i} \tag{7-13}$$

式（7-12）与式（7-13）中，$\bar{w}_i$ 表示中国进口 i 国原木额占中国原木进口总额比例的均值；δ_{ij}是克罗内克符号（Kronecker Delta），当i与j相等时，$\delta_{ij}=1$，结果表示自价格弹性，即式（7-14），当i与j不相等时，$\delta_{ij}=0$，结果表示交叉价格弹性，即式（7-15）（田聪颖和肖海峰，2018；秦光远等，2019）。

$$\varepsilon_{ii} = -1 + \frac{r_{ii}}{w_i} - \beta_i \qquad (7-14)$$

$$\varepsilon_{ij} = \frac{r_{ij}}{w_i} - \beta_i \frac{\bar{w}_j}{\bar{w}_i} \qquad (7-15)$$

7.4.2　实证结果分析

此处利用似不相关回归对 AIDS 模型进行估计，该方法在多方程系统估计中被广泛使用，可以有效解决联立方程的估计偏差问题，显著提高了估计效率，并增强了估计结果的稳健性（段伟等，2021；刘超等，2021）。根据式（7-12）与式（7-13），计算得出中国原木进口的支出弹性、自价格弹性与交叉价格弹性，如表 7.19 所示，其中，Breusch-Pagan 检验的χ^2统计量表明各方程扰动项不存在同期相关的原假设在 1% 的水平下被显著拒绝，说明模型回归结果是可靠的。

7.4.2.1　支出弹性

支出弹性可以用来反映在其他条件不变的前提下，中国在进口原木支出方面的变动对中国原木各来源国进口量变动的影响程度，也能反映中国原木进口来源国的受益顺序及中国原木进口市场结构的变化。由表 7.19 可知，除印度尼西亚（-0.92）以外，各进口来源国的支出弹性均为正值，说明从整体上看，来源国市场的原木进口量与中国原木进口支出呈正相关关系，即中国巨大的原木需求很难用单个国家的原木供给来满足，而是需要多个国家多种类型的木材同时供应，这也从侧面反映出中国原木进口应该不断开拓新的市场，走多元化进口路线。

具体来讲，中国在法国（1.85）、日本（1.85）、老挝（1.65）、德国（1.58）、美国（1.55）、澳大利亚（1.47）、新西兰（1.46）、加拿大（1.46）、喀麦隆（1.21）、赤道几内亚（1.19）、巴布亚新几内亚（1.14）、

表7.19 支出弹性和价格弹性估计结果

国家	支出弹性	澳大利亚	所罗门群岛	缅甸	喀麦隆	加拿大	刚果	赤道几内亚	法国	加蓬	德国	印度尼西亚	日本	老挝	马来西亚	莫桑比克	新西兰	巴布亚新几内亚	俄罗斯	美国
澳大利亚	1.47	-0.73	-0.03	0.18	-0.37	0.06	0.04	-0.09	-0.09	-0.19	-0.14	0.16	0.01	-0.06	0.29	-0.3	-0.16	-0.24	0.21	-0.08
所罗门群岛	1.09	-0.01	-0.26	-0.01	-0.2	-0.58	0.05	-0.05	0.21	0.05	-0.78	0.11	-0.07	-0.01	-0.17	0.25	-0.45	-0.17	0.26	-0.3
缅甸	0.04	0.19	-0.01	-1.25	-0.02	-0.12	0.47	0.03	0	0.37	0.26	-0.05	0.04	-0.04	-0.57	-0.05	-0.37	0.06	0.06	-0.02
喀麦隆	1.21	-0.55	-0.42	-0.04	-0.67	-0.14	0.6	-0.3	-0.16	-0.16	-0.06	0.04	0	0.1	0.04	0.24	-1.84	0.32	1.63	-0.03
加拿大	1.46	0.08	-0.22	-0.12	-0.09	-0.29	-0.21	-0.03	0.04	0.17	0.39	0.44	-0.02	-0.11	0.07	0.13	-0.16	-0.18	-0.39	-0.54
刚果	0.99	0.05	0.07	0.07	0.4	-0.21	-1.37	0.3	0.19	-0.03	-0.12	-0.14	-0.23	0.26	0.09	0.54	-1.01	0.51	-0.62	-0.01
赤道几内亚	1.19	-0.09	-0.08	0.03	-0.22	-0.03	0.33	-0.79	0.09	0.09	0.87	-0.1	0.02	-0.07	0.12	-0.08	-0.59	-0.17	-0.3	-0.48
法国	1.85	-0.2	0.3	-0.02	-0.25	0.01	0.46	0.18	-0.38	-0.12	0.31	-0.07	0.08	-0.32	0.14	-0.54	-2.71	-0.29	1.05	-0.26
加蓬	1.03	-1.01	0.08	0.57	-0.01	0.16	0	0.08	-0.31	-0.19	0.16	0.05	0.04	0	-0.16	0	-0.04	-0.13	-0.03	0.45
德国	1.58	-0.14	-1.12	0.15	-0.04	0.03	-0.14	0.66	0.13	0.18	-0.67	0.13	0.08	-0.29	0.66	-0.31	-1.31	-1.41	-0.1	0.21
印度尼西亚	-0.92	0.61	0.63	-0.12	-0.06	1.01	0.52	-0.25	-0.07	0.22	0.51	-1.24	0.43	0.71	-0.37	0.13	0.31	-0.36	-0.81	-0.27
日本	1.85	0.03	-0.73	0.27	-0.23	0.03	-1.57	0.09	0.23	0.11	0.51	0.83	-0.87	-0.89	0.16	-0.17	2.62	-0.62	-0.25	-0.65
老挝	1.65	-0.45	-0.18	-0.35	0.42	-0.26	1.69	-0.44	-0.86	-0.23	-1.96	1.36	-0.49	-0.42	-0.23	0.36	-0.78	0.65	-0.96	-0.5
马来西亚	0.68	0.31	-0.13	-0.32	0.04	0.08	0.06	0.13	0.16	-0.26	0.74	-0.09	0.21	-0.1	-1.67	0.07	0.72	0.04	-0.84	0.14
莫桑比克	0.98	-0.41	0.29	-0.07	0.22	0.21	0.76	-0.1	-0.29	-0.05	-0.42	0.04	-0.03	0.08	0.14	-2.07	0.1	0.23	0.38	-0.13
新西兰	1.46	-0.41	-0.29	-0.07	-0.22	-0.21	-0.76	-0.1	-0.29	-0.15	-0.42	0.04	-0.03	0.08	0.14	-0.07	-0.44	0.23	0.38	0.09
巴布亚新几内亚	1.14	-0.07	-0.09	0.02	0.08	-0.06	0.19	-0.05	-0.03	-0.05	-0.5	-0.05	-0.03	0.05	0.01	0.06	-0.26	-0.56	-0.23	0.11

续表

国家	支出弹性	澳大利亚	所罗门群岛	缅甸	喀麦隆	加拿大	刚果	赤道几内亚	法国	加蓬	德国	印度尼西亚	日本	老挝	马来西亚	莫桑比克	新西兰	巴布亚新几内亚	俄罗斯	美国
俄罗斯	0.64	0.22	0.36	0.01	0.1	-0.01	-0.05	-0.09	0.05	-0.23	-0.33	-0.11	-0.05	-0.01	-0.27	0.03	0.13	-0.03	-1.47	0.29
美国	1.55	-0.03	-0.17	-0.02	-0.01	-0.22	-0.02	-0.16	-0.03	0.19	-0.08	-0.05	-0.02	-0.02	0.05	-0.04	-0.69	0.09	-0.92	-0.23
Breusch-Pagan test of independence									$\chi^2(171) = 895.36***$											

注：***、**、* 分别表示1%、5%、10%的显著性水平。

所罗门群岛（1.09）、加蓬（1.03）的支出弹性均大于 1，说明当中国原木进口支出增加 1% 时，来自以上国家的原木进口量的增加均超过 1%，是富有弹性的。结合表 7.15 来看，中国在与法国等以上 13 个国家进行原木贸易时，均处于市场势力较弱或无市场势力的一方，但中国仍偏向于继续加大在此类国家中的原木进口量，说明中国原木进口商对于此类国家中原木产品的综合评价更高，也说明随着中国原木支出的增加，消费者更倾向于购买质量高的珍贵木材，也更在乎市场交易的规范性与合法性。相反，中国在刚果（0.99）、莫桑比克（0.98）、马来西亚（0.68）、俄罗斯（0.64）、缅甸（0.04）的支出弹性均小于 1，说明当中国原木进口支出增加 1% 时，来自以上国家的原木进口量的增加均小于 1%，是缺乏弹性的。以俄罗斯为例，其一直是中国原木进口的主要来源国之一，稳定的进口贸易、邻近的地理位置、中国旺盛的原木需求与俄罗斯巨大的木材产量都削弱了中国对进口俄罗斯原木价格的敏感度。比较特殊的是中国原木进口在印度尼西亚的支出弹性是小于 1 的，这一方面，反映出印度尼西亚受森林破坏严重的影响，木材短期内可供量不足，另一方面，反映出印度尼西亚原木对于中国来讲属于低档商品，再一次印证了中国消费者在支出增加时，更乐意寻找质量偏高的木材市场，符合经济学原理。

此外，在中国原木进口支出增加的过程中，最大的受益国是法国，最小的受益国是印度尼西亚，甚至丧失了部分在中国原木进口中的份额，而恰巧印度尼西亚是在中国原木进口贸易中市场势力最弱的国家。这说明当中国原木进口支出增加时，价格并不是进口商唯一考虑的因素，也提醒中国原木、锯材、化学木浆进口或者中国胶合板出口都应尽可能提升国际市场势力，以最大程度避免损失、获取收益。

7.4.2.2　自价格弹性

自价格弹性可以用来反映中国原木进口价格的变动对中国原木各来源国进口量变动的敏感程度，也可以判断进口价格变化（上涨或下跌）是怎样影响总收益的。由表 7.19 可知，各进口来源国的自价格弹性均为负值，说明中国在各国进口的原木均属于正常商品，即原木的进口需求量与原木价格呈反方向变动。

具体来讲，中国从日本（-0.87）、赤道几内亚（-0.79）、澳大利亚

（-0.73）、德国（-0.67）、喀麦隆（-0.67）、巴布亚新几内亚（-0.56）、新西兰（-0.44）、老挝（-0.42）、法国（-0.38）、加拿大（-0.29）、所罗门群岛（-0.26）、美国（-0.23）、加蓬（-0.19）进口原木的自价格弹性的绝对值均小于1，说明此类国家在中国市场面临的原木需求是缺乏弹性的，即此类国家在中国原木进口贸易中的市场势力较强，可以通过适当提高价格来获取更高的总收益。相反，中国从莫桑比克（-2.07）、马来西亚（-1.67）、俄罗斯（-1.47）、刚果（-1.37）、缅甸（-1.25）、印度尼西亚（-1.24）进口原木的自价格弹性的绝对值均大于1，说明此类国家在中国市场面临的原木需求是富有弹性的，即此类国家在中国原木进口贸易中的市场势力较弱，更倾向于通过降低价格来获取更高的总收益。这与表7.15的研究结论一致，验证了PTM结论的准确性。

基于原木进口来源国角度，可得出中国胶合板出口贸易的一些启示：受原材料进口成本增加、劳动力等生产成本增加的影响，中国胶合板在出口贸易中的低价优势逐渐丧失，难以通过降低价格来获取更高的总收益。因此，中国胶合板出口应通过提高产品质量、降低产品的可替代性、打造品牌特色等方式提高在出口目的国的市场势力，以降低出口贸易损失。

7.4.2.3 交叉价格弹性

交叉价格弹性可以用来反映各原木进口来源国在中国市场上的相关关系，若交叉价格弹性大于0，说明两国的原木具有替代关系；交叉价格弹性小于0，说明两国的原木具有互补关系。由表7.19可知，中国原木进口的交叉价格弹性符号有正有负，以负值居多，意味着在中国原木进口市场上，各主要来源国之间既存在竞争关系，也存在互补关系，当然，主要还是互补关系，与支出弹性的估计结果相互印证，再一次说明中国原木对不同区域的不同品质的树种进口需求量巨大。

具体来讲，新西兰（-6.48）、美国（-1.98）、澳大利亚（-1.89）、所罗门群岛（-1.74）、巴布亚新几内亚（-1.46）、法国（-1.05）、德国（-1.04）、老挝（-0.66）、喀麦隆（-0.45）、加拿大（-0.24）、赤道几内亚（-0.19）、日本（-0.08）、加蓬（-0.08）在中国市场上的总体交叉价格弹性小于0，即与其他进口来源国之间以互补关系为主，面临的市场竞争较小。缅甸（0.14）、马来西亚（0.16）、莫桑比克（0.26）、俄罗斯

（0.35）、刚果（2.41）、印度尼西亚（2.82）在中国市场上的总体交叉弹性大于0，即与其他进口来源国之间以竞争关系为主，比较容易被替代，面临的市场竞争较大。以印度尼西亚为例，其很容易被加拿大（1.01）、老挝（0.71）、所罗门群岛（0.63）、澳大利亚（0.61）、刚果（0.52）、德国（0.51）、日本（0.43）、新西兰（0.31）、加蓬（0.22）、莫桑比克（0.13）所替代，并且澳大利亚价格变化对中国进口印度尼西亚原木量的影响（0.61）大于印度尼西亚价格变化对中国进口澳大利亚原木量的影响（0.16），表明与印度尼西亚相比，澳大利亚原木在中国更具有市场势力，这恰巧与表7.15市场势力强弱的划分一致。

7.5 结果讨论

整体上讲，中国原木、锯材、化学木浆进口贸易与中国胶合板出口贸易市场集中度过高的问题有所改善，正在朝着多元化方向发展。基于市场势力分析来看，中国原木、锯材、化学木浆进口与中国胶合板出口均在部分国家市场上具有超强或者较强的市场势力，这不仅与中国在贸易国出口（进口）市场上所占的份额有关，而且与各国收入水平、森林经营管理质量、木材品质高低、市场规范化管理、森工产业发展基础、林区道路等基础设施、当地吸引外资政策、专业化人才培养、贸易壁垒政策、权属划分、自然灾害、彼此间价格操作的默契程度、中国行业集中度、采购或出口等贸易方式、地缘政治、产品替代国的激烈竞争、检验质量标准、产品质量高低等因素均有关，并非拥有较高的市场份额，就一定会具备较高的市场势力，也就是说"市场势力"并不等同于"垄断势力"，这证实了"传统结构主义用市场集中度来衡量市场势力是缺乏理论基础"的这一观点，同时也给"市场势力"赋予了更深层次的含义和更丰富的影响元素。结合中国木质林产品贸易市场势力存在与缺失的原因，借鉴市场势力强国的发展经验，就不同的影响因素提出针对性建议（详见第8.2节），以改善中国木质林产品的贸易条件，应对大国效应的负面影响，同时，为中国木质林产品进口、出口贸易市场格局的调整提供指导。

从基于弹性视角的分析结果来看，在中国原木进口贸易中，各来源国的原木产品均为正常商品，没有出现弹性无穷大或者弹性无穷小的极端情况，说明中国原木进口市场是比较理性和规范的市场，这与中国原木进口需求量巨大有关，需要多个国家多种品质的木材同时供应才能得到满足，因此，应继续实施多元化的进口策略。其中，如果进口来源国的市场势力较强，则其在中国市场上面临的支出弹性大于 1，自价格弹性小于 1，即当中国购买原木的支出增加时，消费者更偏好于购买此类市场的原木，可以视为其更乐意寻找质量更高、市场交易的规范性与合法性的木材市场，而价格并不是进口商唯一考虑的因素，同时，来源国可以通过提高价格来获取更高的总收益，这符合经济学理论。相反，如果进口来源国的市场势力较弱，则其在中国市场上面临的支出弹性小于 1，自价格弹性大于 1，只能通过降低价格来获取更高的总收益，但中国胶合板出口贸易的低价优势已逐渐丧失，继续压价会造成更大的贸易损失。因此，无论是中国原木、锯材、化学木浆进口，还是胶合板出口，都应努力提升国际市场势力，这对避免贸易损失，甚至获取贸易收益无疑是非常关键的。

　　本章可能的学术边际贡献在于：首次尝试将市场势力与弹性分析相结合，基于弹性视角对市场势力的机理进行验证，并按照市场势力的强弱对贸易国进行分类，通过对比发现具有中国木质林产品进口、出口贸易在获取市场势力时的优势条件与劣势条件，为应对大国效应带来的负面影响，调整贸易市场结构提供指导。遗憾的是受数据缺失等客观条件的限制，无法利用 SMR 模型从买卖双方视角同时对进口方与出口方的市场势力进行测度。

7.6　本章小结

　　本章首先分析了 4 种木质林产品的贸易市场结构变化；然后，运用固定效应变系数的面板 PTM 模型实证测度了中国原木、锯材、化学木浆进口与中国胶合板出口的市场势力；最后，以原木为例基于弹性视角借助 AIDS 模型探讨了各来源国在中国进口中的市场行为特征，验证了市场势力存在的机理，得出如下主要结论：

　　（1）中国原木进口来源国按照市场势力大小可以划分为以下四类：①印度尼西亚、马来西亚、缅甸，中国在此类市场上进口原木具有超强的市场势力；②俄罗斯、刚果、莫桑比克，中国在此类市场上进口原木具有较强的市场势力；③巴布亚新几内亚、赤道几内亚、法国、德国、澳大利亚、新西兰，中国在此类市场上进口原木具有较弱的市场势力；④日本、喀麦隆、美国，中国在此类市场上进口原木不具有市场势力。通过分析发现，进口来源国的收入水平、森林经营管理质量、木材品质、木材价格、交易市场的规范性、中国占其出口贸易的比重、森工产业发展水平、林区道路等森林基础设施建设、投资政策、森林火灾、病虫害、专业森林经营人才、信息技术创新水平、贸易政策、产权划分等都是影响市场势力的重要因素。

（2）中国锯材进口来源国按照市场势力大小可以划分为以下四类：①菲律宾、印度尼西亚、美国、智利、加蓬、缅甸，中国在此类市场上进口锯材具有超强的市场势力；②俄罗斯、马来西亚、新西兰、罗马尼亚，中国在此类市场上进口锯材具有较强的市场势力；③泰国、德国、巴西、澳大利亚，中国在此类市场上进口锯材具有较弱的市场势力；④老挝，中国在此类市场上进口锯材不具有市场势力。当然，由于锯材与原木同属资源密集型产品的范畴，影响原木市场势力的因素同样也会影响锯材的市场势力。

（3）中国化学木浆进口来源国按照市场势力大小可以划分为以下三类：①泰国、日本、俄罗斯，中国在此类市场上进口化学木浆具有超强的市场势力；②印度尼西亚、新西兰，中国在此类市场上进口化学木浆具有较强的市场势力；③智利、美国、德国、瑞典、芬兰、加拿大、巴西，中国在此类市场上进口化学木浆不具有市场势力。通过分析发现，除影响原木市场势力的因素外，贸易方对于市场的价格操控合力、林浆纸一体化基地建设、地震与海啸等自然灾害也是影响化学木浆市场势力的重要因素。

（4）中国胶合板出口目的国按照市场势力大小可以划分为以下四类：①越南、以色列、阿联酋，中国在此类市场上出口胶合板具有超强的市场势力；②美国、印度尼西亚、沙特阿拉伯、加拿大、科威特、英国，中国在此类市场上出口胶合板具有较强的市场势力；③新加坡、墨西哥、尼日利亚，中国在此类市场上出口胶合板具有较弱的市场势力；④韩国、日本、马来西亚、埃及、比利时、意大利、约旦、爱尔兰、法国、卡塔尔，中国在此类市场上出口胶合板不具有市场势力。通过分析发现，与进口市场势力有所不同，中国出口胶合板的市场势力更易受到目的国消费者偏好、地缘政治、贸易壁垒、贸易方式、本国出口商竞争等因素的影响。

（5）由支出弹性分析可知，当中国原木进口支出增加时，中国更倾向于在不具有市场势力或者市场势力较弱的来源国增加进口，其中，最大的受益国是法国，最小的受益国是印度尼西亚。说明当支出增加时，价格并不是中国原木进口商唯一考虑的因素，而是更倾向于购买质量高的珍贵木材，也更在乎市场交易的规范性与合法性。

（6）由自价格弹性分析可知，各进口来源国的自价格弹性均为负值，说明中国在各国进口的原木均属于正常商品，且市场势力较强的来源国在中国市场上面临的需求是缺乏弹性的，它们可以通过适当提高价格来获取更高的总收益；相反，市场势力较弱的来源国在中国市场上面临的需求是富有弹性的，故更倾向于通过降低价格来获取更高的总收益。

（7）由交叉价格弹性分析可知，各来源国在中国市场上既存在竞争关系，也存在互补关系，当然，主要还是互补关系，这也再次证实了中国巨大的原木需求很难用单个国家的原木供给来满足，而是需要多个国家多种类型的木材同时供应。

综上所述，中国原木、锯材、化学木浆进口与胶合板出口均在部分国家具有超强或较强的市场势力，需结合市场势力存在与缺失的原因，借鉴市场势力强国的发展经验，改善中国的贸易条件，同时，也可以为中国木质林产品进口、出口贸易市场格局的调整提供指导。

第 8 章

主要结论、相关建议与研究展望

8.1 主 要 结 论

本书基于国际木质林产品价格波动风险加剧，给中国木质林产品贸易造成巨大损失，部分主要木质林产品陷入"买涨卖跌"价格困境，又加剧了国际木质林产品价格波动带来的损失这一现实问题，提出研究国际木质林产品价格与中国木质林产品贸易量互动影响的科学问题。为此，在掌握国际木质林产品贸易网络演变规律、了解中国木质林产品贸易地位变化轨迹的基础上，揭示国际木质林产品价格波动特征与规律、动态预测未来变化走势，并结合国际市场价格传导机制理论、大国效应理论与国际市场势力理论构建本书的理论分析框架，从原木、锯材、化学木浆进口与胶合板出口两方面就国际木质林产品价格对中国木质林产品贸易量的影响，及中国木质林产品贸易量对国际木质林产品价格的影响展开实证分析，进而提出规避国际木质林产品价格波动风险，改善贸易条件，弱化大国效应负面影响，减少贸易

损失的政策建议。主要结论如下:

(1) 就全球木质林产品贸易网络演化分析而言:①全球木质林产品贸易关系不断趋于复杂化,贸易网络的连通性整体上增强,且表现出典型的小世界特性,是"点对点"的贸易模式;北美洲贸易地位下降,亚洲、大洋洲、南美洲贸易地位上升,欧洲仍然是木质林产品进出口贸易的重心;中国与荷兰、法国、美国共同掌握着木质林产品贸易网络的信息与资源,是贸易网络的关键枢纽,起着重要的桥梁作用。因此,与此类国家保持贸易畅通至关重要。②全球木质林产品贸易网络存在 4 大集团,各集团间出现了交织与重叠的现象,表现出相互融合的迹象;区域经济合作组织是贸易集团演化的重要原因。因此,应多领域开展区域合作机制,推动和实现与世界各经济体间的贸易自由化进程。③中国、美国与加拿大,德国、意大利与法国,荷兰与比利时,荷兰与德国,比利时与法国,德国与波兰彼此为重要的贸易合作伙伴,中国与美国、巴西分别在日本、美国市场存在竞争,加拿大、美国与巴西在中国市场存在竞争,德国、英国、意大利和法国市场是贸易集团 1 的主要争夺对象;中国、俄罗斯、巴西、意大利、荷兰、美国、芬兰是联系集团内外部木质林产品贸易的关键枢纽。因此,应积极开展国与国之间的自由贸易谈判,减少贸易障碍,确保与木质林产品供给国、需求国之间的双边贸易关系。④中国木质林产品的供给安全深受进口多样性、自由贸易协定、原木出口限制政策、贸易战等因素的影响,需求安全深受出口多样性、木材合法性贸易政策、贸易战等因素的影响,当前,中国木质林产品供需安全性有所改善,但依然处于不够安全的状态,防范目标性中断对于保障中国木质林产品的供需安全至关重要。

(2) 就国际木质林产品价格波动特征而言:①4 种木质林产品价格均具有集聚性与持续性特征,集聚性由强到弱依次为锯材(0.13)、化学木浆(0.12)、原木(0.08)、胶合板(0.04),持续性由强到弱依次为胶合板(0.95)、原木(0.91)、化学木浆(0.85)、锯材(0.78),表明锯材价格波动对冲击的反应最为迅速,胶合板对冲击的持久性最长。并且国际原木与胶合板价格波动存在风险报酬,风险溢价系数较高,分别为 7.05(原木)、1.67(胶合板)。因此,应做好国际木质林产品价格监测工作,健全信息体系建设,借助木质林产品期货等避险交易工具强化市场风险预警机制。②4 种木质林产品价格波动均具有非对称性,其中,利空消息对国际原木、锯材、胶合板价格波动的冲击更大，利好消息对国际化学木浆价格波动的冲击更大。因此，原木、锯材进口应在预测利空消息发生前延时进口，胶合板出口应降低产品的可替代性以防范价格下跌风险，而化学木浆进口则应在每一次价格上涨的初期适当增加进口以减少价格持续上涨带来的冲击。③4种木质林产品价格之间呈动态变化的正相关，相关性由大到小依次为国际原木与锯材（0.37）、原木与胶合板（0.28）、锯材与胶合板（0.20）、锯材与化学木浆（0.18），各类价格在整个样本区间内波动上升，处于新一轮周期的上升环节，表明国际原木价格波动风险最高，其价格上涨还会引起国际锯材、胶合板、化学木浆价格的上涨。因此，应与澳大利亚、刚果、所罗门群岛等木材供给大国建立长期协议价格谈判机制，并统筹考虑国内外木材来源问题，构建国内国际双循环相互促进的新发展格局以应对国际市场冲击、规避国际市场价格波动风险。④基于以上特征构建按月滚动的动态价格预测模型结果可靠，实现了对价格的短期有效预测，使参与贸易的经济主体能主动管控价格波动带来的潜在风险。

（3）就国际木质林产品价格对中国木质林产品贸易量的影响而言：①国际木质林产品价格与中国木质林产品进口、出口量之间存在显著的协整关系，说明中国木质林产品进口、出口量极易受国际市场价格波动的影响，且中国木质林产品进口、出口量对国际木质林产品价格上涨与下跌的反应程度不同，其中，中国原木、锯材、化学木浆进口量对国际市场价格下跌的反应更大，中国胶合板出口量对国际市场价格上涨的反应更大。②国际金融资产价格、能源价格对国际木质林产品价格均有显著的正向影响，且对原木、锯材、胶合板价格的影响程度相同，但金融资产价格对化学木浆价格的影响程度大于能源价格的影响。③国际原木、锯材、胶合板市场上价格下跌引发的波动更大，会使中国原木、锯材进口量增加（0.73、0.94），中国胶合板出口量减少（-2.10）；国际化学木浆市场上价格上涨引发的波动更大，会使中国化学木浆进口量减少（-1.13）。④正向的金融冲击会使中国原木、锯材、化学木浆进口量增加，胶合板出口量减少，影响力度由大到小依次为胶合板（-0.51）、化学木浆（0.38）、锯材（0.31）、原木（不显著）；正向的能源冲击会使中国原木、锯材进口量减少，胶合板出口量减少，化学木浆进口量增加，但均不显著，且影响程度均小于金融冲击。因此，更应关注金融冲击的影响，尤其是胶合板出口更应关注国际金融资产价格上涨的影响。⑤正向的复合冲击会使中国原木、锯材、化学木浆进口量增加，使中国胶合板出口量减少，其中锯材进口受到显著正向影响（0.08），胶合板出口受到显著负向影响（-0.02）。⑥中国与国外 GDP 增加，均会使中国原木、锯材、化学木浆进口量增加，胶合板出口量增加，但化学木浆进口更受国内 GDP 影响，胶合板出口更受国外 GDP 影响。因此，基于不同木质林产品的国际价格波动传导效应，应常态化做好应对工作以降低国际市场价格波动的冲击风险。

（4）就中国木质林产品贸易量对国际木质林产品价格的影响而言：①中国原木、锯材、化学木浆进口贸易与胶合板出口贸易均具有大国效应，但大国效应的显现具有条件性、阶段性与偶发性，并非持续的，这与中国木质林产品贸易量占世界木质林产品贸易量的绝对比重与相对比重、贸易方式、国际干预、市场势力、国际木质林产品价格对中国木质林产品贸易量影响的大小等因素有关。②就显性大国效应来讲，整个样本区间内，中国原木进口贸易存在显性大国效应；分阶段研究区间内，中国锯材进口贸易存在阶段性显性大国效应，而中国胶合板出口贸易、中国化学木浆进口贸易均不存在显性大国效应。就隐性大国效应来讲，中国原木、锯材、化学木浆进口贸易与中国胶合板出口贸易均存在隐性大国效应。③在样本区间内，随着中国原木、锯材、化学木浆进口量的增加，国际原木、锯材、化学木浆价格的上涨速度逐渐放缓，其中，当中国原木月度进口量在 150 万~250 万立方米、250 万~300 万立方米、300 万~350 万立方米、350 万~750 万立方米的区间范围内时，中国原木月度进口量每增加 1%，国际原木价格分别上涨约 0.81%、0.52%、0.24%、0.07%；当中国锯材月度进口量在 40 万~60 万立方米、60 万~100 万立方米、100 万~300 万立方米的区间范围内时，中国锯材月度进口量每增加 1%，国际锯材价格分别上涨约 1.16%、0.18%、0.04%；当中国化学木浆月度进口量在 30 万~70 万吨、70 万~90 万吨、90 万~150 万吨的区间范围内时，中国化学木浆月度进口量每增加 1%，国际化学木浆价格分别上涨约 0.67%、0.28%、0.01%。此外，当中国胶合板月度出口量在 55 万~85 万立方米的区间范围内时，中国胶合板出口量每增加 1%，国际胶合板价格下跌约 0.14%。④受大国效应影响，中国原木进口量由 179.15 万立方米/月增长至 704.91 万立方米/月时，会造成大约 8.21 亿美元的损失，需多支付 63.16%；中国锯材进口量由 40.32 万立方米/月增长至 265.68 万立方米/月时，会造成大约 7.74 亿美元的损失，需多支付 76.45%；中国胶合板出口量由 57.20 万立方米/月增长至 84.75 万立方米/月时，会造成大约 2564.70 万美元的损失，少收取 5.25%；中国化学木浆进口量由 30.68 万吨/月增长至 129.88 万吨/月时，会造成约 3.30 亿美元的损失，多支付 87.96%。因此，应合理制定 4 种木质林产品的进口、出口规模，通过与贸易国签订长期合同、积极培育大型跨国企业、提升国际市场势力等措施来减轻大国效应的负面影响。

（5）就中国木质林产品贸易的市场势力而言：①中国原木进口在印度尼西亚、马来西亚、缅甸具有超强市场势力，在俄罗斯、刚果、莫桑比克具有较强市场势力，在巴布亚新几内亚、赤道几内亚、法国、德国、澳大利亚、新西兰具有较弱市场势力，在日本、喀麦隆、美国不具有市场势力，并且进口来源国的收入水平、森林经营管理质量、木材品质、木材价格、交易市场的规范性、中国占其出口贸易的比重、森工产业发展水平、林区道路等森林基础设施建设、投资政策、森林火灾、病虫害、专业森林经营人才、信息技术创新水平、贸易政策、产权划分等都是影响市场势力的重要因素。②中国锯材进口在菲律宾、印度尼西亚、美国、智利、加蓬、缅甸具有超强市场势力，在俄罗斯、马来西亚、新西兰、罗马尼亚具有较强的市场势力，在泰国、德国、巴西、澳大利亚具有较弱市场势力，在老挝不具有市场势力，当然，由于锯材与原木同属资源密集型产品的范畴，影响原木市场势力的因素同样也会影响锯材的市场势力。③中国化学木浆进口在泰国、日本、俄罗斯具有超强市场势力，在印度尼西亚、新西兰具有较强市场势力，在智利、美国、德国、瑞典、芬兰、加拿大、巴西不具有市场势力，并且，除影响原木市场势力的因素外，贸易方对于市场的价格操控合力、林浆纸一体化基地建设、地震与海啸等自然灾害也是影响化学木浆市场势力的重要因素。④中国胶合板出口在越南、以色列、阿联酋具有超强市场势力，在美国、印度尼西亚、沙特阿拉伯、加拿大、科威特、英国具有较强市场势力，在新加坡、墨西哥、尼日利亚具有较弱市场势力，在韩国、日本、马来西亚、埃及、比利时、意大利、约旦、爱尔兰、法国、卡塔尔不具有市场势力，并且，与进口市场势力有所不同，中国出口胶合板的市场势力更易受到目的国消费者偏好、地缘政治、贸易壁垒、贸易方式、本国出口商竞争等因素的影响。⑤当中国原木进口支出增加时，价格并不是中国原木进口商唯一考虑的因素，而是更倾向于购买质量高的珍贵木材，也更在乎市场交易的规范性与合法性，会增加从不具有市场势力或者市场势力较弱来源国的进口，其中，最大的受益国是法国，最小的受益国是印度尼西亚。⑥各原木进口来源国的自价格弹性均为负值，市场势力较强的来源国在中国市场上面临的需求是缺乏弹性的，可以通过适当提高价格来获取更高的总收益，而市场势力较弱的来源国在中国市场上面临的需求是富有弹性的，更倾向于通过降低价格来获取更高的总收益。⑦各来源国的原木产品在中国市场上主要体现为互补关系，意味着中国巨大的原木需求很难用单个国家的原木供给来满足，而是需要多个国家多种类型的木材同时供应。因此，应结合中国木质林产品贸易市场势力存在与缺失的原因，借鉴市场势力强国的发展经验，就不同的影响因素提出针对性建议，努力提升国际市场势力以减少贸易损失。

8.2 相关建议

8.2.1 健全国际价格监测与披露体系，强化信息风险预警与应对机制

就中国原木、锯材、化学木浆进口与胶合板出口而言，首先应保证国际市场价格波动信息获取的便捷性、及时性与完整性，并且做好价格波动的有效应对工作。因此，应进一步完善国内价格数据库的建设，提升国际市场价格信息的监测与传播效率，掌握未来价格的变动方向，强化风险预警机制，同时借助各类避险交易工具，积极应对国际市场价格波动的风险。具体如下：

（1）完善国内价格数据库，保证数据的完整性与可查性。本书所用价格数据均来自国外网站，从侧面反映了国内木质林产品价格数据不完整的事实，导致国际市场与国内市场间价格的空间传导、国内价值链间价格的垂直传导等相关研究无法开展。因此，应基于大数据背景，借鉴国外数据库建设经验，做好国内木质林产品价格及相关数据的收集、统计工作，不断修订和完善信息发布方式，实现与国际数据库的共建共享。

（2）加大国际市场价格监测力度，提升信息平台传播效率。第4章研究表明国际木质林产品价格波动具有集聚性与持续性；第5章研究表明中国木

质林产品进口、出口量确实非常容易受到国际市场价格波动的冲击，且对价格上涨与下跌的反应程度不同。因此，要密切关注国际木质林产品价格变动，加大对国际原木及相关市场的信息监测力度，及时、全面、高效地抓取市场信息，以掌握市场动态。同时，应搭建权威的、有序的信息发布与沟通交流平台，实时推送监测信息，如门户网站、微信公众号、微博官方账号等，以拓宽信息发布渠道，提升市场信息公开度与透明度，保证信息传播的时效性与可达性，从而减少信息的不对称，引导市场理性交易。

（3）准确预测未来价格变动趋势，强化市场风险预警机制。第 4 章研究表明按月滚动的动态价格预测模型结果是可靠的，且国际木质林产品价格波动具有非对称性，利空消息与利好消息在不同市场上的影响不同；第 5 章研究表明国际原木、锯材、胶合板价格波动幅度变大，会导致中国原木、锯材进口量增加、胶合板出口量减少，国际化学木浆价格波动幅度变大，会导致中国化学木浆进口量减少。因此，应按时完成对国际木质林产品价格的逐月滚动预测，并及时发布预测结果、对结果的专家解读、基于结果分析的对策建议等内容，使参与主体能够对可能出现的重要市场变化及时做出反应，推动价格平稳运行。具体而言，中国原木、锯材进口应更多关注利空消息，在预测利空消息发生前及时停止进口，在利空消息发生后增加进口；化学木浆进口应更多关注利好消息，在每一次价格上涨的初期适当增加进口以减少价格持续上涨带来的冲击；胶合板出口应更多关注利空消息，在价格上涨时增加出口，同时注意降低产品的可替代性以防范价格下跌风险。

（4）积极推出各类避险交易工具，完善价格风险应对系统。第 4 章研究表明部分国际木质林产品市场具有高风险高回报特征，价格波动与市场风险息息相关。因此，应借鉴美国木材衍生品市场的发展经验，积极推出各类避险交易工具，通过培育和完善国内系列木质林产品期货与期权市场，达到价格发现、套期保值、规避风险的效果。目前，中国现有的纸浆期货（上海期货交易所）、纤维板和胶合板期货（大连商品交易所）存在上市时间短、投资主体缺乏、合约内容不科学等问题，应继续在完善市场监管体系与法律制度、拓宽参与主体范围、科学设计合约内容、明确到期结算程序、采取灵活运作方式、执行宽松政策交易环境、严格管控交易风险等方面有针对性地加以改进。

8.2.2　统筹国内外木材来源，降低对国际资源与产品的依赖风险

原木、锯材、化学木浆的进口行为深受国内木材资源短缺的影响，降低其价格波动风险、提升其国际话语权，最重要的是保障国内外市场木材资源与产品的供给稳定。因此，一方面，从国内市场而言，应加强国家储备林基地建设，提高国内木材供应能力，并积极探索新型替代材料，以避开森林资源稀缺的短板。另一方面，从国际市场而言，应增强与核心国家的贸易往来，以确保目标性贸易稳定，并构建多元化木材与化学木浆进口渠道，多途径规避国际市场价格波动风险。具体如下：

（1）加强国家储备林基地建设，提高国内木材供应能力。第3章研究表明中国的木质林产品贸易地位逐渐上升，具有"大进大出"的贸易特点，尤其是需要大量进口原木、锯材等资源型初级木质林产品，形成了对国际资源的过度依赖；第6章研究表明受大国效应影响，中国原木、锯材进口贸易的损失巨大。因此，首先应在双循环战略指导下，积极推进国际大循环向国内大循环贸易格局的转变，通过设立专项资金支持、加强林银战略合作、引导大型森工企业投资建设、开发推广先进的培育技术、借鉴发达国家集约化的经营模式等措施，积极培育国内优质大径材和珍贵木材，多途径、多机制、多模式加强国家储备林基地建设。其次，在习近平总书记的"两山理论"指导下，本着近自然森林经营理念，采取低影响采伐方式，兼顾生态安全与木材安全，真正做到"越采越多、越采越好"，以提高国内木材的供应能力，最大程度实现对国外木材的替代，降低对国外木材资源的依赖。

（2）积极探索新型替代材料，避开森林资源稀缺的短板。除了加强国家储备林基地建设外，还应积极开辟新的路径，以解决中国森林资源有限、国内市场供需缺口巨大的问题。一方面，可从原材料入手，通过技术创新，改善速生木材的性能，加快其对优质木材的替代；另一方面，可从加工过程入手，通过提高生产技术，实现对木塑复合材料、重组竹、秸秆、PU发泡材料、玉米塑料、科技木、天然纤维复合材料等新型材料对木材原料的充分替代。

（3）增强与核心国家的贸易往来，确保目标性贸易稳定。第3章研究表明全球木质林产品贸易网络具有小世界特性，防范目标性贸易中断至关重要，

并且四大贸易集团表现出相互融合的迹象，区域经济合作组织是贸易集团演化的重要因素。因此，一方面，应增强与美国、荷兰、法国、意大利、德国、泰国、英国、印度、加拿大、澳大利亚等核心国家，俄罗斯、芬兰等关键枢纽国家的贸易往来，这可以很好地保障中国木质林产品进口、出口贸易安全，维持木质林产品贸易市场稳定，尤其是价格稳定。另一方面，应多领域开展区域合作机制，推动和实现与世界各经济体间的贸易自由化进程，进一步利用亚太经济合作组织、中国—东盟自贸区、"一带一路"等合作平台，促进多边贸易关系的持续拓展，形成全方位、多层次、多元化的开放合作格局，以连通不同集团内外部的贸易，不断提升贸易的便利化水平，实现林业资源在全球范围内更广泛的有效配置。

（4）构建多元化木材及化学木浆进口渠道，多途径规避国际市场价格波动风险。第4章研究表明原木价格的上涨会引起锯材、化学木浆价格上涨；第7章研究表明中国在来源国中木材贸易中的占比及来源国彼此的竞争行为均影响中国原木、锯材进口的市场势力。因此，首先应借助中国国际进口博览会平台，积极寻找新的合作伙伴，尽量实现进口来源的多元化，保持在市场势力较强或超强来源国的市场份额，降低在市场势力较弱或不具有市场势力来源国的市场集中度，这既能分散贸易风险，也能充分发挥进口来源国彼此之间的竞争性，减弱其在中国进口中的市场势力。其次，应与澳大利亚、刚果、新西兰、尼日利亚、巴西、挪威、喀麦隆、所罗门群岛等森林资源丰富、木材供给量高且稳定的国家建立长期协议价格谈判机制，以降低国际木质林产品价格波动引致的风险。最后，应规范木质林产品进口秩序，促使国内林产工业企业联合，形成行业同盟，产生统一对外的合力，提高在谈判过程中的话语权，以减少信息不对称导致的交易波动，降低市场交易价格。最后，应继续推进海外直接投资，鼓励与境外企业合作，推动本国木质林产品跨国公司的培育与集群式发展，支持本土企业"走出去"，使国际贸易转化为"国内贸易"，规避国际市场价格波动风险。

8.2.3 多途径提升胶合板出口话语权，弱化大国效应负面影响

对于胶合板出口而言，一方面，应通过完善森林经营管理制度，解决原材料供应的高效性与合法性问题。另一方面，应走创新引领的高质量发展路

径，由"贸易大国"向"贸易强国"转变，并不断优化国际市场布局，针对不同的消费群体，实施差异化竞争战略。此外，国家也应通过制度创新进一步优化国际贸易环境，以提升自由化便利水平，提高胶合板出口贸易效率。具体如下：

（1）完善森林经营管理制度，保障原材料供应的高效性与合法性。第7章研究表明森林经营管理质量、贸易的合法性是影响中国胶合板出口市场势力的重要因素。因此，应借鉴德国、芬兰、法国、美国等森林经营管理的先进经验，结合中国森林资源发展的现状，走高效化、科技化的经营发展模式。首先，应以可持续发展经营理念为指导，不断完善森林经营规划制度与管理制度，明确主体责任，清晰划分职权，协调部门职能，避免出现管理漏洞，实现各个环节的全覆盖，以确保森林经营管理标准能够长期严格执行。其次，以林业职业教育与岗前职业培训为保障，培育职业化、专业化的森林经营人才，不断提升从业者的实践能力。并且，从科学考评与奖惩方式两方面继续完善从业者的管理监督制度，既要保障考核标准的科学合理，保障考核过程的公平公正，保障考核结果的精准客观，也要将考核工作与奖惩政策相结合，将工作效率、工作成果与升职加薪相挂钩，并针对考核出来的问题有针对性地加以解决。然后，以林区道路、电力、网络等基础设施建设为依靠，以规范木质林产品交易市场的合法性与规范性为手段，充分发挥森林的经济属性、生态属性与社会属性，尽力维护森林体系的生态平衡。最后，在森林经营管理过程中持续发挥林业科技的作用，推广速生优良树种改良技术与鸟兽害防治技术，开发智能化、高效率林业机械，完善流通体系信息通信技术建设，为林地生产、经营、采伐和流通信息的实时传递提供平台，实现科技与森林经营管理的良性互动。

（2）提升森工产业发展水平，促进胶合板产业的高质量发展。第6章研究表明受大国效应影响，中国胶合板出口贸易存在巨大损失；第7章研究表明森工产业发展水平、胶合板产品质量等均是影响中国胶合板出口市场势力的重要因素。因此，中国胶合板生产应重视科研技术团队的建设，重视自主创新人才的培养，以优质的木材原料为基础，以先进的生产工艺为支撑，以雄厚的资金力量为保障，以严格的绿色环保标准为要求，利用产业集群效应，实现资源共享与效率提升，以全面增强产品的竞争力，促使产品结构优化升级。

首先，中国胶合板要提升国际竞争力，就必须通过创新驱动，实现由贴牌代工向自立自强的转变，实现由模仿追随向创新引领的转变，实现由生产低层次、低附加值的连续跃迁到高层次、高附加值的连续，这既离不开雄厚资金与先进设备等硬性条件的支撑，也离不开政府扶持政策与创新性人才等软性条件的支持。因此，应加强知识产权保护力度，为技术创新营造良好的环境，同时坚持技术引进与技术创新相结合，促进产业内的技术扩散，并通过注重培养产业龙头企业，在绿色环保的高标准、高要求下，依托自身优势不断促进胶合板产品的深加工与精加工，以提高产品生产工艺的精准度，促使产品向高附加值转变，向价值链的两端转移，促使中国在国际经贸规则重构中占据主动地位，改变目前"大而不强"的贸易局面。

其次，通过智力资本的开发与管理，实现中国胶合板产业人力资本向智力资本的转化，这就要求企业开展多形式的岗位培训，以不断提升劳动者的劳动技能与职工队伍的整体素质，为胶合板产业的发展培育大量的后备劳动力。并且，通过建立一套有效的激励约束机制将员工个人的发展目标与企业整体的发展目标相统一，以实现个人与组织的"共赢"。

最后，加快产业资源整合，以提升胶合板产业的规模化经营水平，注重龙头企业的发展，通过培育和建设国家级林业示范产业园区，促进企业之间的合作，推动胶合板产业的规模化经营，依托木材加工贸易区，打造一批精深加工的产业集群，以充分实现产业上游与下游的融合，实现人力、资本、设备、技术等资源的共享共用，实现产业内部分工的合理化、专业化与高效化，降低生产成本与运输成本，提高生产效率与生产标准，拉动区域经济的发展，以持续的稳定的竞争优势参与国际贸易，提升其在国际市场的整体竞争能力。

（3）根据消费者偏好实施差异化出口战略，降低产品可替代性。第 7 章研究表明中国胶合板的出口多元化状态有所改善，并且收入水平高的国家更倾向于购买质量高的产品，而收入水平低的国家更在意产品价格变化。因此，在国际市场营销中，更应根据文化资源、地缘政治、经济状况、消费者喜好等因素对不同目的国进行市场细分，以针对不同的消费群体，生产、销售不同档次、不同价位的胶合板。通过打造区域性的自主品牌，加强国际市场对中国胶合板产品的认可，减小本国产品的可替代性，品牌不仅是中国胶合板在国际市场上的识别码，更是企业的一种无形资产，代表了企业的综合实力，反映了消费者的认可度与忠实度，树立并精心维护国际知名品牌，可以有效地避免价格竞争与反倾销贸易壁垒，公开透明的销售价格也减少了低价不规范交易操作的可能。进一步，可以通过线上宣传与线下销售相结合的方式将品牌打入市场，宣传品牌所承载的文化与科技实力，以降低中国胶合板产品的可替代性。

（4）通过制度创新优化国际贸易环境，进一步提升自由化便利水平。除前文提到的应多领域开展区域合作机制外，还需在尊重市场机制作用的前提下，结合国际贸易发展新特点、新趋势，继续提升贸易自由化便利水平。首先，需进一步加强海关程序改革，推进海关程序的系统化和一体化以及海关规则的国际化，通过建立"国际贸易单一窗口""电子口岸""智慧海关"等模式，减轻海关程序负担，压缩胶合板出口申报时间，缩短胶合板出口周期，降低贸易风险，提升贸易效率，同时精简出口退税的申报证件，提升出口退税的申报速度。其次，需加快自贸试验区与自由贸易港的建设，以充分发挥其改革开放"试验田"的作用，并借助信息通信网络技术发展平台，积极开展数字贸易，培育"互联网＋胶合板出口"的新型贸易业态，便于推进智享联通，实现通关流程全过程的可视化，实现中国胶合板出口贸易在更广阔地域范围内的跨境通关合作。

8.2.4　最大程度发挥行业协会作用，形成对外议价的一致合力

第7章研究表明贸易商彼此间价格操作的默契程度是影响该国参与国际贸易市场势力的重要因素。因此，中国胶合板出口与原木、锯材、化学木浆进口均应发挥行业协会的作用，提升在国际贸易中的议价能力。就胶合板出口而言，行业协会既要做好企业与政府服务工作，履行好咨询、沟通、监督、公正、自律、协调的职能，也要积极做好胶合板出口的应诉工作，妥善应对反倾销、反补贴等贸易摩擦，维护公平贸易环境。一方面，由于国内胶合板的组织化程度低，中小企业获取国际市场交易信息的能力有限，对于各种贸易规则执行的严格程度、产品标准等尚不了解，在国际贸易中处于被动地位，因此，行业协会可以建设行业信息网站，重点公布与国际贸易市场供需变化、交易价格变化、贸易政策变化等内容，使各参与主体能够尽可能压低信息成本，避免信息不对称造成的贸易损失。另一方面，随着全球对于绿色环保、

贸易合法性的要求越来越高，中国胶合板出口的质量检验检疫标准也应尽可能多地与国际社会接轨，生产规格与检疫标准的统一不仅有利于降低遭受绿色贸易壁垒的概率，而且为国际贸易提供了便利。此外，借助行业协会这一组织，可以将中国胶合板出口企业联合起来，形成对外贸易的合力，以一个整体来参与国际贸易谈判，可以有效提升话语权，避免出现各出口商"自相残杀"的低价恶性竞争行为。就原木、锯材、化学木浆进口而言，与胶合板出口类似，也应充分发挥贸易商的关键主体作用，利用协会组织形成抱团发展态势，避免国内进口商彼此之间的恶性竞争。

8.2.5　尽量规避金融、能源冲击风险

中国原木、锯材、化学木浆进口与胶合板出口均受到国际金融冲击与能源冲击的影响，因此应从提前签订汇率风险分摊条款与继续推进海外直接投资两方面入手，来降低国际金融冲击与能源冲击带来的风险。具体如下：

（1）提前签订汇率风险分摊条款，降低金融冲击的影响。第 5 章研究表明国际金融资产价格对国际木质林产品价格具有显著的正向影响，且正向的金融冲击，会使中国胶合板出口量减少。因此，应尽量规避金融冲击风险，一方面，可借助人民币在国际贸易与国际金融中的地位不断升高的有利条件，达到防范和化解金融风险的目的，降低金融冲击对胶合板出口的抑制影响。另一方面，在木质林产品进口、出口贸易中，可尽量选择使用人民币作为计价货币，若必须以外币计价，则需在签订贸易合同时，就汇率风险分摊条款提前商定，也可通过提前付款、延迟收款、远期结汇锁定汇率、出口押汇、应收和应付的贴现、赊销等方式，来规避汇率波动的风险。

（2）继续推进海外直接投资，降低能源冲击的影响。第 5 章研究表明国际能源价格对国际木质林产品价格具有显著的正向影响，且正向的能源冲击，会使中国原木、锯材进口量减少、化学木浆进口量增加、胶合板出口量减少。因此，应尽量规避能源冲击风险，就进口而言，应选取加蓬、澳大利亚、新加坡、新西兰、俄罗斯等木材资源丰富、投资环境稳定的国家（地区）建立木材生产基地与业务网络，参与当地森林资源开发与经营，利用当地资源优势直接生产加工初级木制品，促使小批量集装箱运输方式向大轮大批量进口方式的加快转变，从而改变单一的木材贸易方式，降低运输成本。就胶合板

出口而言，既要重视海外生产企业之间的合作，也要充分发挥国内产业集聚的优势，利用地理位置的连通性与生产过程的相似性形成产业集聚，以实现企业间人力、资本、技术、设备等资源的整合与共享，发挥规模效应与产业集群效应，降低生产成本，应对国际能源价格上涨的不利影响。

8.2.6　采用脉动式进出口贸易方式，应对"买涨卖跌"价格困境

第6章研究表明中国原木、锯材、化学木浆进口会引起国际原木、锯材、化学木浆价格上涨，中国胶合板出口会导致国际胶合板价格下跌，且通过边际价格计算得知大国效应带来的贸易损失巨大。因此，应合理制定中国原木、锯材、化学木浆进口规模与胶合板出口规模，采用脉动式进口模式，在低价时大量进口，引起价格升高后停止进口，待价格下降后再大量进口；出口也类似，在高价时大量出口，引起价格下降后停止出口，待价格上涨后再大量出口；此外，也需通过与贸易国签订长期合同、积极培育大型跨国企业、提升国际市场势力等措施来弱化大国效应的负面影响。

8.3　研究不足与展望

首先，受篇幅所限，本书仅分析了整体木质林产品的贸易网络，而没有针对原木、锯材、化学木浆、胶合板4种产品做分产品的贸易网络研究。不过，一方面，由于中国既进口原木、锯材、木浆等资源型木质林产品，又出口木制家具、木制品、胶合板、纸制品等加工型木质林产品，这既受到各国森林资源禀赋水平与林产工业发展水平的影响，也受到直接贸易伙伴与间接贸易伙伴的影响，总体而言，是受全球木质林产品贸易网络的影响；另一方面，不同木质林产品之间具有产业链上的关联性，需保障原木、锯材等原材料进口，才能完成胶合板、木制家具等产品的出口，因此，在分析贸易格局时，进出口之间、产品之间做不到完全的分离。

其次，同样受篇幅所限，本研究第7章仅以原木为例分析了来源国在中国进口贸易中的市场行为特征，并基于弹性视角对国际市场势力的作用机理进行了验证，但没有对锯材、化学木浆、胶合板产品进行分析，不过，其余

3 个产品的具体操作方式也与原木类似。

最后，受数据统计资料非常有限的约束，仅能找到关于原木、锯材、化学木浆与胶合板 4 种产品的国际价格数据，因此，研究对象的范畴也只能限定在这 4 种产品，同时，无法展开完整的价格空间传导与价格垂直传导，并且在分析大国效应时，也无法对样本点以外的推断是否正确加以验证。另外，由于目前国内外尚未有关于本书研究主题的相关文献，使得研究存在缺少引证与对比分析的客观不足，希望随着统计数据库的完善与相关研究文献的增多，可以继续丰富和拓展本书的研究。

参 考 文 献

[1] 白华艳，关建波．猪肉产业链非对称价格传导机制：门限效应与市场势力 [J]．价格理论与实践，2021 (2)：79 – 82，131.

[2] 白若舒，李红勋．中国森林认证对林场可持续经营影响评价研究 [J]．生态经济，2019，35 (10)：160 – 165.

[3] 白宇航，张立中．产业链视角下乳制品价格溢出效应研究——基于 VAR-BEKK-GARCH(1，1) 模型 [J]．农业技术经济，2020 (1)：56 – 67.

[4] 毕玉江，朱钟棣．人民币汇率变动对中国商品出口价格的传递效应 [J]．世界经济，2007 (5)：3 – 15.

[5] 曹伟．依市定价与汇率传递不完全：发展历史与研究进展评述 [J]．世界经济，2016，39 (9)：53 – 73.

[6] 曹玉昆，叶沙拿，吴天博．中国与老挝木质林产品贸易合作的竞争性与互补性分析 [J]．林业科技通讯，2021 (10)：19 – 24.

[7] 常婧，龙少波，陈立泰．人民币汇率对中国进出口价格的非对称传递研究：基于非线性自回归分布滞后（NARDL）模型 [J]．世界经济研究，2019 (1)：44 – 55，136.

[8] 陈博文，钟钰，刘佳．基于市场势力视角对我国大米进口市场结构的研究 [J]．国际贸易问题，2015 (3)：118 – 127.

[9] 陈超然，王刊．世界森林面积正日益缩减 [J]．生态经济，2018，34 (9)：2 – 5.

[10] 陈传兴, 李静逸. 中国大豆与玉米进出口贸易的"大国效应"分析 [J]. 国际观察, 2011 (2): 73 - 79.

[11] 陈发伟, 祝捷, 陈凯. 日本林木生物质能源政策与效果分析 [J]. 世界林业研究, 2019, 32 (6): 79 - 83.

[12] 陈芳. 我国铁矿石进口贸易中"大国效应"研究 [J]. 价格理论与实践, 2015 (5): 103 - 105.

[13] 陈家新, 杨红强. 全球森林及林产品碳科学研究进展与前瞻 [J]. 南京林业大学学报 (自然科学版), 2018, 42 (4): 1 - 8.

[14] 陈娇娇, 缪东玲, 宋维明. 森林认证能否与一国林业可持续管理政策协同发展? [J]. 世界林业研究, 2018, 31 (1): 1 - 6.

[15] 陈俊峰, 戴永务, 林伟明, 郑义. 中国林产品比较优势的动态演变: 1992 ~ 2017 [J]. 林业经济, 2020, 42 (2): 59 - 68.

[16] 陈绍志, 李剑泉. 入世后中国林产品市场与贸易发展变化及对策研究 [J]. 林业经济, 2012 (9): 28 - 33, 60.

[17] 陈文汇, 胡明形, 刘俊昌. 中国木材价格波动的动态均衡模型及实证分析 [J]. 统计与信息论坛, 2010, 25 (1): 58 - 62.

[18] 陈锡文. 当前中国的粮食供求与价格问题 [J]. 中国农村经济, 1995 (1): 3 - 8.

[19] 陈学彬, 李世刚, 芦东. 中国出口汇率传递率和盯市能力的实证研究 [J]. 经济研究, 2007 (12): 106 - 117.

[20] 陈学彬, 徐明东. 本次全球金融危机对我国对外贸易影响的定量分析 [J]. 复旦学报 (社会科学版), 2010 (1): 24 - 33.

[21] 陈勇, 王登举, 宿海颖, 蒋宏飞, 张曦. 中美贸易战对林产品贸易的影响及其对策建议 [J]. 林业经济问题, 2019, 39 (1): 1 - 7.

[22] 程宝栋, 李慧娟. 增加值贸易视角下"一带一路"出口隐含碳排放核算 [J]. 求索, 2020 (3): 165 - 172.

[23] 程宝栋, 宋维明, 秦光远. 中国原木进口市场及其需求弹性分析 [J]. 林业经济评论, 2014, 4 (1): 65 - 75.

[24] 程宝栋, 赵静萱, 秦光远. 中国对欧盟林产品出口增加值测算及影响因素研究 [J]. 农林经济管理学报, 2017, 16 (1): 96 - 104.

[25] 程丽. 中国石油和光伏电池大国效应的实证研究 [D]. 北京: 北方工

业大学, 2015.

[26] 程淑佳, 赵映慧, 李秀敏. 基于复杂网络理论的原油贸易空间格局差异分析 [J]. 中国人口·资源与环境, 2013, 23 (8): 20 - 25.

[27] 丛海彬, 邹德玲, 高博, 邵金岭. "一带一路" 沿线国家新能源汽车贸易网络格局及其影响因素 [J]. 经济地理, 2021, 41 (7): 109 - 118.

[28] 丛之华, 万志芳. 国外森林认证研究综述 [J]. 林业经济问题, 2013, 33 (1): 87 - 91.

[29] 崔敏. 木质林产品质量安全风险评价与控制研究 [D]. 北京: 中国林业科学研究院, 2014.

[30] 戴翔, 宋婕. 我国外贸转向高质量发展的内涵、路径及方略 [J]. 宏观质量研究, 2018, 6 (3): 22 - 31.

[31] 邓丽娜, 周丽. 中国中药对日本出口贸易的国际市场势力分析 [J]. 产业与科技论坛, 2014, 13 (2): 107 - 109.

[32] 邓叶, 余康, 商敏欣, 熊立春. 非关税壁垒对林产品贸易影响研究进展 [J]. 世界林业研究, 2021, 34 (5): 8 - 13.

[33] 邓志新, 秦路, Janssens M. 中国与非洲优先发展胶合板产能合作的前景 [J]. 西南林业大学学报 (社会科学), 2017, 1 (4): 78 - 83.

[34] 习钢. 中国木材供给及政策研究 [D]. 北京: 北京林业大学, 2014.

[35] 杜萌, 李冰. 中国对外贸易存在 J 曲线效应吗? ——基于 NARDL 模型分析 [J]. 大连大学学报, 2020, 41 (6): 36 - 47.

[36] 段欢, 宋维明, 王雁斌. 中国木制家具的出口 "大国效应" 研究 [J]. 林业经济, 2015, 37 (7): 56 - 58, 107.

[37] 段伟, 李冰洁, 苏楠, 马丽. 自然保护区加剧了周边社区农户生计风险吗? ——以四川省、陕西省 17 个大熊猫自然保护区为例 [J]. 林业经济, 2021, 43 (7): 58 - 70.

[38] 范建刚. "大国效应" 的有限性与我国粮食外贸的政策选择 [J]. 经济问题, 2007 (8): 29 - 31.

[39] 范悦, 宋维明. 中国主要木质林产品出口增长因素分析——基于恒定市场份额模型测算 [J]. 林业经济, 2010 (12): 78 - 81, 88.

[40] 方晨靓. 农产品价格波动国际传导机理及效应研究 [D]. 杭州: 浙江大学, 2012.

[41] 方建春，宋玉华．我国在稀有金属出口市场的市场势力研究——以钨矿、稀土金属为例 [J]．国际贸易问题，2011 (1)：3 – 11.

[42] 方兰，朱荣花．我国粮食安全的进出口效应分析 [J]．江苏农业科学，2019，47 (7)：342 – 346.

[43] 封安全．俄罗斯远东地区森林资源开发与利用研究 [J]．对外经贸，2012 (7)：55 – 57.

[44] 冯海发．结构变革的历史顺序 [J]．当代经济科学，1989 (3)：42 – 51.

[45] 付信明．我国粮食出口结构与国际竞争力的实证分析 [J]．国际贸易问题，2008 (12)：16 – 21.

[46] 付亦重，程宝栋．主要林产品贸易大国贸易政策新发展及我国对策 [J]．国际贸易，2012 (3)：14 – 18.

[47] 傅晓，牛宝俊．国际农产品价格波动的特点、规律与趋势 [J]．中国农村经济，2009 (5)：87 – 96.

[48] 高峰．国际粮价波动对中国粮食供需平衡的影响 [D]．南昌：江西财经大学，2015.

[49] 高群，宋长鸣．国内畜禽价格溢出效应的对比分析——全产业链视角 [J]．中国农村经济，2016 (4)：31 – 43.

[50] 高铁梅，王金明，吴桂珍，刘玉红．计量经济分析方法与建模——Eviews 应用及实例 [M]．3 版．北京：清华大学出版社，2016.

[51] 高薇洋，田明华，吴成亮，李春晖，魏僮．CMS 模型中国木质林产品供给波动分析 [J]．林业经济问题，2019，39 (1)：8 – 17.

[52] 高扬．我国蔬菜价格传导非均衡性的原因及对策研究——基于市场竞争理论视角的分析 [J]．价格理论与实践，2011 (5)：30 – 31.

[53] 高旸，莫里茨·舒拉里克，孙靓莹．金融危机的原因和后果：我们学到了什么？[J]．国际经济评论，2021 (4)：75 – 91，6.

[54] 耿利敏，沈文星．我国木质林产品贸易比较优势的动态演变——基于 NRCA 方法和面板数据的实证研究 [J]．林业经济，2018，40 (12)：14 – 21.

[55] 龚谨，孙致陆，李先德．我国大麦进口贸易具有"大国效应"吗？[J]．华中农业大学学报（社会科学版），2018 (4)：46 – 53，167 – 168.

[56] 谷艾婷，吕佳，王震．中国木质林产品碳足迹的产业链分布特征分析 [J]．环境科学与技术，2014，37（12）：247-252.

[57] 顾国达，方晨靓．国际农产品价格波动成因研究述评 [J]．华中农业大学学报（社会科学版），2012（2）：11-17.

[58] 顾晓燕，聂影．中国木质林产品出口贸易结构与林业经济增长——基于1981~2009年数据的分析 [J]．经济问题，2011（8）：34-37.

[59] 管志杰，公培臣．中国林业对外投资区域选择：可持续发展的视角 [J]．干旱区资源与环境，2015，29（6）：20-24.

[60] 郭连成，左云．中国与欧亚经济联盟国家的贸易效率及潜力研究——基于随机前沿引力模型的分析 [J]．经济问题探索，2021（3）：100-110.

[61] 郭晓慧．我国粮食价格波动及调控研究 [D]．成都：西南财经大学，2010.

[62] 韩剑，岳文，刘硕．异质性企业、使用成本与自贸协定利用率 [J]．经济研究，2018，53（11）：165-181.

[63] 韩灵梅．中美木质林产品产业内贸易理论解析及其启示——基于G-L、Bi指数的测算 [J]．林业经济，2015，37（4）：58-63.

[64] 韩沐洵．基于碳测算的中国木质林产品贸易结构优化研究 [D]．北京：北京林业大学，2015.

[65] 韩晓璐，缪东玲，程宝栋．中国木质林产品的出口二元边际及影响因素分析 [J]．林业经济问题，2016，36（4）：338-344.

[66] 韩啸，余洁，刘芳，何忠伟．中国奶粉进口市场势力分析 [J]．农业展望，2016，12（9）：65-70.

[67] 韩育林．造纸工业的生命周期水耗、能耗、温室气体排放及可持续生产路径分析 [D]．广州：华南理工大学，2019.

[68] 郝晓晴，安海忠，陈玉蓉，高湘昀．基于复杂网络的国际铁矿石贸易演变规律研究 [J]．经济地理，2013，33（1）：92-97.

[69] 何畅，缪东玲．中国纸浆进口的风险评估与减缓对策 [J]．林业经济问题，2018，38（3）：69-73，108.

[70] 何诚，舒立福，刘柯珍．大兴安岭地区夏季森林火灾环境因子特征分析 [J]．西南林业大学学报（自然科学），2021，41（3）：87-93.

[71] 何树全，高旻. 国内外粮价对我国粮食进出口的影响——兼论我国粮食贸易的"大国效应"[J]. 世界经济研究，2014（3）：33 – 39，88.

[72] 何则，杨宇，刘毅，金凤君. 世界能源贸易网络的演化特征与能源竞合关系 [J]. 地理科学进展，2019，38（10）：1621 – 1632.

[73] 侯方淼，李浩爽. 全球价值链下中国木材产业参与国际分工及其影响因素 [J]. 林业经济，2020，42（5）：3 – 18.

[74] 侯佳贝. 国际石油价格波动及其对中国经济影响研究 [D]. 长春：吉林大学，2016.

[75] 胡光辉，孟艳莉，张玉柯. 国际石油价格波动对中国外贸的影响：理论综述与实证分析 [J]. 贵州财经大学学报，2013（3）：104 – 110.

[76] 胡延杰. 森林认证与森林可持续经营辨析 [J]. 林业经济，2019，41（5）：45 – 48，120.

[77] 胡艳英，刘思雨. 贸易便利化对中国木质林产品出口东盟的三元边际影响研究 [J]. 林业经济问题，2021，41（4）：414 – 423.

[78] 胡友，陈昕，祁春节. 日本冷冻果进口需求弹性及中国的策略选择——基于多国模型的实证研究 [J]. 世界农业，2021（1）：67 – 76.

[79] 胡振华，李力培. 中国铁矿石进口贸易及其定价策略研究——基于AIDS 模型的分析 [J]. 价格理论与实践，2019（12）：63 – 66，173.

[80] 花俊国. 我国奶业生产的波动性及区域特征——基于 H-P 滤波法的分析 [J]. 西北农林科技大学学报（社会科学版），2014，14（2）：60 – 67.

[81] 黄福，侯海燕，梁国强，王亚杰，胡志刚. 科学计量学常用工具的聚类算法分析 [J]. 科技管理研究，2018，38（18）：232 – 238.

[82] 黄利，牟恩东，陈珂，周密. 中国竹藤类产品出口潜力研究——基于引力模型的实证分析 [J]. 林业经济问题，2016，36（4）：345 – 349，379.

[83] 黄先海，陈晓华，刘慧. 产业出口复杂度的测度及其动态演进机理分析——基于 52 个经济体 1993 ~ 2006 年金属制品出口的实证研究 [J]. 管理世界，2010（3）：44 – 55.

[84] 霍晓姝. 我国装备制造业市场势力研究 [D]. 沈阳：辽宁大学，2014.

[85] 计启迪，刘卫东，陈伟，王涛. 基于产业链的全球铜贸易网络结构研

究［J］. 地理科学, 2021, 41 (1): 44 –54.

[86] 季春艺. 中国木质林产品碳流量核算及影响研究［D］. 南京: 南京林业大学, 2013.

[87] 贾科, 杨哲, 魏超, 郑黎明, 李彦宾, 毕天姝. 基于斯皮尔曼等级相关系数的新能源送出线路纵联保护［J］. 电力系统自动化, 2020, 44 (15): 103 –111.

[88] 贾祥英, 闫强, 邢万里, 苗媛媛. 全球大宗矿产资源贸易格局演变及其影响因素分析［J］. 中国矿业, 2019, 28 (11): 15 –20, 34.

[89] 蒋丹, 张林荣, 孙华平, 方恺. 中国征收碳税应对碳关税的经济分析——以美国为例［J］. 生态学报, 2020, 40 (2): 440 –446.

[90] 蒋宏飞, 郭慧敏, 李剑泉. 中国林产品主要贸易国家的市场特点分析［J］. 林业经济, 2019, 41 (3): 45 –49.

[91] 蒋云安, 谢守鑫, 靳爱仙, 崔海鸥, 王红春, 周瑞. 巴西新一代人工桉树林经营策略及其启示［J］. 林业资源管理, 2018 (6): 125 –129.

[92] 金三林, 张江雪. 国际主要农产品价格波动特点及影响因素——基于成分分解的方法［J］. 经济研究参考, 2012 (27): 25 –32.

[93] 阚大学. 中日服务贸易的本地市场效应估计［J］. 南方经济, 2013 (3): 75 –82.

[94] 康银功. 我国进出口贸易对世界市场价格的影响——基于 VAR 模型的实证分析［J］. 当代财经, 2008 (5): 101 –104.

[95] 孔凡文, 何乃蕙. 对我国林价及木材理论价格的初步探讨［J］. 林业科学, 1982 (2): 177 –184.

[96] 匡鹏, 田明华, 黄雨. 我国木材进口量与价格预测研究——基于多变量灰色模型的分析［J］. 价格理论与实践, 2017 (2): 120 –122.

[97] 赖宝全, 李彩云, 李文, 张颂. 中国名贵木材价格指数编制方法与实证研究［J］. 统计与信息论坛, 2014, 29 (11): 30 –37.

[98] 李昂, 高瑞泽. 论电网公司市场势力的削弱——基于大用户直购电政策视角［J］. 中国工业经济, 2014 (6): 147 –159.

[99] 李炳坤. 加入世贸组织与农业发展对策［J］. 中国农村经济, 2002 (1): 14 –20.

[100] 李春顶. 中国对外反倾销措施的产业救济效果研究 (1997 ~2007)

［J］. 南方经济, 2011 (5): 3 – 16.

［101］李东坡, 黄凤. 日本森林资源供求变动趋势和经营管理战略创新［J］.
世界林业研究, 2018, 31 (6): 53 – 59.

［102］李钢. 推动贸易强国建设的战略路径［J］. 国际贸易, 2018 (4):
4 – 6.

［103］李光泗, 韩冬. 竞争结构、市场势力与国际粮食市场定价权——基于
国际大豆市场的分析［J］. 国际贸易问题, 2020 (9): 33 – 49.

［104］李晖, 姜文磊, 唐志鹏. 全球贸易隐含碳净流动网络构建及社团发现
分析［J］. 资源科学, 2020, 42 (6): 1027 – 1039.

［105］李君华, 欧阳峣. 大国效应、交易成本和经济结构——国家贫富的一
般均衡分析［J］. 经济研究, 2016, 51 (10): 27 – 40.

［106］李凌超, 程宝栋, 魏思宜, 陈娇娇. 森林认证对森林转型的影响——
来自发展中国家的经验证据［J］. 世界林业研究, 2018, 31 (5):
86 – 91.

［107］李梦丁. 中国纸浆进口贸易研究［D］. 杭州: 浙江大学, 2010.

［108］李鹏飞. 中国棉花进口贸易的国际市场势力研究［J］. 价格月刊,
2012 (9): 52 – 56.

［109］李巧明, 李文军, 叶思晖. 创意经济、知识产权保护和市场效应: 来
自中国创意产品贸易的证据［J］. 产业经济评论, 2021 (1): 65 –
77.

［110］李秋娟, 陈绍志, 赵荣. 基于 PSR 概念模型的我国木材安全评价［J］.
中国农业大学学报, 2018, 23 (3): 140 – 148.

［111］李秋萍, 李长健, 肖小勇. 产业链视角下农产品价格溢出效应研
究——基于三元 VAR-BEKK-GARCH (1, 1) 模型［J］. 财贸经济,
2014 (10): 125 – 136.

［112］李少雄, 李本光. 基于 SARIMA 模型和 X-12-ARIMA 季节调整方法预
测的比较［J］. 统计与决策, 2018, 34 (18): 39 – 42.

［113］李苏, 宝哲. 我国猪肉价格波动特征及预测研究［J］. 价格理论与实
践, 2020 (6): 80 – 83, 153.

［114］李晓钟, 张小蒂. 粮食进口贸易中"大国效应"的实证分析［J］. 中
国农村经济, 2004 (10): 26 – 32.

[115] 李兴平，严先溥．重新审视价格传导机制 [J]．金融与经济，2004
(5)：4－7.

[116] 李学林．大国效应与我国经济增长 [J]．现代经济探讨，2015 (2)：
16－18，82.

[117] 李义伦．粮食价格波动对农民增收的影响探析——以河南省为例 [J]．
中国农业资源与区划，2016，37 (9)：103－107.

[118] 李玉双．国际粮价对我国粮价的非对称传递效应：基于 NARDL 模型
的研究 [J]．经济社会体制比较，2017 (3)：127－137.

[119] 李月娥，张吉国．文化距离对农产品贸易的影响研究——来自"一带
一路"沿线国家的证据 [J]．云南民族大学学报（哲学社会科学版），
2019，36 (5)：64－70.

[120] 李珍，刁钢，赵慧峰．中国羊肉价格市场一体化的动态分析——基于
频谱的格兰杰因果关系检验 [J]．农业技术经济，2020 (11)：122－
134.

[121] 李志强，赵忠萍，吴玉华．中国粮食安全预警分析 [J]．中国农村经
济，1998 (1)：27－32.

[122] 李治国，王梦瑜．国际油价波动对 PPI 非对称传导的实证研究 [J]．
统计与决策，2018，34 (2)：135－137.

[123] 林大燕，朱晶．不完全竞争下进口结构变动对中国大豆进口价格的影
响研究 [J]．管理评论，2016，28 (9)：31－40.

[124] 林江彪，王亚娟，樊新刚．宁夏农业面源污染的经济驱动特征研究
[J]．干旱区资源与环境，2021，35 (3)：58－65.

[125] 林珍，郑义，刘燕娜．《雷斯法案》修正案对中国木制品出口美国的
影响 [J]．林业经济问题，2015，35 (6)：515－520.

[126] 林子清，陈幸良．我国木质林产品碳贸易政策研究 [J]．林业经济，
2014，36 (5)：56－59，83.

[127] 刘超，孙晓华，罗润东．相对价格效应，还是收入效应——论中国产
业结构调整的驱动因素 [J]．中国经济问题，2021 (3)：51－61.

[128] 刘春鹏，肖海峰．国际肉类价格对国内肉类价格的传递效应——基于
VAR 模型的实证分析 [J]．农业经济与管理，2018 (3)：85－94.

[129] 刘浩澜．对价格传导机制的实证分析——以全国、省两级数据为例

[J]. 中国物价, 2007 (7): 3-6.

[130] 刘建和, 梁佳丽, 陈霞. 我国碳市场与国内焦煤市场、欧盟碳市场的溢出效应研究 [J]. 工业技术经济, 2020, 39 (9): 88-95.

[131] 刘金全, 王国志. 金融周期与经济周期关联机制研究——基于 DY 动态溢出指数和时变格兰杰因果关系双重检验 [J]. 暨南学报 (哲学社会科学版), 2021, 43 (4): 84-99.

[132] 刘立涛, 沈镭, 刘晓洁, 成升魁, 钟帅, 曹植, 张超, 孔含笑, 孙艳姿. 基于复杂网络理论的中国石油流动格局及供应安全分析 [J]. 资源科学, 2017, 39 (8): 1431-1443.

[133] 刘玲. 我国蔬菜价格垂直传导的非对称性研究——基于面板 VAR 模型的实证 [J]. 经济与管理评论, 2015, 31 (2): 118-124.

[134] 刘清, 杨永春, 蒋小荣, 刘海洋. 手机全球贸易网络演化及供需匹配关系——基于复杂网络的社团分析 [J]. 经济地理, 2021, 41 (3): 113-125.

[135] 刘晓雪, 黄晴晴. 中国食糖进口量对糖价波动影响关系研究——对进口贸易"大国效应"的检验 [J]. 价格理论与实践, 2019 (6): 87-90.

[136] 刘旭, 陆文明. CFCC 与 FSC 林产品产销监管链认证标准对比分析 [J]. 世界林业研究, 2018, 31 (3): 83-86.

[137] 刘永泉. "一带一路"区域价值链的基本条件——基于中国木质林产品的分析 [J]. 林业经济, 2019, 41 (2): 55-61.

[138] 龙婷, 潘焕学, 马平, 石小亮. 基于复杂网络的国际木质林产品贸易动态分析 [J]. 经济问题探索, 2016 (4): 170-175, 182.

[139] 隆国强. 举足轻重的小麦进口——中国粮食国际贸易对国内粮价的影响 [J]. 国际贸易, 1998 (5): 39-43.

[140] 卢兵倩, 丁锡方, 彭干, 虞丹琪, 吕柳. 中国胶合板出口韩国竞争力研究——基于蛛网模型 [J]. 林业经济, 2017, 39 (1): 46-50.

[141] 卢宏亮, 李佳恒, 李国源, 胡嘉凝, 王茂田. 天保工程对中国木质林产品贸易的影响 [J]. 林业经济问题, 2020, 40 (6): 634-642.

[142] 芦杰, 芦梅, 吴天博, 李媛珍. 中国木质林产品贸易的互补性与贸易潜力研究——以"一带一路"经济走廊建设为背景 [J]. 林业经济,

2019, 41 (7): 48-56.

[143] 吕捷, 林宇洁. 国际玉米价格波动特性及其对中国粮食安全影响 [J].
管理世界, 2013 (5): 76-87.

[144] 吕真真. 中国胶合板生产企业出口贸易面临的问题与对策 [J]. 对外
经贸实务, 2018 (4): 52-55.

[145] 马绍华, 易福金, 王学君. 中国大豆进口市场势力综合分析 [J]. 江
苏农业科学, 2016, 44 (3): 527-531.

[146] 马述忠, 王军. 我国粮食进口贸易是否存在"大国效应"——基于大
豆进口市场势力的分析 [J]. 农业经济问题, 2012, 33 (9): 24-32,
110.

[147] 马爽, 田明华, 李瑞达, 魏僮, 张宜智. 基于中国林产品出口企业视
角的应对木材合法性要求策略评价及启示 [J]. 世界林业研究, 2020,
33 (4): 62-67.

[148] 马跃祎. 中国主要木质林产品市场价格变化特征及预测研究 [D]. 保
定: 河北农业大学, 2020.

[149] 毛捷, 吕冰洋, 马光荣. 转移支付与政府扩张: 基于"价格效应"的
研究 [J]. 管理世界, 2015 (7): 29-41, 187.

[150] 苗媛媛, 闫强, 邢万里, 贾祥英. 基于复杂网络的全球铅矿贸易格局
演化特征分析 [J]. 中国矿业, 2019, 28 (11): 21-26.

[151] 聂庭松. 中国石油进口的国际市场势力: 理论与实证研究 [D]. 南
昌: 江西财经大学, 2017.

[152] 欧阳峣, 罗会华. 大国的概念: 涵义、层次及类型 [J]. 经济学动态,
2010 (8): 20-24.

[153] 潘安, 吴肖丽. 出口结构调整降低了中国碳排放吗? [J]. 中南财经政
法大学学报, 2017 (5): 117-125.

[154] 潘长春. 人民币汇率变动的价格传递效应——基于 TVP-SV-VAR 模型
的实证检验 [J]. 国际贸易问题, 2017 (4): 141-152.

[155] 潘青松, 吴朝阳. 国际粮食价格波动对于国内的影响综述 [J]. 价格
月刊, 2015 (4): 10-14.

[156] 潘欣磊, 侯方淼, 卜善雯. 中美木质林产品贸易竞争性分析 [J]. 林
业经济, 2015, 37 (7): 59-62, 76.

[157] 潘瑶,徐晔,王庆华,王俊,苏凯文,沈立新.中缅边境木材贸易的现状及对策思考 [J].西部林业科学,2016,45(4):65-69.

[158] 潘正,郑旭芸,庄丽娟.高价值农产品价格的波动特征与传导效应——基于中国荔枝市场的经验研究 [J].价格月刊,2021(1):16-23.

[159] 庞新生,廖红蕾,宋维明.木质林产品国际竞争力综合评价方法比较分析 [J].世界林业研究,2016,29(6):7-11.

[160] 裴璐,王济民.从日本肉鸡进口需求看中国肉鸡产品竞争力:日本肉鸡进口需求分析 [J].世界农业,2019(11):48-58.

[161] 彭继增,张思娟,徐浩.文化距离对中国进出口贸易效率的影响——基于随机前沿引力模型的实证 [J].统计与决策,2020,36(17):86-90.

[162] 彭佳颖,谢锐,赖明勇.国际粮食价格对中国粮食价格的非对称性影响研究 [J].资源科学,2016,38(5):847-857.

[163] 彭璨.市场势力下的中国棉花进口大国效应研究 [D].北京:北方工业大学,2016.

[164] 彭婷,宁卓.木质林产品贸易中碳流动的边境调节——碳关税的启示与争议 [J].世界林业研究,2021,34(4):118-123.

[165] 彭晓英,张庆华,岳上植.森林认证驱动企业价值的系统动力学分析 [J].林业经济,2019,41(5):49-54,74.

[166] 钱静,杨红强,聂影.木材非法采伐与贸易研究进展——基于1998～2017年文献成果 [J].林业经济,2018,40(12):3-9.

[167] 秦光远,代亚轩,程宝栋.中国鲜切花进口需求弹性分析 [J].新疆财经,2019(4):5-14.

[168] 秦伟广.我国大型工业企业市场势力测度研究——基于改进的勒纳指数法 [J].产经评论,2017,8(2):136-144.

[169] 任保平,李禹墨.新时代我国高质量发展评判体系的构建及其转型路径 [J].陕西师范大学学报(哲学社会科学版),2018,47(3):105-113.

[170] 任宇佳,侯方淼.中国胶合板出口美国遭遇的非关税贸易壁垒及其影响分析 [J].世界林业研究,2015,28(1):67-72.

[171] 沈辰，周向阳，穆月英. 我国蔬菜市场价格非对称传导原因分析 [J]. 价格月刊，2020 (11)：1-5.

[172] 沈自峥，吴国春，曹玉昆，刘意. 中国与东盟木质林产品贸易影响因素与贸易潜力的分析——基于引力模型 [J]. 林业经济问题，2017，37 (6)：26-31，101.

[173] 石佳敏，胡明形. 人民币汇率对我国原木进口价格的传递效应研究——基于汇率制度改革的视角 [J]. 北京林业大学学报（社会科学版），2021，20 (1)：26-32.

[174] 石榴红，张时淼，王硕. 林权改革条件下木材价格波动机制实证研究 [J]. 林业经济，2014，36 (9)：59-64.

[175] 石小亮，张颖. 世界林产品贸易发展格局与预测 [J]. 经济问题探索，2015 (1)：140-150.

[176] 石秀华，万瑒. 基于市场结构与市场势力视角的铁矿石市场研究 [J]. 金属矿山，2014 (7)：56-60.

[177] 史莹赫，于豪谅，田明华. 中国木材对外贸易依存度问题研究 [J]. 林业经济，2018，40 (4)：25-32.

[178] 司伟，张猛. 中国大豆进口市场：竞争结构与市场力量 [J]. 中国农村经济，2013 (8)：29-39.

[179] 宋胜洲，程丽. 中国石油大国效应的实证研究 [J]. 现代商业，2014 (32)：114-115.

[180] 宋相洁. 中国木质家具国际市场势力研究 [D]. 北京：北京林业大学，2016.

[181] 宋益，黄健柏，钟美瑞，张亿军. 外部性成本内部化视角下战略性矿产资源关税替代性政策研究——以稀土矿为例 [J]. 资源科学，2018，40 (3)：611-622.

[182] 苏蕾，袁辰. "一带一路"下中国与东盟木质林产品产业内贸易实证分析 [J]. 林业经济问题，2018，38 (3)：65-68，107.

[183] 苏兴国，陈文汇. 中国木材进出口量和木材进口价格之间动态影响机制分析——基于 VAR 模型和脉冲响应函数 [J]. 林业经济问题，2014，34 (1)：56-61.

[184] 宿海颖，陈勇，刘小丽，钱伟聪. 加蓬林业发展现状及中加两国林业

合作展望 [J]. 世界林业研究, 2018, 31 (6): 76 - 81.

[185] 孙铭君, 彭红军, 王帅. 碳限额下木质林产品供应链生产与碳减排策略 [J]. 林业经济, 2018, 40 (12): 77 - 81, 115.

[186] 孙焱林, 刘垚. 国际石油价格波动对石油进出口国汇率的影响 [J]. 统计与决策, 2019, 35 (21): 147 - 151.

[187] 孙于岚, 戴永务, 郑义. "一带一路" 沿线国家木质林产品国际竞争力比较分析 [J]. 中国林业经济, 2019 (3): 23 - 27.

[188] 孙致陆, 李先德. 中国粮食进口贸易的 "大国效应" 检验 [J]. 华南农业大学学报 (社会科学版), 2015, 14 (4): 99 - 112.

[189] 孙致陆. 贸易开放背景下国际小麦贸易市场势力实证分析 [J]. 华中农业大学学报 (社会科学版), 2019 (4): 1 - 14, 169.

[190] 谭莹, 张俊艳. 国际饲料粮期货市场对国内猪价动态传递效应研究 [J]. 金融经济学研究, 2021, 36 (3): 142 - 160.

[191] 陶韵, 杨红强. "伞形集团" 典型国家 LULUCF 林业碳评估模型比较研究 [J]. 南京林业大学学报 (自然科学版), 2020, 44 (3): 202 - 210.

[192] 田聪颖, 肖海峰. 美国浓缩苹果汁进口需求及中国的出口策略选择 [J]. 华中农业大学学报 (社会科学版), 2018 (2): 46 - 53, 156 - 157.

[193] 田刚, 李祥泉, 杜钰玮. 中国与东盟各国木质林产品贸易网络结构分析 [J]. 世界林业研究, 2022, 35 (1): 100 - 105.

[194] 田刚, 吴天博, 张滨. 中国与亚太地区主要国家木质林产品贸易竞争性与互补性分析 [J]. 世界林业研究, 2018, 31 (4): 86 - 90.

[195] 田明华. 高质量发展、双循环新格局木质林产品贸易研究探索 [J]. 林业经济问题, 2021, 41 (3): 225 - 231.

[196] 田明华, 李朋, 周小玲. 中国林产品贸易政策演变及其评述 [J]. 对外经贸实务, 2008 (10): 35 - 38.

[197] 田明华, 史莹赫, 高薇洋, 王芳, 魏僮. 基于引力模型的中国木质林产品进出口影响因素研究及贸易潜力测算 [J]. 林业经济问题, 2018, 38 (5): 10 - 18, 100.

[198] 田明华, 于豪谅, 王春波, 杨娱, 刘祎, 程经纬. 世界木质林产品贸

易发展趋势、特点与启示 [J]. 北京林业大学学报（社会科学版），
2017, 16 (4): 52 -60.

[199] 田甜. 国际粮食市场波动及利用研究 [D]. 北京: 中国农业大学，
2017.

[200] 田甜, 李隆玲, 武拉平. 经济新常态下利用国际市场保障粮食安全的
可行性分析 [J]. 管理现代化, 2015, 35 (6): 112 -114.

[201] 田文勇, 姚琦馥. 我国蛋鸡和肉鸡配合饲料市场价格波动研究 [J].
价格理论与实践, 2019 (1): 71 -74.

[202] 王春华. 我国粮食贸易的"大国效应"浅析 [J]. 粮食问题研究,
2016 (2): 47 -50.

[203] 王登举. 全球林产品贸易现状与特点 [J]. 国际木业, 2019, 49 (3):
49 -53.

[204] 王佃来, 宿爱霞, 刘文萍. 基于 Spearman 等级系数的植被变化趋势分
析 [J]. 应用科学学报, 2019, 37 (4): 519 -528.

[205] 王芳, 黄雨, 田明华, 马爽, 杜磊. 国际原木、锯材、胶合板与化学
木浆价格波动特征研究 [J]. 林业经济, 2021, 43 (9): 55 -74.

[206] 王芳, 田明华, 程宝栋, 印中华. 后危机时代中国木质家具出口影响
因素及贸易潜力研究——异质性随机前沿出口模型实证分析 [J]. 林
业经济问题, 2019, 39 (4): 337 -346.

[207] 王芳, 田明华, 尹润生, 印中华, 张振宇. 全球木质林产品贸易网络
演化与供需大国关系 [J]. 资源科学, 2021, 43 (5): 1008 -1024.

[208] 王芳, 印中华. 中国胶合板出口影响因素及贸易潜力——基于随机前
沿引力模型的实证分析 [J]. 世界林业研究, 2017, 30 (6): 52 -56.

[209] 王佳友, 何秀荣, 王茵. 中国油脂油料进口替代关系的计量经济研究
[J]. 统计与信息论坛, 2017, 32 (5): 69 -75.

[210] 王晶晶, 钱小平, 陈永福. 我国生猪产业链价格传递的非对称性研
究——基于门限误差修正模型的实证分析 [J]. 农业技术经济, 2014
(2): 85 -95.

[211] 王兰会, 张丹青, 符颖佳. 中国木质林产品隐含碳排放影响因素动态
分析 [J]. 北京林业大学学报（社会科学版）, 2016, 15 (4): 46 -
51.

[212] 王蕾，李建琴，顾国达．中国茧丝绸产品在国际市场的定价话语权：基于国际市场势力的实证分析 [J]．蚕业科学，2017，43（2）：327 – 335.

[213] 王林龙，林昆仑，余洋婷，刘晓斌，吴水荣．美国林地权属管理制度探析 [J]．世界林业研究，2021，34（4）：101 – 105.

[214] 王敏，吴晓芬，邓建高，范佳缘．"21 世纪海上丝绸之路"贸易便利化水平测度 [J]．统计与决策，2021，37（5）：104 – 108.

[215] 王朋吾．基于 GARCH(1，1) 模型的粮食市场价格波动溢出效应比较 [J]．统计与决策，2017（16）：138 – 141.

[216] 王萍萍．农民收入与农业生产结构调整 [J]．战略与管理，2001（1）：85 – 94.

[217] 王倩倩．中国原料奶价格波动：机理与实证研究 [D]．杭州：浙江大学，2020.

[218] 王睿．国际大宗商品的价格走势与影响研究 [J]．价格月刊，2019（5）：15 – 19.

[219] 王胜，赵春晨．人民币汇率与股价之间的传导机制——基于 DCC-GARCH 模型的实证检验 [J]．工业技术经济，2020，39（4）：54 – 62.

[220] 王术华，田治威．中国林化产品出口贸易影响因素与发展潜力——基于贸易引力模型的分析 [J]．国际经贸探索，2014，30（6）：44 – 55.

[221] 王文霞，陈绍志，胡延杰，黄松林，张天祥．森林认证对生物多样性影响研究进展 [J]．世界林业研究，2017，30（6）：1 – 5.

[222] 王祥，牛叔文，强文丽，刘爱民，成升魁，邱欣．实物量与价值量加权的全球农产品贸易网络分析 [J]．经济地理，2019，39（4）：164 – 173.

[223] 王新华，周聪，王锐．我国粮食进出口贸易是否具有"大国效应"——基于粮食整体和分品种的实证分析 [J]．农林经济管理学报，2017，16（1）：8 – 19.

[224] 王彦芳，陈淑梅，高佳汇．"一带一路"贸易网络对中国贸易效率的影响——兼论与 TPP、TTIP、RCEP 的比较 [J]．亚太经济，2019（1）：49 – 55，154.

[225] 王艳路. 我国主要林产品进口对国际市场价格影响的实证研究 [D].
长沙：中南林业科技大学，2015.

[226] 王浴青，温涛. 菜籽油期现货市场价格溢出效应和动态关联性研究
[J]. 贵州财经大学学报，2021（1）：76−85.

[227] 王振宇. 中美农产品价格波动特征及溢出效应研究——基于大豆期货
数据的分析 [J]. 农村经济，2014（5）：98−101.

[228] 王志烩，宁卓. 贸易冲突下的中国人造板在美市场竞争力研究——以
胶合板为例 [J]. 林业经济，2020，42（7）：62−69.

[229] 魏僮，田明华，马爽，王芳. 中国木材进口的可替代性和进口来源安
全性分析 [J]. 林业经济问题，2021，41（2）：172−179.

[230] 邬心迪，方益明，胡彦蓉. 基于 SVAR 模型的我国农产品价格波动与
CPI 动态关系分析——以粳稻、玉米、大豆为例 [J]. 南方农业学报，
2020，51（6）：1485−1492.

[231] 吴彩容，罗锋. 4 大国际粮食品种长期价格波动及影响因素比较分
析——基于 ARCH 类模型研究 [J]. 世界农业，2016（11）：118−
127，251−252.

[232] 吴恒，朱丽艳，王海亮，郭小阳，刘智军，张锋. 基于多源数据的木
材价格表编制方法研究 [J]. 西北林学院学报，2020，35（1）：
261−267.

[233] 吴红梅，田禾，严子捷. 中国木质家具出口的二元边际及其影响因素
分析 [J]. 世界林业研究，2019，32（6）：67−72.

[234] 吴姗姗，单葆国. 国际石油价格波动对宏观经济冲击影响研究 [J].
价格理论与实践，2020（4）：51−55，177.

[235] 吴天博，孙平军. "一带一路" 背景下中国木质林产品国际竞争力比
较研究 [J]. 地域研究与开发，2020，39（4）：6−11.

[236] 吴天博，田刚. "丝绸之路经济带" 视域下中国与沿线国家木质林产
品贸易——基于引力模型的实证研究 [J]. 国际贸易问题，2019
（11）：77−87.

[237] 吴天博. 中国与 "丝绸之路经济带" 沿线国家木质林产品进口贸易效
率与潜力研究 [J]. 西南大学学报（自然科学版），2021，43（6）：
101−112.

[238] 吴学君, 张媛. 不完全竞争下我国橄榄油进口贸易市场势力测度及影响因素研究 [J]. 中国油脂, 2021, 46 (1): 5-9.

[239] 吴周恒, 李静鸿, 王明炘. 国际大宗商品价格至中国上下游价格的时变传导效应 [J]. 经济理论与经济管理, 2018 (9): 90-102.

[240] 伍海泉, 韩爽, 田刚. 中日木质林产品产业内贸易实证分析——基于1995~2018年进出口贸易数据 [J]. 林业经济, 2020, 42 (6): 43-51.

[241] 武拉平. 国内外粮食市场关系研究 [J]. 中国农村观察, 2001 (1): 24-32.

[242] 夏冰. 农产品价格波动聚集特征验证及趋势预测 [J]. 统计与决策, 2015 (20): 145-148.

[243] 夏四友, 郝丽莎, 唐文敏, 崔盼盼, 吴凤连. 复杂网络视角下世界石油流动的竞合态势演变及对中国石油合作的启示 [J]. 自然资源学报, 2020, 35 (11): 2655-2673.

[244] 肖六亿, 常云昆. 价格传导关系断裂的根本原因分析 [J]. 中国物价, 2005 (12): 18-21.

[245] 肖小勇, 李崇光, 李剑. 国际粮食价格对中国粮食价格的溢出效应分析 [J]. 中国农村经济, 2014 (2): 42-55.

[246] 谢娟, 马敬桂. 基于 ARCH 类模型和 H-P 滤波法的粮食价格波动性研究 [J]. 统计与决策, 2019, 35 (13): 134-138.

[247] 解希玮, 李芳芳, 程宝栋. 增加值贸易视角中俄林产品出口隐含碳排放核算 [J]. 林业经济问题, 2021, 41 (3): 296-303.

[248] 谢阳生, 陆元昌, 雷相东, 刘宪钊. 德国下萨克森州长期生态林业发展规划实施效益评价及启示 [J]. 世界林业研究, 2021, 34 (5): 97-102.

[249] 熊立春, 程宝栋, 万璐. 全球价值链视角下中美贸易摩擦对林产品出口贸易的影响与启示 [J]. 林业经济, 2019, 41 (12): 3-9, 78.

[250] 徐斌. 国际铁矿石贸易市场势力测度分析 [J]. 经济问题探索, 2016 (10): 73-79.

[251] 徐国钧, 郭智勇, 温佳豪, 刘青松. 中国蜂蜜在国际市场的定价话语权——基于国际市场势力的实证分析 [J]. 世界农业, 2019 (3):

77－83，103，116.

[252] 徐鹏，刘强. 国际原油价格的驱动因素：需求、供给还是金融——基于历史分解法的分析 [J]. 宏观经济研究，2019 (7)：84－97.

[253] 徐媛霞，邱娟，王波. 森林认证对中国林产品出口的影响 [J]. 科技和产业，2017，17 (9)：18－21.

[254] 许世卫，李哲敏，董晓霞，李干琼. 农产品价格传导机制的理论思考 [J]. 价格理论与实践，2011 (12)：37－39.

[255] 许薇. 基于模糊 Borda 法的木质林产品国际竞争力组合评价研究 [D]. 杭州：浙江农林大学，2019.

[256] 许伍权，陈达平. 木材价格理论及其计算模型的探讨 [J]. 林业科学，1982 (1)：71－79.

[257] 许亚云，曹杨，韩剑. 中日韩 FTA 战略比较与高水平合作前景：基于规则文本深度和质量的研究 [J]. 世界经济研究，2021 (9)：53－66，135.

[258] 许瑶瑶，刘丹萍，王荔英，叶盛全，赵兵，郑德祥，钟兆全. CFCC 与 FSC 认证标准应用比较与实证分析 [J]. 林业经济问题，2021，41 (1)：60－65.

[259] 鄢红兵. 国际铁矿石市场变动对中国铁矿石进口量影响研究 [D]. 北京：中国地质大学，2017.

[260] 闫桂权，何玉成，杨雪. 产业链视角下大豆系期货价格溢出效应研究——基于 DCE 与 CBOT 的比较 [J]. 世界农业，2019 (5)：53－64.

[261] 杨红强，季春艺，陈幸良，聂影. 中国木质林产品贸易的碳流动——基于气候谈判的视角 [J]. 林业科学，2014，50 (3)：123－129.

[262] 杨红强，王珊珊. IPCC 框架下木质林产品碳储核算研究进展：方法选择及关联利益 [J]. 中国人口·资源与环境，2017，27 (2)：44－51.

[263] 杨红强，余智涵. 全球木质林产品碳科学研究动态及未来的重点问题 [J]. 南京林业大学学报（自然科学版），2021，45 (4)：219－228.

[264] 杨浚，杨燕南，程宝栋. 中国对 RCEP 成员国林产品出口增长的三元边际潜力及影响因素研究 [J]. 林业经济问题，2018，38 (2)：85－92，111.

[265] 杨伶，张贵，王金龙，吴鑫．湖南县域森林资源禀赋空间格局演变分析——一种空间网络模型的构建与验证 [J]．资源科学，2017，39 (7)：1417 - 1429.

[266] 杨青，伍丰宇，张寒．人民币汇率波动对中国原木进口的影响研究——基于汇率水平和汇率波动风险的双重视角 [J]．林业经济，2020，42 (3)：71 - 77.

[267] 杨伟娟，李娅，丁九敏．中缅木质林产品产业内贸易水平评价实证研究 [J]．西部林业科学，2021，50 (4)：145 - 151.

[268] 杨燕，刘渝琳．中国粮食进口贸易中"大国效应"的扭曲及实证分析 [J]．国际商务．对外经济贸易大学学报，2006 (4)：27 - 31.

[269] 杨银海．"三农"问题的认识误区及出路 [J]．天府新论，2003 (1)：30 - 33.

[270] 杨娱，田明华，秦国伟．我国木质林产品贸易高质量发展的路径——基于全球价值链理论与 FDI 对贸易的影响分析 [J]．学术论坛，2018，41 (6)：85 - 92.

[271] 杨枝煌．中国成为贸易强国的实现路径 [J]．西部论坛，2017，27 (2)：72 - 79.

[272] 姚今观，宋景义，杨菁．加入 WTO 对中国粮食市场的影响及对策 [J]．河北学刊，2001 (2)：63 - 67.

[273] 姚茂元，侯方淼．亚太地区主要国家林产品出口贸易利益及竞争力比较分析——基于增加值贸易核算法 [J]．世界林业研究，2016，29 (5)：71 - 76.

[274] 姚姝宇，胡明形．我国原木价格指数编制及预测——基于特征价格模型方法 [J]．价格理论与实践，2015 (4)：71 - 73.

[275] 姚予龙，张新亚．俄罗斯森林资源开发潜力与中俄合作的重点领域 [J]．资源科学，2012，34 (9)：1806 - 1814.

[276] 姚云．"双循环"格局下资本市场风险化解 [J]．中国金融，2020 (17)：35 - 36.

[277] 叶锋，谢娟，马敬桂．基于 HP 滤波法的我国猪肉价格波动周期性探究 [J]．价格月刊，2017 (10)：27 - 30.

[278] 叶宏伟．国际市场势力与出口商品结构升级 [D]．杭州：浙江大学，

2011.

[279] 易先忠, 欧阳峣. 中国贸易增长的大国效应与"合成谬误"[J]. 大国经济研究, 2010 (0): 119–135.

[280] 尹靖华. 国际粮价波动对我国粮食贸易安全的影响研究 [D]. 杭州: 浙江大学, 2015.

[281] 尤喆. 矿产品国际价格波动的成因及传导效应研究 [D]. 北京: 中国地质大学, 2019.

[282] 于爱芝, 杨敏. 农产品价格波动非对称传递研究的回顾与展望 [J]. 华中农业大学学报 (社会科学版), 2018 (3): 9–17, 152.

[283] 于豪谅, 田明华, 史莹赫, 程经纬, 张振宇. 中国木质林产品外贸依存度算法研究及其测评 [J]. 林业科学, 2018, 54 (5): 152–167.

[284] 于左, 闫自信, 彭树宏. 中国进口铁矿石定价权缺失与反垄断政策 [J]. 财经问题研究, 2015 (12): 30–37.

[285] 余博, 管超, 戴淑庚. 人民币国际化、汇率波动与双边贸易——基于"一带一路"国家面板门槛模型的分析 [J]. 统计与信息论坛, 2020, 35 (7): 57–65.

[286] 余洁, 韩啸, 任金政. 中美经贸摩擦如何影响了大豆进口——基于贸易转移与创造效应视角 [J]. 国际经贸探索, 2021, 37 (1): 20–33.

[287] 俞洁. 农产品国际价格对国内价格传递效应的研究 [D]. 无锡: 江南大学, 2013.

[288] 曾伟, 李腊梅, 曾寅初. 木材合法性贸易要求对中国木质林产品贸易的影响——基于欧盟新木材法案的分析 [J]. 林业经济问题, 2017, 37 (2): 70–74, 108.

[289] 翟东群, 崔一梅, 石峰. 2000—2018 年中俄主要林产品双边贸易分析 [J]. 世界林业研究, 2020, 33 (5): 101–107.

[290] 翟志宏, 江民星, 常春英. 降水对蔬菜价格的冲击效应——以广州为例 [J]. 资源科学, 2021, 43 (2): 304–315.

[291] 占明珍. 市场势力研究 [D]. 武汉: 武汉大学, 2011.

[292] 张昌文, 王立群. 出口企业内部控制有效性与反倾销应对能力实证研究——以中国木质林产品为例 [J]. 求索, 2015 (8): 41–45.

[293] 张朝, 李静, 徐斌, 陈洁, 万宇轩. 中国加强进口木材合法性管理的

经济影响分析——基于静态 GTAP 模型 [J]. 世界林业研究, 2021, 34 (1): 65 - 69.

[294] 张成思, 张国斌, 曾慧. 中国出口厂商依市定价行为研究 [J]. 经济理论与经济管理, 2015 (11): 28 - 37.

[295] 张弛, 闫日辉. 辽宁机电产品国际市场势力测度与分析——以轴承行业为例 [J]. 商业经济, 2010 (23): 38 - 39.

[296] 张复宏, 赵瑞莹, 张吉国, 胡继连. 中国苹果出口的贸易流向及其国际市场势力分析 [J]. 农业经济问题, 2012, 33 (10): 77 - 83.

[297] 张宏, 丁昊, 张力钧, 方叶兵, 张英卓. 全球天然气贸易格局及中国天然气进口路径研究 [J]. 地域研究与开发, 2020, 39 (6): 1 - 5.

[298] 张洪瑞, 郭海红, 殷健. "一带一路" 背景下中国与东盟木质林产品贸易的绿色生产率效应研究 [J]. 林业经济, 2021, 43 (5): 82 - 96.

[299] 张慧, 胡明形. 中国从 "一带一路" 沿线国家进口木质林产品的贸易潜力研究 [J]. 北京林业大学学报 (社会科学版), 2019, 18 (4): 62 - 68.

[300] 张家乐, 张华, 陈晨. 大宗商品国内外价格传递的非对称性研究——以大豆、棉花、原油和铁矿石为例 [J]. 价格理论与实践, 2020 (7): 81 - 84, 161.

[301] 张进, 王诺, 卢毅可, 林婉妮. 世界粮食供需与流动格局的演变特征 [J]. 资源科学, 2018, 40 (10): 1915 - 1930.

[302] 张丽媛, 曹旭平. 中国木质林产品出口波动特征及成因分析 [J]. 林业经济问题, 2018, 38 (6): 15 - 20, 100.

[303] 张灵科. 美日贸易战后日本出口的依市定价研究——基于 1999—2016 年数据 [J]. 财经科学, 2019 (1): 123 - 132.

[304] 张明志, 季克佳. 人民币汇率变动对企业出口价格的影响机制——基于垂直专业化的视角 [J]. 厦门大学学报 (哲学社会科学版), 2018 (6): 51 - 61.

[305] 张佩, 杨伦增. 中国实施森林认证的影响研究综述 [J]. 林业经济, 2014, 36 (8): 103 - 108.

[306] 张巧. 中国木浆进口持续期对进口产品质量的影响研究 [D]. 北京: 北京林业大学, 2020.

[307] 张少博，田明华，于豪谅，胡明形，王春波，刘祎. 中国木质林产品贸易发展现状与特点分析 [J]. 林业经济问题，2017，37（3）：63 - 69，108.

[308] 张石芬，田志宏. 我国葡萄酒进口需求及产品异质性的实证研究 [J]. 国际贸易问题，2012（5）：25 - 32.

[309] 张小标，杨红强. 基于 GFPM 的中国林产品碳储效能及碳库结构动态预测 [J]. 资源科学，2015，37（7）：1403 - 1413.

[310] 张小蒂，危华. 中国服装对日本出口贸易的市场势力分析——以衬衫出口状况为例 [J]. 国际贸易问题，2008（7）：33 - 39.

[311] 张旭芳，杨红强. 美国木质林产品碳流动的变动周期及减排策略 [J]. 林业经济，2013，37（12）：58 - 63.

[312] 张勋，王旭. 基础设施建设的大国效应及其作用机制 [J]. 湖南师范大学社会科学学报，2017，46（3）：14 - 22.

[313] 张瑛，杜文婷. 中国与东盟水产品资源贸易价格波动——以冻鲭鱼出口价格为例 [J]. 自然资源学报，2020，35（9）：2191 - 2204.

[314] 张有望，肖小勇. 市场力量视角下中国小麦进口市场结构研究 [J]. 统计与信息论坛，2016，31（7）：55 - 60.

[315] 赵长和. 我国食糖进口贸易的大国效应研究 [D]. 北京：中国农业科学院，2017.

[316] 赵长和，钟钰. 中国食糖进口贸易的大国效应分析——兼论当前中国食糖进口激增的影响 [J]. 世界农业，2017（7）：102 - 108.

[317] 赵峰，宋学锋，张杰. 地域性失衡、"大国效应"扭曲与我国粮食安全战略研究 [J]. 江西社会科学，2018，38（3）：52 - 60.

[318] 赵革，黄国华. 国际市场到国内市场的价格传导链分析 [J]. 统计研究，2005（7）：28 - 30.

[319] 赵丽云. 中国天然气进口 [D]. 南京：南京理工大学，2020.

[320] 赵龙珠，耿玉德. 中美木质林产品贸易要素禀赋优势比较 [J]. 西北农林科技大学学报（社会科学版），2020，20（1）：137 - 144.

[321] 赵勋. 市场势力对大国效应的影响研究 [D]. 北京：北方工业大学，2014.

[322] 郑辉. 国际粮食价格波动对我国粮食供需平衡的影响探究 [J]. 价格

月刊，2018（4）：50 - 53.

[323] 郑少华，赵少钦.农产品价格垂直传递的非对称问题研究 [J].价格理论与实践，2012（9）：56 - 57.

[324] 郑旭芸，隋博文，庄丽娟.进口贸易视域下国际粮价对国内粮价的传导路径——来自玉米和大豆的证据 [J].中国流通经济，2020，34（5）：108 - 120.

[325] 郑燕，丁存振.国际农产品价格对国内农产品价格动态传递效应研究 [J].国际贸易问题，2019（8）：47 - 64.

[326] 中国价格协会课题组.关于价格传导机制的若干问题研究 [J].价格理论与实践，2005（2）：10 - 13.

[327] 钟代立，胡振华."后长协时代"中国铁矿石国际贸易市场势力实证研究 [J].系统工程，2017，35（1）：77 - 84.

[328] 钟钰，陈博文，王立鹤，吕新业.我国粮食进口对国际粮价的影响："大国效应"的验证——以三大主粮为例 [J].中国农业大学学报（社会科学版），2015，32（6）：119 - 125.

[329] 周婕.国际食用植物油价格对我国食用植物油价格的非对称传导分析 [J].南方农业学报，2021，52（4）：1132 - 1138.

[330] 周曙东，崔奇峰，吴强.美国发展生物质能源对国际市场玉米价格、贸易与生产格局的影响——基于 CGE 的模拟分析 [J].中国农村经济，2009（1）：82 - 91.

[331] 周望军，葛建营，王小宁，侯守礼.价格传导问题综述及量化分析 [J].北京交通大学学报（社会科学版），2008（2）：48 - 55.

[332] 周旋.融资约束下的企业出口——中国汇率调整之谜的新解释 [J].现代财经（天津财经大学学报），2020，40（4）：16 - 32.

[333] 周妍，张宏亮，郭帆，王琴.中国竹林认证现状及趋势 [J].世界林业研究，2019，32（2）：78 - 82.

[334] 朱海燕.中国小麦和棉花价格波动研究 [D].北京：中国农业大学，2015.

[335] 朱晶，毕颖.贸易便利化对中国农产品出口深度和广度的影响——以"丝绸之路经济带"沿线国家为例 [J].国际贸易问题，2018（4）：60 - 71.

[336] 朱丽丽, 杨贝贝, 杨雪松. 基于复杂网络视角下中国碳酸锂国际贸易地位分析 [J]. 资源与产业, 2016, 18 (5): 14-20.

[337] 朱文博, 陈永福, 唐欢欢. 基于结构方程模型的中国果汁进口市场势力测算与判别 [J]. 农业技术经济, 2020 (12): 133-144.

[338] 朱学红, 张宏伟, 李心媛. 中国稀土国际市场势力测度及政策有效性研究 [J]. 国际贸易问题, 2018 (1): 32-44.

[339] 邹嘉琦, 董雪艳, 葛颜祥. 市场价格冲击下中国小宗农产品国际竞争力及出口影响因素研究——以大蒜产品为例 [J]. 中国农业资源与区划, 2018, 39 (12): 200-210.

[340] 邹绍辉, 张甜, 闫晓霞. 基于 H-P 滤波法的国内碳价波动规律及区域特征 [J]. 山东大学学报 (理学版), 2019, 54 (5): 77-87.

[341] 左腾达. 农产品的价格溢出效应分析 [J]. 经济与管理评论, 2019, 35 (4): 150-160.

[342] Ailawadi K L, Borin N, Farris P. Market power and performance: a cross-industry analysis of manufacturers and retailers [J]. Journal of Retailing, 1995, 71 (3): 211-248.

[343] Ainollahi M, Ghahremanzadeh M. An application of the two-regime threshold vector error correction model to analyze asymmetric price transmission of milk in Zanjan province of Iran [J]. International Journal of Agricultural Management and Development, 2015, 5 (3): 129-138.

[344] Antzoulatos A A, Yang J W. Exchange rate passthrough in U. S. manufacturing industries [J]. Review of Economics and Statistics, 1997 (79): 95-110.

[345] Arellano M, Bover O. Another look at the instrumental variable estimation of error-components models [J]. Journal of econometrics, 1995, 68 (1): 29-51.

[346] Awokuse T O, Wang X H. Threshold effects and asymmetric price adjustments in U. S. dairy markets [J]. Canadian Journal of Agricultural Economics, 2010, 57 (2): 269-286.

[347] Baffes J. The long-term implications of the 2007/08 commodity price boom [J]. Development in Practice, 2011, 21 (4/5): 517-525.

[348] Bain J S. Barriers to New Competition: Their Characters and Consequences in Manufacturing Industries [M]. Cambridge, MA: Harvard University Press, 1956.

[349] Bain J S. Relation of profit rate to industry concentration: American manufacturing, 1936 – 1940 [J]. Quarterly Journal of Economics, 1951, 65 (4): 293 –324.

[350] Baker J B, Bresnahan T F. Estimating the residual demand curve facing a single firm [J]. International Journal of Industrial Organization, 1988, 6 (3): 283 –300.

[351] Bannock G. The economics and management of small business [M]. London: Routledge, 2005.

[352] Blondel V D, Guillaume J L, Lambiotte R, Lefebvre E. Fast unfolding of communities in large networks [J]. Journal of Statistical Mechanics: Theory and Experiment, 2008 (10): 1 –12.

[353] Blundell R, Bond S. Initial conditions and moment restrictions in dynamic panel data models [J]. Journal of Econometrics, 1998, 87 (1): 115 – 143.

[354] Bollerslev T. Generalized autoregressive conditional heteroskedasticity [J]. Journal of Econometrics, 1986, 31 (3): 307 –328.

[355] Bowyer J L. The green movement and the forest products industry [J]. Forest Products Journal, 2008, 58 (7/8): 6 –13.

[356] Brandow G E. Market power and its sources in the food industry [J]. American Journal of Agricultural Economics, 1969, 51 (1): 1 –12.

[357] Bresnahan T F. Empirical studies of industries with market power [J]. Handbook of Industrial Organization, 1989, 2 (17): 1011 –1057.

[358] Bridegam P, Eastin I. Effects of the 2008 Lacey Act Amendment on international trade in forest products [J]. Forestry Chronicle, 2014, 90 (5): 643 –650.

[359] Brozen Y. Bain's concentration and rates of return revisted [J]. Journal of Law and Economics, 1971, 14 (2): 351 –369.

[360] Buongiorno J, Rougieux P, Barkaoui A, Zhu S S. Potential impact of a

Transatlantic Trade and Investment Partnership on the global forest sector [J]. Journal of Forest Economics, 2014 (3): 252 –266.

[361] Buongiorno J, Uusivuori J. The law of one price in the trade of forest products: co-integration tests for U. S. exports of pulp and paper [J]. Forest Science, 1992, 38 (3): 539 –553.

[362] Chudy R P, Chudy K A, Silva B K D, Cubbage F W, Rubilar R, Lord R. Profitability and risk sources in global timberland investments [J]. Forest Policy and Economics, 2020 (111): 102037.

[363] Clark J M. Toward a concept of workable competition [J]. American Economic Review, 1940, 30 (2): 242 –256.

[364] Cowling K, Waterson M. Price-cost margins and market structure [J]. Economica, 1976, 43 (171): 267 –274.

[365] Cudjoe G, Breisinger C, Diao X S. Local impacts of a global crisis: food price transmission, consumer welfare and poverty in Ghana [J]. Food Policy, 2010, 35 (4): 294 –302.

[366] Dawson P, Gorton M, Hubbard C, Hubbard L. Pricing-to-market analysis: the case of EU wheat exports [J]. Journal of Agricultural Economics, 2017, 68 (1): 301 –315.

[367] Deaton A, Muellbauer J. An almost ideal demand system [J]. The American Economic Review, 1980, 70 (1): 312 –326.

[368] Demsetz H. Industry structure, market rivalry, and public policy [J]. The Journal of Law and Economics, 1973, 16 (1): 1 –9.

[369] Demsetz H. The Economics of the Business Firm: Seven Critical Commentaries [M]. Cambridge University Press, 1997.

[370] Deodhar S Y, Pandey V. Degree of instant competition! estimation of market power in India's instant coffee market [J]. Indian Economic Review, 2008 (43): 253 –264.

[371] Dizgah M R, Mortazavi S A, Mosavi S H. The ability of Iranian exporters to price discriminate in agricultural sector trade: case comparison of fig and grape [J]. Journal of Agricultural Science and Technology, 2019, 21 (6): 1411 –1422.

[372] Engle R F. Autoregressive conditional heteroskedasticity with estimates of the variance of U. K. inflation [J]. Econometrica, 1982, 50 (4): 987 – 1008.

[373] Engle R F. Dynamic conditional correlation: a simple class of multivariate generalized autoregressive conditional heteroskedasticity models [J]. Journal of Business and Economic Statistics, 2002, 20 (3): 339 – 350.

[374] Engle R F, Lilien D M, Robins R P. Estimating time varying risk premia in the term structure: the ARCH-M model [J]. Econometrica, 1987, 55 (2): 391 – 406.

[375] Fagiolo G, Mastrorillo M. International migration network: topology and modeling [J]. Physical Review E, 2013, 88 (1): 012812.

[376] Farrell J, Saloner G. Standardization, compatibility, and innovation [J]. Rand Journal of Economics, 1985, 16 (1): 70 – 83.

[377] Felbermayr G J, Toubal F. Cultural proximity and trade [J]. European Economic Review, 2010, 54 (2): 279 – 293.

[378] Felipe A F D S C, Jan B, Sven W, Carlos A C. The implementation costs of forest conservation policies in Brazil [J]. Ecological Economics, 2016 (130): 209 – 220.

[379] Fousekis P, Trachanas E. Price transmission in the international skim milk powder markets [J]. Applied Economics, 2016, 48 (54): 5233 – 5245.

[380] Gan J B, Cashore B, Stone M W. Impacts of the Lacey Act Amendment and the Voluntary Partnership Agreements on illegal logging: implications for global forest governance [J]. Journal of Natural Resources Policy Research, 2013 (4): 209 – 226.

[381] Garcia S, Torrejon F. Devaluation and pass-through in indebted and risky economics [J]. International Review of Economics and Finance, 2010 (19): 36 – 45.

[382] Garetto S. Firms, Heterogeneity and Incomplete Passthrough [R]. Boston University Working Paper, 2012.

[383] Garlaschelli D, Loffredo M I. Structure and evolution of the world trade network [J]. Physica A: Statistical Mechanics and its Applications, 2005,

355 (1): 138 – 144.

[384] Gilbert C L, Morgan C W. Food price volatility [J]. Philosophical Transactions of the Royal Society of London. Series B, Biological Sciences, 2010, 365 (1554): 3023 – 3034.

[385] Glosten L R, Jagannathan R, Runkle D E. On the relation between the expected value and the volatility of the nominal excess return on stocks [J]. The Journal of Finance, 1993, 48 (5): 1779 – 1801.

[386] Goldberg P K, Knetter M M. Measuring the intensity of competition in export markets [J]. Journal of international Economics, 1999, 47 (1): 27 – 60.

[387] Goodwin B K, Holt M T, Prestemon J P. Nonlinear exchange rate pass-through in timber products: the case of oriented strand board in Canada and the United States [J]. The North American Journal of Economics and Finance, 2019 (50): 100989.

[388] Goodwin B K, Holt M T. Prestemon J P. North American oriented strand board markets, arbitrage activity, and market price dynamics: a smooth transition approach [J]. American Journal of Agricultural Economics, 2011, 93 (4): 993 – 1014.

[389] Griffith G., Mullen J. Pricing-to-market in NSW rice export markets [J]. Australian Journal of Agricultural and Resource Economics, 2001, 45 (3): 323 – 334.

[390] Hall R E. The relation between price and marginal cost in U. S. industry [J]. Journal of Political Economy, 1988, 96 (5): 921 – 947.

[391] Harrison A E. Productivity, imperfect competition and trade reform: theory and evidence [J]. Journal of international Economics, 1994, 36 (01 – 02): 53 – 73.

[392] Hendry D F, Clements M P. Pooling of forecasts [J]. Econometrics Journal, 2004 (7): 1 – 31.

[393] Hietala J, Hänninen R H, Toppinen A. Finnish and Swedish sawnwood exports to the UK market in the European monetary union regime [J]. Forest Science, 2013, 59 (4): 379 – 389.

[394] Hodrick R J, Prescott E C. Post-war U. S. business cycles: an empirical investigation [J]. Journal of Money, Credit and Banking, 1997, 29 (1): 1 – 16.

[395] Hood H B, Dorfman J H. Examining dynamically changing timber market linkages [J]. American Journal of Agricultural Economics, 2015, 97 (5): 1451 – 1463.

[396] Hosseini S S, Nikoukar A, Dourandish A. Price transmission analysis in Iran chicken market [J]. International Journal of Agricultural Management and Development, 2012, 2 (4): 243 – 253.

[397] Iwasaki N, Seldon B J, Tremblay V J. Brewing wars of attrition for profit (and concentration) [J]. Review of Industrial Organization, 2008, 33 (4): 263 – 279.

[398] Jasinevicius G, Lindner M, Cienciala E, Tykkylainen M. Carbon accounting in harvested wood products: assessment using material flow analysis resulting in larger pools compared to the IPCC default method [J]. Journal of Industrial Ecology, 2018, 22 (1): 121 – 131.

[399] Juliana D M B, Mirjana S, Max K, Edson F D C. Brazilian state forest institutions: implementation of forestry goals evaluated by the 3L model [J]. Land Use Policy, 2018, 79 (C): 531 – 546.

[400] Jung C, Doroodian K. The law of one price for U. S. softwood lumber: a multivariate cointegration test [J]. Forest Science, 1994, 40 (4): 595 – 600.

[401] Kalonga S K, Kulindwa K A. Does forest certification enhance livelihood conditions: empirical evidence from forest management in Kilwa district, Tanzania [J]. Forest Policy and Economics, 2017, 74 (C): 49 – 61.

[402] Kameyama S, Sugiura K. Does differentiation by certified raw wood change the average price at the Tama roundwood market center in Tokyo, Japan? [J]. Forests, 2021, 12 (3): 264 – 278.

[403] Kaysen C, Turner D F. Antitrust Policy: An Economic and Legal Analysis [M]. Cambridge, MA: Harvard University Press, 1959.

[404] Kikuchi A, Summer M. Exchange-rate pass-through in Japanese export pri-

cing [J]. Applied Economics, 2002 (34): 279 – 284.

[405] Kim S, Moon S. A risk map of markups: why we observe mixed behaviors of markups [J]. Journal of Economics and Management Strategy, 2017, 26 (2): 529 – 553.

[406] Kinnucan H W. Timber price dynamics after a natural disaster: Hurricane Hugo revisited [J]. Journal of Forest Economics, 2016 (25): 115 – 129.

[407] Klette T J. Market power, scale economies and productivity: estimate from a panel of establishment data [J]. The Journal of Industrial Economics, 1999, 47 (4): 451 – 476.

[408] Knetter M M. International comparisons of pricing-to-market behavior [J]. American Economic Review, 1993, 83 (3): 473 – 486.

[409] Knetter M M. Pricing to market in response to unobservable and observable shocks [J]. International Economic Journal, 1995, 9 (2): 1 – 25.

[410] Koebel B, Levet A L, Van P N, Purohoo I, Guinard L. Productivity, resource endowment and trade performance of the wood product sector [J]. Journal of Forest Economics, 2016 (10): 24 – 35.

[411] Kouch A, Bana J. The dynamics of beech roundwood prices in selected central European markets [J]. Forests, 2020, 11 (9): 902 – 923.

[412] Kremer M. Population growth and technological change: one million BC to 1990 [J]. The Quarterly Journal of Economics, 1993, 108 (3): 681 – 716.

[413] Krugman P. Increasing returns and economic geography [J]. Journal of Political Economy, 1991, 99 (3): 483 – 499.

[414] Krugman P. Pricing to market when the exchange rate changes [R]. National Bureau of Economic Research Working Paper 1926, 1986.

[415] Landes W M, Posner R A. Market power in antitrust cases [J]. Harvard Law Review, 1981, 94 (5): 937 – 996.

[416] Larimo J. Form of investment by Nordic firms in world markets [J]. Journal of Business Research, 2003, 56 (10): 791 – 803.

[417] Lee S M. Competitiveness analysis of forest products for the Korea-EU FTA [J]. Journal of Korean Forestry Society, 2009 (3): 122 – 139.

[418] Lerner A P. The concept of monopoly and the measurement of monopoly power [J]. Review of Economic Studies, 1934, 1 (3): 157 – 175.

[419] Liebeler W J. Market power and competitive superiority in concentrated industries [J]. UCLA Law Review, 1978, 25 (6): 1231 – 1300.

[420] Loecker D J. Recovering markups from production data [J]. International Journal of Industrial Organization, 2011, 29 (3): 350 – 355.

[421] Luo X J, Sun C Y, Jiang H F, Zhang Y, Meng Q. International trade after intervention: the case of bedroom furniture [J]. Forest Policy Economics, 2015, 50 (4): 180 – 191.

[422] Malaty R, Toppinen A, Viitanen J. Modelling and forecasting Finnish pine sawlog stumpage prices using alternative time-series methods [J]. Canadian Journal of Forest Research, 2007, 37 (1): 178 – 187.

[423] Manitra A R, Shapouri S. Market power and the pricing of commodities imported from developing countries: the case of US vanilla bean imports [J]. Agricultural Economics, 2001, 25 (02 – 03): 285 – 294.

[424] Mei B, Clutter M, Harris T G. Modeling and forecasting pine sawtimber stumpage prices in the US south by various time series models [J]. Canadian Journal of Forest Research, 2010, 40 (8): 1506 – 1516.

[425] Meyer J, Stephan V C T. Asymmetric price transmission: a survey [J]. Journal of Agricultural Economics, 2004, 55 (3): 581 – 611.

[426] Michinaka T, Oka H, Kuboyama H, Yamamoto N. Measuring forecasting accuracy for exponential smoothing and ARIMA models: a case of forecasting monthly prices of Japanese sugi and hinoki logs [J]. Bulletin of the Forestry and Forest Products Research Institute, 2018, 17 (1): 43 – 61.

[427] Miller D J, Hayenga M L. Price cycles and asymmetric price transmission in the U. S. pork market [J]. American Journal of Agricultural Economics, 2001, 83 (3): 551 – 562.

[428] Mises L. Human Action: A Treatise on Economics [M]. New Haven: Yale University Press, 1966.

[429] Nanang D M. A multivariate cointegration test of the law of one price for Canadian softwood lumber markets [J]. Forest Policy and Economics, 2000,

1 (03 – 04): 347 – 355.

[430] Nardis S D, Pensa C. How intense is competition in international markets of traditional goods? the case of Italian exporters [J]. SSRN Electronic Journal, 2004, 57 (3): 275 – 304.

[431] Neumark D, Sharpe S A. Market structure and the nature of price rigidity: evidence from the market for consumer deposits [J]. Quarterly Journal of Economics, 1992, 107 (2): 657 – 680.

[432] Newman M E J, Girvan M. Finding and evaluating community structure in networks [J]. Physical Review E, 2004, 69 (2): 026113.

[433] Ning Z, Sun C. Vertical price transmission in timber and lumber markets [J]. Journal of Forest Economics, 2014, 20 (1): 17 – 32.

[434] Niquidet K, Sun L. Shock persistence in Canada's forest products markets [J]. Forestry Chronicle, 2011, 87 (4): 504 – 511.

[435] Ohwo O A, Ajewole O I, Popoola L. Spatial price transmission and market integration of Cistanthera papaverifera species in urban and rural sawn-wood markets in Delta State, Nigeria [J]. Journal of Agriculture, Forestry and the Social Sciences, 2016, 12 (2): 1 – 13.

[436] Oluwatayo I B, Awe F. Spatial price transmission and market integration of timber products in selected markets in southwest Nigeria [J]. Austrian Journal of Forest Science, 2014, 131 (4): 232 – 258.

[437] Omar C P, Luca T, Robert N, Guillaume L. Legal vs. certified timber: preliminary impacts of forest certification in Cameroon [J]. Forest Policy Economics, 2011, 13 (3): 184 – 190.

[438] Ordover J, Pittman R, Clyde P. Competition policy for natural monopolies in a developing market economy [R]. University Library of Munich, Germany, 2001.

[439] Pall Z, Perekhozhuk O, Teuber R, Glauben T. Are Russian wheat exporters able to price discriminate? Empirical evidence from the last decade [J]. Journal of Agricultural Economics, 2013, 64 (1): 177 – 196.

[440] Parajuli R, Zhang D W. Welfare impacts of the 2006 United States-Canada softwood lumber agreement [J]. Canadian Journal of Forest Research,

2016, 46 (7): 950 –958.

[441] Pesaran M H, Shin Y, Smith R J. Bounds testing approaches to the analysis of level relationships [J]. Journal of Applied Econometrics, 2001, 16 (3): 289 –326.

[442] Peters G P, Hertwich E G. CO_2 embodied in international trade with implications for global climate policy [J]. Environmental Science and Technology, 2008, 42 (5): 1401 –1407.

[443] Pick D H, Park T A. The competitive structure of US agricultural exports [J]. American Journal of Agricultural Economics, 1991, 73 (1): 133 – 141.

[444] Piesse J, Thirtle C. Three bubbles and a panic: an explanatory review of recent food commodity price events [J]. Food Policy, 2009, 34 (2): 119 –129.

[445] Poosiripinyo R, Reed M. Measuring market power in the Japanese chicken meat market [J]. Journal of International Agricultural Trade and Development, 2005, 1 (2): 135 –148.

[446] Porter R H. A study of cartel stability: the case of the joint executive committee: 1880 – 1886 [J]. The Bell Journal of Economics, 1983, 14 (2): 301 –314.

[447] Posner R A. The economics of privacy [J]. The American Economic Review, 1981, 71 (2): 405 –409.

[448] Prakash N, Peter J I, Kenneth E S, Sun J C. Forest carbon benefits, costs and leakage effects of carbon reserve scenarios in the United States [J]. Journal of Forest Economics, 2013, 19 (3): 286 –306.

[449] Prestemon J P. The impacts of the Lacey Act Amendment of 2008 on U. S. hardwood lumber and hardwood plywood imports [J]. Forest Policy and Economics, 2015 (50): 31 –44.

[450] Pöyhönen P. A tentative model for the volume of trade between countries [J]. Weltwirtschaftliches Archiv, 1963 (90): 93 –100.

[451] Rajan P, Joseph C S. The softwood sawtimber stumpage market in Louisiana: market dynamics, structural break, and vector error correction model

[J]. Forest Science, 2015, 61 (5): 1 – 10.

[452] Rakotoarisoa M A, Shapouri S. Market power and the pricing of commodities imported from developing countries: the case of US vanilla bean imports [J]. Agricultural Economics, 2001, 25 (02 – 03): 285 – 294.

[453] Rezitis A N, Sassi M. Commodity food prices: review and empirics [J]. Economics Research International, 2013 (2): 1 – 15.

[454] Ricardo R I, Jiménez G R, Hernández B V, et al. Adherence to and predictors of participation in colorectal cancer screening with faecal occult blood testing in Spain, 2009 – 2011 [J]. European Journal of Cancer Prevention, 2015, 24 (4): 305 – 312.

[455] Rose A K. Do we really know that the WTO increases trade? [J]. American Economic Review, 2004, 94 (1): 98 – 114.

[456] Sanders D R, Irwin S H. A speculative bubble in commodity futures prices? Cross-sectional evidence [J]. Agricultural Economics, 2010, 41 (1): 25 – 32.

[457] Sato A, Nojiri Y. Assessing the contribution of harvested wood products under greenhouse gas estimation: accounting under the Paris Agreement and the potential for double-counting among the choice of approaches [J]. Carbon Balance and Management, 2019, 14 (1): 1 – 19.

[458] Schumpeter J A. Capitalism, socialism, and democracy [J]. American Economic Review, 1942, 3 (4): 594 – 602.

[459] Shin Y, Yu B, Greenwood N M. Modelling asymmetric cointegration and dynamic multipliers in a nonlinear ARDL framework [J]. Social Science Electronic Publishing, 2014 (2): 281 – 314.

[460] Silva B K D, Schons S Z, Cubbage F W, Parajuli R P. Spatial and cross-product price linkages in the Brazilian pine timber markets [J]. Forest Policy and Economics, 2020 (117): 102186.

[461] Silvente F R. Price discrimination and market power in export markets: the case of the ceramic tile industry [J]. Journal of Applied Economics, 2005, 8 (2): 347 – 370.

[462] Simon S, Florian W. Natural gas transits and market power: the case of

Turkey [J]. The Energy Journal, 2019, 40 (2): 77 – 100.

[463] Song B H, Marchant M A, Reed M R, Xu S. Competitive analysis and market power of china's soybean import market [J]. International Food and Agribusiness Management Review, 2009, 12 (1): 21 – 42.

[464] Song F, Swinton S M. Returns to integrated pest management research and outreach for soybean aphid [J]. Journal of Economic Entomology, 2009, 102 (6): 2116 – 2125.

[465] Spencer B J, Brander J A. International R&D rivalry and industrial strategy [J]. Review of Economic Studies, 1983, 50 (2): 707 – 722.

[466] Stenberg L C, Siriwardana M. Measuring the economic impacts of trade liberalization on forest products trade in the Asia-Pacific Region using the GTAP model [J]. International Forestry Review, 2015, 17 (4): 498 – 509.

[467] Størdal S, Nyrud A Q. Testing roundwood market efficiency using a multivariate cointegration estimator [J]. Forest Policy and Economics, 2003, 5 (1): 57 – 68.

[468] Sun C Y, Ning Z. Timber restrictions, financial crisis, and price transmission in North American softwood lumber markets [J]. Land Economics, 2014, 90 (2): 306 – 323.

[469] Sun C Y. Price dynamics in the import wooden bed market of the United States [J]. Forest Policy and Economics, 2011, 13 (6): 479 – 487.

[470] Sung C N, Davis C G, Harvey D. Pricing-to-market and exchange rate pass-through in the U. S. broiler meat export markets [J]. International Food and Agribusiness Management Review, 2015, 18 (Special Issue A): 79 – 90.

[471] Sun L, Bogdanski B E C, Stennes B, Van K G C. Impacts of tariff and non-tariff trade barriers on global forest products trade: an application of the global forest products model [J]. International Forestry Review, 2010, 12 (1): 49 – 65.

[472] Tang X L, Laaksonen C S. The law of one price in the United States and Canadian newsprint markets [J]. Canadian Journal of Forest Research,

2007, 37 (8): 1495 – 1504.

[473] Timmer C P. Reflections on food crises past [J]. Food Policy, 2010, 35 (1): 1 – 11.

[474] Tinbergen J. Shaping the World Economy: Suggestions for an International Economic Policy [M]. New York: Twentieth Century Fund, 1962.

[475] Utton M A, Morgan A D. Concentration and Foreign Trade [M]. Cambridge: Cambridge University Press, 1983.

[476] Varma P, Issar A. Pricing to market behaviour of India's high value agrifood exporters: an empirical analysis of major destination markets [J]. Agricultural Economics, 2016 (47): 129 – 137.

[477] Wang F, Yin Z H, Gan J B. Exchange-rate fluctuation and pricing behavior in China's wood-based panel exporters: evidence from panel data [J]. Canadian Journal of Forest Research, 2017, 47 (10): 1392 – 1404.

[478] Wang X, Woo W T. The size and distribution of hidden household income in China [J]. Social Science Electronic Publishing, 2011, 10 (1): 1 – 26.

[479] Weinhagen J. Price transmission within the PPI for intermediate goods [J]. Monthly Labor Review, 2005 (128): 41 – 49.

[480] Wibowo R P, Sumono, Iddrisu Y, Darus M, Sihombing L P, Jufri. The pricing behavior comparison of Canada and Australia exporter in wheat international market using Pricing to Market (PTM) and Residual Demand Elasticity (RDE) [J]. IOP Conference Series: Earth and Environmental Science, 2018, 122 (1): 012012.

[481] Wilson J S, Mann C L, Otsuki T. Assessing the benefits of trade facilitation: a global perspective [J]. World Economy, 2005, 28 (6): 841 – 871.

[482] Wu X Q, Zhou C S, Chen G R, Lu J A. Detecting the typologies of complex networks with stochastic perturbations [J]. Chaos, 2011, 21 (4): 043129.

[483] Xu B, Chen S Z, Li Y, Li J. How do the Chinese enterprises respond to the international trade demands for legal forest products? [J]. Asian Agri-

cultural Research, 2014, 6 (12): 4 – 8.

[484] Xu S F, Yong H. The empirical analysis on man-made board market price fluctuation characteristic [J]. Advance Journal of Food Science and Technology, 2015, 9 (4): 249 – 252.

[485] Yang S P. Market power and cost efficiency: the case of the US aluminum industry [J]. Resources Policy, 2005, 30 (2): 101 – 106.

[486] Young D P T. Firms' market power, endogenous preferences and the focus of competition policy [J]. Review of Political Economy, 2000, 12 (1): 73 – 87.

[487] Yumkella K K, Unnevehr L J, Garcia P. Noncompetitive pricing and exchange rate pass-through in selected U. S. and Thai rice markets [J]. Journal of Agricultural and Applied Economics, 1994, 26 (2): 406 – 416.

[488] Zhang D, Li Y. Forest endowment, logging restrictions, and China's wood products trade [J]. China Economic Review, 2009 (1): 46 – 53.

[489] Zhang F, Chang S J. The 30-year dynamic of the softwood sawtimber stumpage market in Louisiana: insights from quarterly data between 1988 and 2017 [J]. Canadian Journal of Forest Research, 2019, 49 (12): 1483 – 1492.

[490] Zhang L L, Yu C, Yue D M, Yang C. The value of global timber carbon stock and impacts on product price [J]. Resources, Conservation and Recycling, 2020 (161): 104966.

[491] Zhang X F, Haviarova E, Zhou M. A welfare analysis of China's tariffs on U. S. hardwood products [J]. Forest Policy and Economics, 2020 (113): 102085.

[492] Zhou M, Buongiorno J. Price transmission between products at different stages of manufacturing in forest industries [J]. Journal of Forest Economics, 2005, 11 (1): 5 – 19.